Das islamische Wirtschaftsrecht

Reihe für Osnabrücker Islamstudien

Herausgegeben von
Bülent Ucar und Rauf Ceylan

Band 19

PETER LANG
EDITION

Abdurrahim Kozali / Ibrahim Salama / Souheil Thabti
(Hrsg.)

Das islamische Wirtschaftsrecht

PETER LANG
EDITION

Bibliografische Information der Deutschen Nationalbibliothek
Die Deutsche Nationalbibliothek verzeichnet diese Publikation in der DeutschenNationalbibliografie; detaillierte bibliografische Daten sind im Internet über http://dnb.d-nb.de abrufbar.

Gefördert vom Bundesministerium für Forschung und Bildung sowie dem Niedersächsischen Ministerium für Wissenschaft und Kunst.

Gefördert durch:

Niedersächsisches Ministerium
für Wissenschaft und Kultur

Lektorat: Bettina Kruse-Schröder, Souheil Thabti,
Susanne Klinger, Dorothee Bartlakowski.

Satz: Bettina Kruse-Schröder

Umschlagabbildung:
© Balqis Amran

ISSN 2190-3395
ISBN 978-3-631-65136-0 (Print)
E-ISBN 978-3-653-04268-9 (E-Book)
DOI 10.3726/978-3-653-04268-9

Peter Lang – Frankfurt am Main · Bern · Bruxelles ·
New York · Oxford · Warszawa · Wien

Diese Publikation wurde begutachtet.

www.peterlang.com

Inhaltsverzeichnis

Souheil Thabti

Vorwort 7

Johannes Engels

Betrachtungen zum islamischen Bankdienstleistungswesen in Deutschland 13

Uğurlu Soylu

Islamic Banking in einem nicht-islamischen Regulierungsumfeld: Herausforderungen und Folgen 21

Volker Nienhaus

Die Anwendung islamischen Wirtschaftsrechts im zinslosen Bankwesen: Finanztechnik zwischen Klassik und Moderne 29

Ali Aslan Gümüşay

Entrepreneurship – eine islamische Perspektive 45

Rüdiger Litten

Das regulatorische Umfeld für die Gründung und den Betrieb islamischer Banken in Deutschland 59

Hans-Georg Ebert

Islamische Bankprodukte – Gemeinsamkeiten, Unterschiede und aufsichtsrechtliche Probleme 75

Martin Heckel

Muḍāraba und das deutsche Recht – Probleme, rechtliche Herausforderungen, Lösungsansätze 95

Kilian Bälz

Sharia-Compliance und Scharia-Risiko 111

Matthias Casper

Islamische Aktienfonds – Risikoverteilung und Änderungen durch das neue KAGB . 129

Osman Saçarçelik

Ṣukūk – Vertragliche Gestaltung nach deutschem Recht, Unterschiede zu Anleihen und eventuelle Anwendungsprobleme 153

Ludwig Stiftl

Takāful zwischen juristischem Konstrukt und Versicherungstechnik – Bericht und Forschungsplan 169

Ibrahim Salama

Waqf – die islamische Stiftung zwischen Tradition und Moderne 193

Sachwortverzeichnis 216

Personenverzeichnis 219

Vorwort

Souheil Thabti

Fiqh al-mu'āmalāt al-māliyya ist jener Bereich des islamischen Rechts, der sich mit ökonomischen Sachverhalten befasst und den Gegenstand des vorliegenden Werkes ausmacht und der ebenso der Konferenz „Islamisches Wirtschaftsrecht" vom 24. und 25.01.2014 am Institut für Islamische Theologie an der Universität Osnabrück zugrunde lag. Recht im religiösen Kontext offenbart sich als Juristenrecht mit göttlichem Ursprung. Es ist insofern das Ergebnis menschlichen Bemühens in einem von Gott festgelegten Rahmen. Damit ist die Besonderheit des Rechts im islamischen Sinne, das sich in seiner Statik (göttlicher Ursprung) und (Eigen-) Dynamik (Juristenrecht) zeigt, beschrieben. Denn der Begriff des *fiqh* meint in diesem Zusammenhang „verstehen" und in der Konsequenz „Verstandenes entsprechend anwenden". Die Anwendung resultiert also aus dem Prozess des Verstehens der göttlichen Intention (die göttliche Intention und die Intention der Scharia werden als Synonyme gehalten) hinter der offenbarten Normierung eines (Einzel-)Falls. Das Verstehen kann also nur dann im Sinne der Scharia fruchtbar sein, wenn der Sinn des zu verstehenden Falles in den Quellen des islamischen Rechts ergründet und die Conclusio damit nicht allein auf die dort beschriebene Form beschränkt, sondern die ratio erfasst wird. Ein rein formalistischer Ansatz kann deshalb nicht zwingend zur Entsprechung der benannten Intention führen. Die Anwendung der Norm kann ohne die Berücksichtigung des Kontextes insofern nicht ohne weiteres die gewünschte Entsprechung der göttlichen Intention herstellen und bedarf daher der beständigen Kontextualisierung und der gegebenfalls erforderlichen Adjustierung. Daneben wird durch den beschriebenen Prozess des Verstehens die Ambiguität des zu verstehenden Sachverhalts hinsichtlich seiner Bedeutung hervorgehoben, weshalb die Rolle der Intentionen als Maßstab von herausragender Relevanz ist. Die Ambiguität des Textes erklärt schließlich die unterschiedlichen Meinungen zwischen den einzelnen Strömungen und Rechtsschulen, aber auch die Unterschiedlichkeiten hinsichtlich der Auffassungen innerhalb derselben.

Die Quellen, aus denen der angesprochene Sinn entnommen wird, sind im islamischen Recht: Koran, Prophetentradition (*sunna*), Konsens (*iğmā'*) und Analogieschluss (*qiyās*), wobei Konsens und Analogieschluss keine eigenständigen Quellen darstellen und der *qiyās* nach Meinung einiger Rechtsgelehrte wie al-Ġazālī weniger eine eigenständige Rechtsquelle ist, als vielmehr eine Methode, die es erlaubt, aus den Primärquellen Urteile über neu entstandene Sachverhalte aus bereits bestehenden Urteilen abzuleiten. Ihre Heranziehung bedarf also stets einer der beiden Primärquellen, weshalb sie nie ohne diese als Legitimationsgrundlage dienen kann.

Der wirtschaftsbezogene Rechtsbereich, also das islamische Wirtschaftsrecht, ist folglich ebenso von der bereits beschriebenen Charakteristika des *fiqh* dergestalt geprägt, einen festen und einen wandelbaren Teil zu besitzen. Fest hieran sind zwei wesentliche Elemente, die zum einen das Ziel und zum anderen den Rahmen bestimmen, in dem das wirtschaftliche Zusammenleben stattfinden soll. Durch die Lektüre derjenigen Normen in den Quelltexten, die sich mit wirtschaftlichen Beziehungen auseinandersetzen, gelangten die Rechtsgelehrten der verschiedenen Strömungen und Rechtsschulen zum Ergebnis, dass die Scharia *in puncto* Wirtschaft eine sozi-ökonomische Gerechtigkeit anstrebt, die sich zum einen durch die Fokussierung auf die Bedarfsdeckung innerhalb der Gesellschaft kennzeichnet und zum anderen dem individuellen Streben nach Vermögensvermehrung Rechnung trägt und dieses im Sinne einer das wirtschaftliche Wachstum anstrebenden Gesellschaft fördert. Das von der Scharia formulierte Ziel der Gerechtigkeitsherstellung (Koran 57:25) sucht sie durch die Aufstellung entsprechender Normen, die in einem den Intentionen der Scharia dienenden Rahmen eingebettet sind und darin eingebettet bleiben sollen, zu erreichen. Eines der grundsätzlichen Rahmenprinzipien besagt, dass alle Verträge von der grundsätzlichen Erlaubtheit (*al-ibāḥa al-aṣliyya*), welche den Vertragsparteien jegliche Vertragsfreiheiten erlaubt, solange die von der Scharia aufgestellten Verbote eingehalten werden, erfasst sind. Die auf den nächsten Seiten behandelten Verbote verstehen sich dabei als Grenzen dieser individuellen Vertragsfreiheit, weil dort die Rechte der jeweiligen Vertragspartner bzw. Dritter verletzt zu werden drohen. In allen Vertragstypen des islamischen Wirtschaftsrechts, die in einigen Beiträgen Gegenstand der Betrachtung sein werden, sind Verbote zu beachten, die sich aus dem unveränderlichen Rahmen ergebenden Werte, wie Gerechtigkeit, Nachhaltigkeit, Transparenz und Fairness, gewährleisten sollen. So muss es sich beim Vertragsgegenstand um eine erlaubte Ware bzw. Dienstleistung handeln. Zinsen, Wetten, Schwein, Alkohol, Drogen, Pornografie, Tabak und damit in Zusammenhang stehende Dienstleistungen dürfen demnach nicht Gegenstand eines Vertrages – gleich welchen Typs – sein. Auch sind Verträge, die eine unklare oder ungerechte Struktur aufweisen und somit wegen der Intransparenz eine rechtliche Unklarheit für die Vertragsparteien darstellen, ebenfalls verboten; wobei eine ungerechte Struktur dann im Sinne der Scharia gegeben ist, wenn die genannten Verbote nicht eingehalten werden. Die Ergründung der Intention der Vertragsparteien spielt daher insofern eine Rolle, als dass sie darüber Auskunft gibt, ob sie der Intention der Scharia entspricht. Deshalb ist es stets die Aufgabe des *faqīh*, anhand der Vertragsstruktur den Kontrahentenwillen in Erfahrung zu bringen, worauf also das geschlossene Geschäft abzielt. Die charakteristische Eigenschaft der Wandelbarkeit der Normen innerhalb des statischen Rahmens kommt immer dann zum Ausdruck, wenn sich die räumlichen und zeitlichen Bedingungen und die gesellschaftlichen Umstände ändern. Immer dann, wenn sich der Kontext verändert offenbart, ist der *faqīh* gefordert, die einschlägigen Normen daraufhin zu untersuchen, ob sie weiterhin dem intendierten Zweck der Scharia dienen oder entsprechende Änderungen vorgenommen werden müssen.

Auf diesen kurz skizzierten und im weiteren Verlauf dieses Bandes ausführlicher behandelten Grundlagen beruhen Bank- und Versicherungsgeschäfte, wenn sie in Konformität mit der Scharia abgewickelt werden sollen. Damit ergibt sich für eine Bank bzw. eine Versicherung, die solche Geschäfte tätigt, die Herausforderung, den Intentionen der Scharia zu entsprechen und ihre Anforderungen zu erfüllen und zugleich den gegebenen Umständen (rechtlicher, steuerlicher, regulatorischer und ökonomischer Natur), in denen sie operiert, gerecht zu werden. Hierin wird insbesondere im Bankgewerbe die offensichtliche Deskrepanz hinsichtlich des Vertragszwecks zwischen der genuinen Form klassischer Verträge des islamischen Wirtschaftsrechts und der abgewandelten – und in manchen Fällen zweckentfremdeten – Form, die zur Erfüllung ökonomischer Bedürfnisse einer auf Gewinnmaximierung ausgerichteten Bank dienen soll, deutlich (Nienhaus).

Aus aufsichtsrechtlicher Perspektive betrachtet sei an dieser Stelle angemerkt, dass die Intentionen des (deutschen) Gesetzgebers und der Scharia nicht weit voneinander liegen und darin näher sind, als man annehmen mag. Ähnlich wie die Scharia, die entsprechend ihrer Intention durch Forderung nach Transparenz, Fairness, Gleichberechtigung das Vermögen aller Beteiligten zu schützen sucht, verfolgt die Bankaufsicht die Gefährdung der Sicherheit der an Banken anvertrauten Vermögenswerte und die sich unter Umständen daraus ergebenden Nachteile für die Gesamtwirtschaft entgegenzuwiken (§6 Kreditwesengesetz). Insofern lassen sich schariakonforme Bank- und Versicherungsgeschäfte mit dem hiesigen Recht zumindest auf der Zielsetzungsebene grundsätzlich vereinbaren. Fraglich bleibt bei dieser Feststellung jedoch die aufsichtsrechtliche Einordnung islamrechtlicher Vertragstypen wie *murābaḥa* oder *muḍāraba* in ihrer klassischen Form und die damit einhergehende Fragestellung, inwiefern solche Verträge als Grundlage für ein klassisches Bankengeschäft dienen können.

Darüber hinaus stellt sich also die Frage, wie solche Geschäfte und die damit verbundenen Verträge konkret gestaltet sein sollen, um sowohl den Anforderungen der Scharia als auch denen des positiven Rechts zu entsprechen, ohne dabei an Konkurrenzfähigkeit einzubüßen. Hierfür bedarf es zunächst der Betrachtung des Banken und Versicherungen umspannenden regulatorischen Rahmens, um zu verstehen, welche Anforderungen Banken und Versicherungen, die islamische Bank- und Versicherungsgeschäfte betreiben wollen, entsprechen müssen (Litten) und inwieweit islamische Banken und Versicherungen aus volkswirtschaftlicher und sozialwissenschaftlicher Perspektive in diesen Rahmen eingefügt werden können (Soylu).

Der auffällige Religionsbezug birgt in diesem Zusammenhang zudem die Frage nach der Rolle von Religion in solchen Institutionen und welche Auswirkungen sie auf den einzelnen Angestellten und die Unternehmenskultur insgesamt übt. Anders ausgedrückt fragt sich, in welchem Verhältnis Islam und Unternehmertum zu einander stehen (Gümüşay). Bankinstitute, die ihren Kunden islamkonforme Produkte anbieten wollen, stellen also eine besondere Form der Unternehmung dar. Ihre Angebote müssen schariakonformen Standards genügen und festgelegte Voraussetzungen erfüllen, die mit der hiesigen Rechtsordnung in Detailfragen eine Herausforderung darstellen können (Ebert). Eine zentrale Rolle spielen hierbei Einlagen, die Banken – gleich, ob konventionell oder islamisch – beim Publikum entgegennehmen und bei islamischen Banken auf einer gesonderten Vertragsform, nämlich der *muḍāraba*, gegründet wird, die sich vertragstheoretisch insofern von konventionellen Einlagen unterscheidet, als dass sie nicht garantiert werden können. Diese Vertragsform nimmt daher eine gesonderte Rolle in der Betrachtung nicht nur islamischer Banken ein (Heckel). Die Anwendung einer solchen Vertragsform auf der Passivseite, die auf dem Prinzip der Gewinn- und Verlustbeteiligung basiert, steht in der Regel Finanzierungen, die über Kauf- und Weiterverkauf mit Aufschlag (*murābaḥa*) gestaltet werden, auf der Aktivseite gegenüber. Diese beiden Vertragsformen werden im konventionellen Bankwesen nicht für die Aufnahme von Kundengeldern respektive Vergabe von Krediten angewandt, womit sich in Streitfällen die Frage stellt, wie solche Fälle vor deutschen Gerichten gewürdigt werden würden (Bälz). Banken sind neben dem Retailgeschäft auch auf den Kapitalmärkten für sich und ihren Kunden tätig. Auf diesen Märkten werden Wertpapiere gehandelt, die in Form von sog. ṣukūk oder Anteile an islamischen Aktienfonds begeben werden, um den Anforderungen der Scharia-Konformität zu entsprechen (Casper, Saçarçelik). Der reibungslose Ablauf solcher Geschäfte insbesondere in Bezug auf die Beitragsleistung seitens des Kunden ist nicht immer gegeben. Es können Umstände auftreten, die eine Erfüllung der Leistungspflicht erschweren. In solchen Fällen ist es unter Umständen von Vorteil, wenn ein Dritter (Versicherungen) für den entstandenen finanziellen Schaden eintritt. Die Notwendigkeit von Versicherungen ergibt sich bereits aus der oben erwähnten Intention der Scharia, Nutzen herbei zu führen und Schaden abzuwenden. Versicherungen im Sinne der Scharia sind vom Prinzip der Gegenseitigkeit und Solidarität (*takāful*) geprägt (Stiftl). Die Unternehmensstruktur einer solchen Versicherung erfordert in bestimmten Variationen die Hinzunahme einer Stiftung (*waqf*); eine Einrichtung, die in der islamischen Tradition maßgeblich für eine sozio-ökonomische Nachhaltigkeit und weitestgehende Gerechtigkeit gesorgt hat (Salama).

Der vorliegende Band teilt sich grob in zwei Teile, wobei die Herausgeber bewusst auf eine Teilung in zwei Kapitel verzichtet haben, da der Übergang fließend ist.

Ich möchte es mir an dieser Stelle nicht entgehen lassen, allen Beteiligten für ihre Bereitschaft, das Thema islamisches Wirtschaftsrecht (in Deutschland) mit ihrer Expertise wissenschaftlich zu beleuchten und zu bereichern und so ein erstes theoretisches Fundament für die Praxis zu legen, zu danken. Ein besonderer Dank geht an die Lektorinnen vom Institut für Islamische Theologie an der Universität Osnabrück: Susanne Klinger und Bettina Kruse-Schröder, die eine großartige Arbeit geleistet haben.

Betrachtungen zum islamischen Bankdienstleistungswesen in Deutschland

Johannes Engels

Vom „Denglisch“ der heutigen Zeit offenbar sehr angetan, haben Werbeberater die Stadt Frankfurt am Main schon vor Jahren zur „City of Euro“ getauft. Mal abgesehen davon, dass damit der deutschen Sprache wieder einmal Gewalt angetan wird, ist aber zugleich völlig richtig, dass sich diese so pulsierende Stadt am Unterlauf des Mains nach dem zweiten Weltkrieg zur wirtschaftlichen Hauptstadt Deutschlands entwickelt hat. Zudem beherbergt sie seit den 1990er Jahren den zentralen Sitz der Europäischen Zentralbank. Schlendert man also in heutiger Zeit so durch die Innenstadt von Frankfurt am Main, so sieht man dementsprechend auch viele Bankhäuser, die teilweise schon seit Jahrhunderten hier ihren Sitz haben. Dazu gehören mittlerweile auch eine Vielzahl von Banken, deren Hauptsitze sich im Ausland befinden, und zwar auch einige aus dem muslimischen Kulturkreis.

Verweilt man nun gedanklich bei diesem Aspekt, so stellt sich die Frage, ob dort denn auch ganz anders geartete Bankdienstleistungen wahrgenommen werden können. Relativ weit verbreitet ist ja in der deutschen Öffentlichkeit das Wissen darum, dass in der islamischen Welt ein Zinsverbot besteht. Gilt dann derlei auch an den Bankschaltern von Geschäftsstellen, deren Mutterhäuser sich in der Türkei oder gar im Iran befinden? Und, wenn dieses so ist: Wovon „leben“ diese Bankhäuser denn rein geschäftlich anstelle dessen? Wie kann das wirtschaftlich gesehen – im muslimischen Kulturkreis als auch in unseren Breiten – eigentlich funktionieren?

Richtig ist, dass strenggläubigen Muslimen viele Formen der Geldanlage verwehrt bleiben, die im klassischen Bankgeschäft gang und gäbe sind. Der Koran verbietet es nämlich, Zinsen (arabisch: *ribā*) einzunehmen oder zu bezahlen. In der zweiten Sure des Koran heißt es in einer gängigen Übersetzung, dass jene, die „Zins verschlingen“, nicht anders dastehen, „als einer, den der Satan mit Wahnsinn geschlagen hat“. Instrumente wie Sparbücher, Festgeld, Anleihen oder Kredite und Hypotheken sind damit ausgeschlossen. Lassen sich Zinsen gar nicht vermeiden, sollen sie für wohltätige Zwecke gespendet werden. Immerhin gab es diese Auffassung ehedem auch im abendländischen Europa des Mittelalters. Thomas von Aquin stellte fest, dass Geld eben keine Jungen zu werfen habe[1].

Es ist an dieser Stelle zu betonen, dass sich der Koran traditionell einer bildhaften Sprache bedient und überhaupt das gesellschaftliche Miteinander bevor-

1 Michael Mahlknecht, *„Islamic Finance“*, Weinheim 2008, S. 17.

zugt in eine bildhafte Form gegossen wird. Betrachtet man dementsprechend das Finanzdienstleistungsgeschehen im Fall eines Kreditaufnahmewunsches, so gilt nämlich auch hier das Bild, dass die Bank auf ihren guten Namen hin erst einmal die Bereitschaft Dritter finden muss, gerade bei ihr Geld anzulegen, sprich: regelrecht anzuvertrauen. Dafür entsendet die Bank ihre Mitarbeiter und gibt – eben im Erfolgsfall des Fündig-werdens – hierfür dann eine Dankesgratifikation; schließlich soll Vertrauen ja belohnt werden. Diese Dankesgratifikation wie auch der Personaleinsatz, um erst einmal zur Einlage Bereite „draußen“ zu finden, hat dann natürlich der Kreditkunde zu tragen. Prägend in diesem Zusammenhang ist grundsätzlich der genossenschaftliche Aspekt bzw. jener der wirtschaftlichen Schicksalsgemeinschaft zwischen Kunde und Bank, wie es in abgewandelter Form auch bei den Volks- und Raiffeisenbanken vorkommt. Genauso sieht es aus, wenn ein Kunde bereit ist, eine Einlage bei einer (muslimisch) arbeitenden Bank zu leisten. Auch hier gilt der der bereits erwähnte Aspekt des Dankes der Bank, nun dem Kunden gegenüber; schließlich sieht sich die Bank als geehrt an, dass der Kunde gerade sie als Hüterin seiner Gelder auserwählt hat und damit eben als am vertrauenswürdigsten einschätzt. Bei einer nach islamischen Regeln arbeitenden Bank wird von Kunden eingelegtes/ausdrücklich anvertrautes Geld mit einer Gratifikation als dankende Erwiderung quittiert[2].

In diesem im Morgenland auch heute noch prägenden Zusammenhang gab es - mit Blick auf islamische Bankgeschäfte – bereits in den 1980er Jahren erste Anfragen interessierter Kreise (zumeist Vertreter von Banken aus muslimisch geprägten Staaten, die in Deutschland über Geschäftsstellen aktiv sind) an das damalige Bundesaufsichtsamt für das Kreditwesen – BAKred. In diesbezüglichen Gesprächen wurde dabei darauf verwiesen, dass solche Geschäftsaktivitäten nicht im Kreditwesengesetz vorgesehen sind, und es auch mit Blick auf einen gleichen Wettbewerb/bankaufsichtsrechtliche Vergleichbarkeit sowie hinsichtlich des Einlagenschutzes Bedenken gibt[3]. Gerade letztes Argument spielte eine wesentliche Rolle, nachdem eine türkische Bank, die Islamic Banking im Herkunftsland betrieb, von der türkischen Aufsicht vor einigen Jahren geschlossen werden musste. Die deutsche Bankenaufsicht reagierte sofort und schloss ihrerseits die in Deutschland ansässige Geschäftsstelle – allein schon, um Plünderungsaktionen vermeiden zu helfen. Dort konnte man sich bis zur Schließung als stiller Teilhaber – und eben nicht als herkömmlicher Einleger/Sparkunde – in der Türkei engagieren. Da aber diese Geschäftsstelle deswegen keinem deut-

2 Michael Gassner und Phillip Wackerbeck, *„Islamic Finance“*, Köln 2007, S. 21.
3 Volker Nienhaus, *Gespräche im Bundesaufsichtsamt für das Kreditwesen*, Berlin frühe 1980er Jahre.

schen Einlagensicherungssystem angehörte, blieb den Kunden nur anteilig, was die Konkursmasse nach türkischem Recht noch hergab[4].

Insgesamt ist in Deutschland geschäftliches Potenzial aber durchaus vorhanden: Immerhin leben bereits mehr als 3,5 Millionen Muslime in Deutschland; Tendenz weiter steigend – die Mehrheit von ihnen ist türkischer Herkunft. Anlageprodukte, die sich nach strengen islamischen Glaubensregeln richten, waren in Deutschland bis vor wenigen Jahren nicht zu bekommen. Vielfach legen die gläubigen Muslime ihr Geld in beiden Ländern bei der Sparkasse vor Ort an, teilweise investieren sie es auch in Immobilien in ihren Heimatländern. Studien ergeben, dass die türkischen Arbeitnehmer in Deutschland eine beinahe doppelt so hohe Sparquote aufweisen wie ihre deutschen Kollegen. Experten schätzen ihre jährliche Sparleistung allein in Deutschland schon auf rund 1,5 Milliarden Euro[5].

Wieder auf den eingangs gestellten Fragenkreis zurückkommend ist zu bemerken, dass es bis heute kein in Deutschland lizenziertes Kreditinstitut gibt, das überwiegend oder ausschließlich islamische Bankprodukte hierzulande anbietet. Wohl aber gibt es seit wenigen Jahren einige Großbanken, die außerhalb Deutschlands allererste Aktivitäten in diese Richtung entfalten, in Fachkreisen auch „islamische Fenster" genannt. So begann die Commerzbank-Investmenttochter Cominvest im Frühjahr 2000 einen Aktienfonds mit dem exotischen Namen Al Sukoor auf den Markt zu bringen, denn die Geldanlage in Aktien und Aktienfonds ist nach islamischer Tradition sehr beliebt[6]. Der Koran erlaubt nämlich das Erzielen von Erträgen, die auf einem Handel oder einer Investition in ein bestimmtes Produkt basieren. Nach dem Prinzip der Gewinn- und Verlustteilung sind Anlagen in Aktien nach islamischen Grundsätzen nämlich sehr gern gesehen, weil sich der Anleger am unternehmerischen Risiko beteiligt. Auch hier taucht der bereits erwähnte, dem aus Deutschland stammenden Genossenschaftsgedanken ähnelnden Aspekt auf. Zum ersten Mal vertrieb auf dieser Basis eine Bank in Deutschland damit einen Fonds, der sich an islamischen Grundsätzen orientierte. Das heißt aber ausdrücklich auch: Es dürfen in solchen Fonds keine Geschäfte enthalten sein, die sich in irgendeiner Weise – sei es im

4 C.M. Stammen, in: Innovationsreport, *„Islamic Finance braucht eine Lobby"*, 11.11.2008, URL: http:/www.innovations-report/.de/html/berichte/wirtschaft_finanzen/islamic_finance_braucht_lobby_122020.html (letzter Zugriff: 06.11.2009).

5 Booz & Company, Pressemitteilung vom 22.07.2008, URL: (http://www.booz.com/de/home/Presse/Pressemitteilung-detail/41864791 (letzter Zugriff: 06.11.2009).

6 L. Knappmann, *„Europas Finanzhäuser drängen ins Islam-Banking"*, in: Spiegel Online, 22.02.2006, URL: http://www.spiegel.de/wirtschaft/0,1518,401904,00.html (letzter Zugriff: 06.11.2009).

Handel/Vertrieb bzw. in der Produktion – mit Genussmitteln, Glücksspiel, Pornografie, Schweinefleisch und Waffen beschäftigen. Inkonform nach islamischer gesetzlicher Sicht (nämlich der Scharia) sind oftmals Hotelketten und Fluggesellschaften auch dann schon, wenn sie ihren Gästen Alkohol ausschenken. Auch darf ein Unternehmen, welches islamischen Fondsgrundsätzen entsprechen soll, nicht zu hoch verschuldet sein (die Schulden dürfen nicht mehr als ein Drittel des Marktkapitalisierungswertes ausmachen). Somit würden in diesem Sinne gegenwärtig z.B. einige deutsche Autobauer glatt durchfallen[7].

Diese Einschränkungen und die bis dahin von deutschen Banken nicht gekannte Praxis in diesem Segment führten dazu, dass das Experiment der Commerzbank letztendlich scheiterte. Ende 2005, mehr als fünf Jahre nach dem Start, betrug das Anlagevolumen gerade einmal vier Millionen Euro. Um einen Fonds ansatzweise rentabel zu betreiben, gelten 20 Millionen Euro in der Branche als absolutes Minimum. Anfang Januar 2006 schloss Cominvest den Fonds deshalb wieder. Offensichtlich wandten sich die Anleger in Deutschland von Themenfonds, wie es auch der Al Sukoor gewesen ist, seit Längerem ab. Das Angebot reüssierte – nachträglich betrachtet – vielleicht auch deshalb nicht, weil viele in Deutschland lebende Muslime die islamischen Glaubensgrundsätze längst nicht mehr so streng sehen, wie es im Nahen Osten häufig noch der Fall ist[8].

In Deutschland haben also nach islamischen Prinzipien arbeitende Anlageinstrumente bis heute immer noch Seltenheitswert. Nunmehr hat jüngst aber die Deutsche Bank einen entsprechenden Anlauf unternommen, indem sie Zertifikate auf die von Dow Jones entwickelten Islamic-Market-Indizes anbietet. Diese werden in Übereinstimmung mit den Gesetzen des Korans zusammengestellt und werden von Scharia-Gelehrten überwacht. Um dauerhaft erfolgreich zu sein, haben die Deutsche Bank und die als Co-Emittent fungierende National Commercial Bank of Saudi-Arabia bei den nun aufgelegten Zertifikaten eine quantitative Analyse-Funktion integriert. Jedes dieser Produkte muss von islamischen Rechtsgelehrten in so genannten Scharia-Boards zertifiziert werden, bevor es in den Vertrieb gehen kann. Die Zielgruppe haben die Banker allerdings klar eingegrenzt. Diese Produkte sollen vor allem unseren vermögenden Privatkunden im Mittleren Osten und in Asien angeboten werden, jedoch bisher noch nicht in Deutschland[9].

Das eigentliche Geschäft mit islamkonformer Geldanlage machen die großen Finanzhäuser nämlich immer noch im arabischen Raum. Rund 270 Milliar-

---

7 Michael Gassner/Phillip Wackerbeck, *„Islamic Finance“*, Köln 2007, S. 134f.

8 Spiegel Online, *„Europas Finanzhäuser drängen ins Islamic Banking“*.

9 Michael Gassner, *„Islamic Finance“*, S. 33f.

den Dollar sind weltweit in den vergangenen Jahren in diese Produkte geflossen, die jährlichen Wachstumsraten lagen häufig bei 20 % oder mehr. Dabei beschert der hohe Ölpreis den Banken einen steten Strom frischen Geldes. Islamisch orientierte Aktienportfolios standen in ihrer Entwicklung/Performance gegenüber den großen Leitindizes in nichts nach. In den vergangenen zehn Jahren haben nach und nach immer mehr Finanzhäuser korankonforme Produkte an den Markt geführt. Zu den Vorreitern zählte die Citigroup, die 1996 eine Filiale in Bahrein eröffnete. Ihr folgten später HSBC, ABN Amro, Société Générale und eine Reihe weiterer Häuser. Gab es 1999 weltweit nur rund ein Dutzend Islam-Fonds, so sind es inzwischen gut 150.[10]

Wirft man jetzt einen Blick auf die gegenwärtige Finanzkrise, so ist diese gewissermaßen die beste Werbung für islamisches Wirtschaften überhaupt. In der Öffentlichkeit eher weniger bekannt ist (neben dem bereits genannten Zinsverbot) nämlich ein weiteres Verbot und zwar jenes des Glücksspiels (arabisch: *ġarar*). Auch Wetten verbietet der Koran ausdrücklich und sieht dies als lästerliche Versuchung an. In der Praxis zeigt sich dies eindrücklich daran, dass spekulative Geschäfte – wozu auch Finanztermingeschäfte gehören – als Wetten angesehen werden. Während der gesamte Wirtschaftsraum der OECD mehr oder weniger stark von der Finanzkrise betroffen ist, kann der islamisch geprägte Wirtschaftsraum völlig zu Recht darauf verweisen, besser dazustehen. Eine „Kasinomentalität", wie sie ursächlich das jüngste Finanzdesaster mit verschuldet hat, existiert in der muslimisch geprägten Welt so nicht.[11]

Es sei noch bemerkt, dass derweil in Deutschland eher unbeachtet vollkommen neue Möglichkeiten entdeckt wurden, um mit Hilfe des islamischen Finanzierungswesens das wachsende Vermögen in den arabischen Staaten anzuzapfen: Im Sommer 2004 legte nämlich das Bundesland Sachsen-Anhalt eine korankonforme Anleihe auf, um den klammen Haushalt mit arabischen Millionen aufzumöbeln. Nötig war dafür eine komplizierte Konstruktion, die vor allem dem deutschen Fiskus sauer aufgestoßen sein dürfte. Die Landesregierung in Magdeburg übertrug eine Reihe von Immobilien an eine neu gegründete Stiftung. Diese finanzierte den Deal mit Hilfe einer Anleihe, die – ganz nach den Regeln des Korans – statt Zinsen die Mieteinnahmen an die Anleger ausschütten soll. Besonderer Clou der Konstruktion: Die landeseigene Stiftung hat ihren Sitz in den Niederlanden – eben um Steuern zu sparen.[12]

---

10 Spiegel Online, „*Europas Finanzhäuser drängen ins Islamic Banking*".

11 Michael Gassner, „*Islamic Finance*", S. 29f.

12 BFinance, „*Sachsen-Anhalt emittiert Sukuk Bond*", 12.07.2004, URL: http://www.bfinance.de/content/view/11373/1000245/ (letzter Zugriff: 06.11.2009).

Zusammenfassend ist zu sagen, dass originäre Bankgeschäfte, die das Zinsverbot berücksichtigen (und zugleich materiell umgehen) wie erwähnt in beiden Bundesgebieten bislang nicht bestehen und gemäß Kredit- bzw. Bankwesengesetz – KWG/BWG nicht ausdrücklich vorgesehen sind. Ein Stück weit ist es aber auch eine Ansichtssache, inwieweit man hier vielleicht eines Tages das KWG bzw. das BWG so auslegt, dass islamisch geprägte Ertragskalkulationen im Soll- und im Habenbereich von Banken der klassischen Verzinsung gleichgestellt werden – schließlich gibt es umgekehrt weder im KWG noch im BWG auch kein ausdrückliches Verbot eines solchen Unterfangens. Gerade das britische Beispiel mit einer seit 1982 bestehenden Tradition muslimischen Geschäftshandelns am Finanzplatz London zeigt, dass diese Form durchaus auch außerhalb des Ursprungskulturkreises realisierbar ist. Voraussetzung: Man legt mit herrschender Meinung die Gesetzgebung auch so aus.[13] In Deutschland scheint Bewegung in diese Frage gekommen zu sein, denn die Finanzdienstleistungsaufsicht beschäftigt sich nunmehr verstärkt mit dieser Frage und der Aspekt einer von ihr dazu ausgerichteten Tagung in Frankfurt am Main fand bereits mit der ersten Ankündigung in Fachkreisen ein großes Echo.[14]

Vielleicht findet sich ja dann eines Tages beim Bummel durch Frankfurt am Main und in anderen deutschen Großstädten zumindest in Geschäftsstellen von Banken mit Muttergesellschaften aus dem muslimischen Kulturkreis im Schaufenster eine Werbeschrift etwa des folgenden Inhalts: "You want to have Islamic Banking? – Yes we can!"

Literatur

BFinance, *„Sachsen-Anhalt emittiert Şukūk Bond"*, 12.07.2004, URL: http://www.bfinance.de/content/view/11373/1000245/ (letzter Zugriff: 06.11.2009).

Booz & Company, Pressemitteilung vom 22.07.2008, URL: http://www.booz.com/de/home/Presse/Pressemitteilung-detail/41864791 (letzter Zugriff 06.11.2009).

Gassner, Michael/Wackerbeck, Phillip, *„Islamic Finance"*, Köln 2007.

Stammen, C.M., *„Islamic Finance braucht eine Lobby"*, in: Innovationsreport, 11.11.2008, URL: http:/www.innovations-report/.de/html/berichte/wirtschaft_finanzen/islamic_finance_braucht_lobby_122020.html (letzter Zugriff: 06.11.2009).

Mahlknecht, Michael, *Islamic Finance: Einführung in Theorie und Praxis*, Weinheim 2008.

---

13 Innovationsreport, *„Islamic Finance braucht eine Lobby"*.

14 Netzseite Islamic Finance, *"German regulator BaFin organises Islamic finance conference"*, 01.07.2009, URL: http://www.islamicfinance.de/?Q=node/676 (letzter Zugriff: 06.11.2009).

Netzseite Islamic Finance, *"German regulator BaFin organises Islamic finance conference"*, 01.07.2009, URL: http://www.islamicfinance.de/?Q=node/676 (letzter Zugriff: 06.11.2009).

Nienhaus, Volker, *Gespräche im Bundesaufsichtsamt für das Kreditwesen*, Berlin frühe 1980er Jahre.

Knappmann, L., *„Europas Finanzhäuser drängen ins Islam-Banking"*, in: Spiegel Online, 22.02.2006, URL: http://www.spiegel.de/wirtschaft/0,1518,401904,00.html (letzter Zugriff: 06.11.2009).

Islamic Banking in einem nicht-islamischen Regulierungsumfeld: Herausforderungen und Folgen

Uğurlu Soylu

Die Universität Osnabrück und die Organisatoren am Institut für Islamische Theologie haben mit der Wahl des Themas „Islamisches Wirtschaftsrecht“ ein sehr aktuelles und für den Finanzstandort Deutschland äußerst relevantes Thema aufgegriffen. Insbesondere vor dem Hintergrund, dass die Kuveyt Türk als erstes islamisches Institut im Oktober 2012 bei der Bundesanstalt für Finanzdienstleistungsaufsicht einen Antrag für das Betreiben des Einlagen- und Kreditgeschäftes gestellt hat und somit für eine ganze Branche den Weg geebnet hat. Gerade bei Pionierwerken ist es unabdingbar, den akademischen Diskurs auch von Seiten der Beteiligten in der Praxis mit anzustoßen.

Dieser Beitrag beruht auf dem gegenwärtigen regulativen Kontext des Islamic Banking. In den allermeisten Jurisdiktionen weltweit operiert das Islamic Banking in einem konventionellen Rahmenwerk, sodass es vor der Herausforderung steht, bei der Umsetzung seines islamkonformen Geschäftsmodells auch den Gegebenheiten des säkularen Umfeldes Rechnung zu tragen, welches nicht selten weitere Komplikationen mit sich bringt.

Anspruch des Aufsatzes ist es zunächst Wirkungszusammenhänge zwischen dem Handlungsraum der Akteure und diversen modellhaft skizzierten Rahmenwerken aufzudecken und dabei insbesondere auch die Wechselwirkung zwischen dem säkular begründeten und dem religiös-ethischen Rahmenwerk aufzuzeigen sowie deren Konsequenzen auf den Handlungsraum (Umfang, Stoßrichtung) der Akteure im Allgemeinen und für das Islamic Banking im Besonderen abzuleiten.

Welche Zusammenhänge sind denkbar zwischen Islamic Banking und dem konventionellem Banking? Man könnte unterstellen, es gäbe überhaupt keinen Zusammenhang, beide existierten unabhängig voneinander. Das aber kann für die meisten Fälle ausgeschlossen werden. Man könnte auch die These vertreten, dass es einen vornehmlichen Einfluss vom Islamic Banking auf das konventionelle Banking gibt oder aber umgekehrt. Vieles scheint dafür zu sprechen, dass im Wesentlichen ein Einfluss vom konventionellen Bankensystem auf das islamische Bankensystem ausgeht. Die hier vorgestellte These ist aber, dass kein trivialer, sondern ein komplexer, wechselseitiger Wirkungszusammenhang zwischen dem Islamic Banking und dem konventionellen Banking besteht.

Um den Wirkungszusammenhang aufzuzeigen, werden hier ausgehend vom Urzustand der Anarchie verschiedene Szenarien und mögliche Implikationen beim Übergang von einem Status zum anderen betrachtet. Zuletzt werden die

Auswirkungen auf das Zwischenergebnis bei Berücksichtigung der aktuellen Finanzkrise untersucht.

In Schaubild 1 stellt die Ellipse den Handlungsspielraum der Akteure in der Anarchie dar. Es gibt weder einen Gesellschaftsvertrag noch einen Rechtsrahmen.

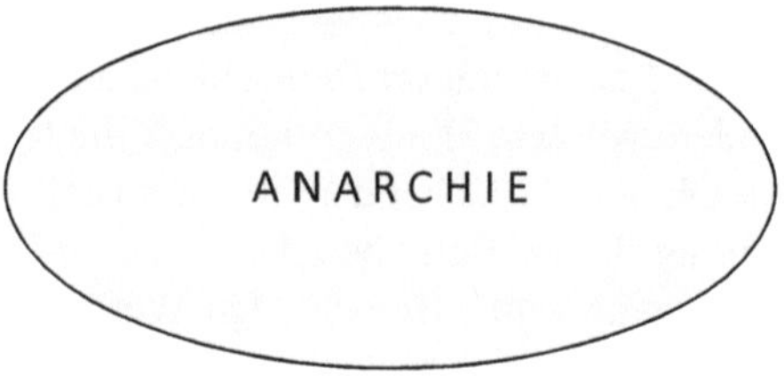

Schaubild 1: Handlungsraum in der Anarchie

Was passiert, wenn in diese anarchische Gesellschaft ein Rechtssystem einführt wird? Zuvor konnte man sowohl Legales als auch Illegales machen. Nun entfallen aber zumindest teilweise aufgrund der Sanktionierungen des Rechtssystems die ungesetzlichen Handlungsmöglichkeiten, sodass man intuitiv unterstellen könnte, dass der Rechtsrahmen den Handlungsspielraum verkleinert (siehe Schaubild 2).

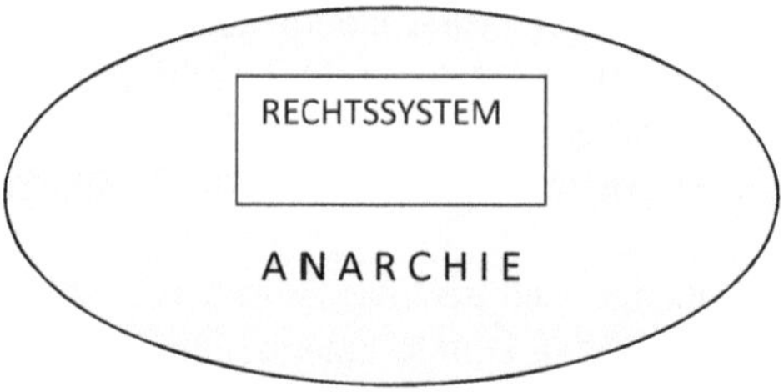

Schaubild 2: Handlungsraum nach Einführung des Rechtssystems unter der These der Handlungseinschränkung (Handlungsraum nur auf „Rechteck" beschränkt)

Eine zweite These wäre jedoch, dass die Einführung des Rechtssystems den Handlungsspielraum im Durchschnitt für alle Akteure vergrößert. Durch die Rechtssicherheit werden zusätzliche Handlungsoptionen erst ermöglicht und durchsetzbar. Das ist nun jene These, auf die sich die folgenden Ausführungen stützen werden.

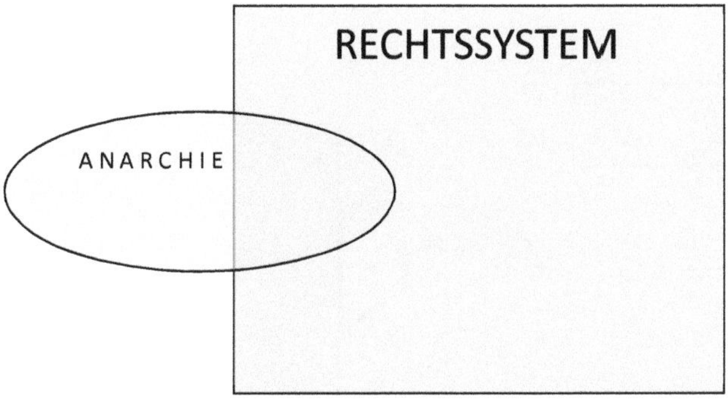

Schaubild 3: Rechtssystem als Schnittmenge der Anarchie mit Vergrößerung des Handlungsraumes

Schließlich führen wir in unsere Modellwelt noch das islamisch begründete Rechtssystem ein und untersuchen, welche Schlussfolgerungen wir für das Islamic Banking ziehen können. Die erste mögliche These wäre, dass das neue Rechtssystem für manche Akteure neben dem Bestehenden eine zusätzlich zu berücksichtigende Vorgabe wäre. Die Einführung des islamischen Wertesystems stellt einen weiteren Filter für islamische Banken dar. Es gibt jedoch keine wechselseitigen Wirkungen zwischen den Systemen. Dies macht sich im Schaubild 4 dadurch bemerkbar, dass das neue islamisch-normative System vollständig in das bestehende Rechtssystem eingebettet ist

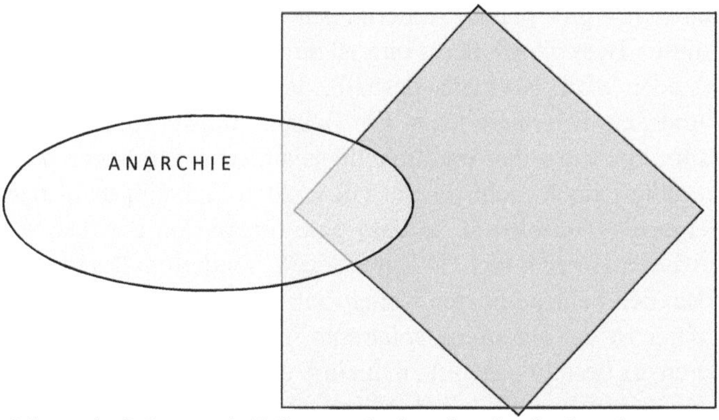

Schaubild 4: Islamische Religion als Teilmenge des bestehenden Rechtsrahmens

Die zweite mögliche logische These wäre aber, dass es eine Überlappung zwischen den beiden Systemen gibt. Die dadurch entstehenden diversen Schnittmengen und Überlappungen werden in drei Bereiche eingeordnet (siehe Schaubild 5).

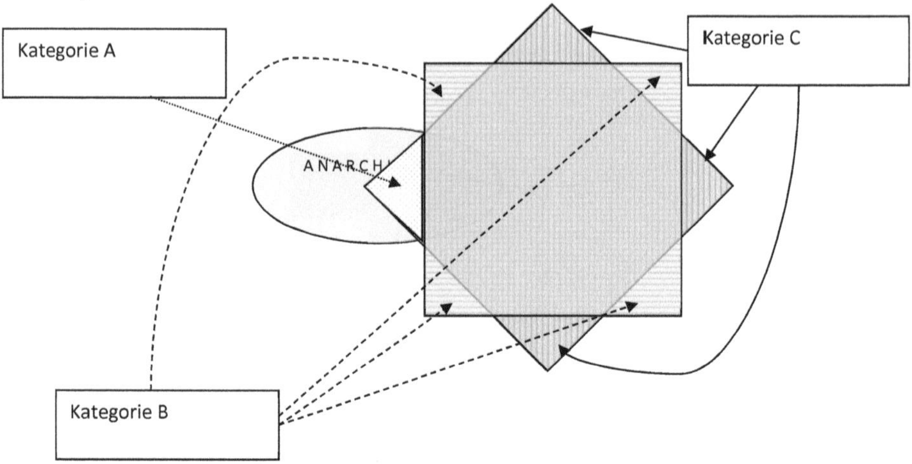

Schaubild 5: Islamische Religion als Überlagerung des Rechtssystems

Kategorie A (siehe Schaubild 5) ist die Schnittmenge zwischen islamisch begründetem Handlungsspielraum und Anarchie. Sie stellt den Handlungsraum dar, der gemäß dem islamischen Rechtssystem legitim und möglich ist, nicht jedoch gemäß dem säkularen Recht. Es gibt hier keine Interaktion zwischen den beiden Rechtssystemen. Das islamische und das säkulare Recht bestehen nebeneinander. Es gibt keinen Änderungsdruck auf das jeweils andere System, weil für diesen Bereich säkulares und islamisches Recht normativ als nicht vereinbar verstanden wird. Normativ deshalb, da diese Menge der Unvereinbarkeit nach Ort und Zeit differieren kann. Ein Beispiel für die Kategorie A in der deutschen Jurisdiktion wäre das traditionelle islamische Strafrecht mit der Todesstrafe. Dies gälte jedoch nicht für die USA: denn hier gibt es in den meisten Staaten ohnehin die Todesstrafe, so dass eine Interaktion denkbar wäre. Für die USA wäre dieser Bereich nicht in Kategorie A, sondern in Kategorie B oder C.

Bei den beiden anderen Kategorien B und C hingegen gibt es Spannungsfelder. Hier ist der Handlungsspielraum in einem der Systeme größer als bei dem anderen; es besteht grundsätzlich ein Veränderungsdruck aufeinander.

Kategorie B stellt den Handlungsraum dar, der im säkularen System größer ist als im islamisch definierten System. Alkoholverkauf, -konsum, Pornographie wären beispielsweise hier möglich und legitim. Beispiele für Verbote innerhalb des Islamic Banking für diese Kategorie wären Zinsgeschäfte, hochspekulative Anlagen, oder Geschäfte mit fehlender Transparenz.

Für Kategorie C gilt Umgekehrtes; der Handlungsraum im islamischen Rechtssystem ist größer. Die Mehrehe wäre nach dem islamischen Recht erlaubt, in den meisten Jurisdiktionen des säkularen Rechts hingegen nicht. Ein Beispiel für das Islamic Banking in dieser Kategorie wäre die Möglichkeit teilweise oder ganz den Verlust oder Mindergewinn an den Einleger weiterzureichen. Dieses Beispiel sei im Folgenden genauer ausgeführt, da man an ihm gut die ganze Dynamik der Wechselwirkungen erkennen kann. Kunden einer islamischen Bank sind auf Basis einer Gewinn- und Verlustbeteiligung am Erfolg beteiligt. Die Aufteilung erfolgt gemäß einem zu Anfang verbindlich ausgemachten Verteilungsschlüssel. Konventionelle Banken sind verpflichtet, den zu Anfang zugesagten Zins auch zu entrichten. Theoretisch bietet das islamisch begründete System eine größere Stabilität, sowohl auf Instituts- als auch auf Gesamtmarktebene. Denn die konventionellen Banken haben das systemimmanente Problem, dass sie zwar den Einlegern verbindlich zusagen, was sie als Zinszahlungen bekommen werden, auf dem Aktivgeschäft jedoch keine sicheren Gewinne generieren können. Wenn jedoch einige Banken ihren Verpflichtungen aufgrund eines makroökonomischen Schocks nicht nachkommen können, ist der gesamte Bankenmarkt gefährdet. Denn die Folge wäre, dass ein Bank Run entstünde, der nicht durch das Einlagensystem abgefedert werden kann und zur Implosion des ganzen Bankensystems führen könnte. Die Einlagensicherung würde nicht ausreichen, da jedes Versicherungssystem auf die Absicherung schlechter Risiken mit guten Risiken basiert. Ein Versicherungssystem wird aber nie Systemrisiken als Ganzes abdecken können. Die Möglichkeit des Islamic Banking, Einleger von vornherein offen so einzubinden, dass Sie an dem wirtschaftlichen Risiko partizipieren, stabilisiert das Finanzsystem, da die Zahlungsverpflichtung der Institute geringer wird. Die erste eher theoretische Schlussfolgerung wäre also, dass hier eher ein Änderungsdruck vom Islamic Banking ausgeht.

Trotz dieses systemischen Vorteils wird in der Praxis des Islamic Banking von dieser Verlustzuweisung kaum Gebrauch gemacht. Der Grund ist, dass islamische Banken in den meisten Fällen im Wettbewerb mit konventionellen Banken stehen, und sie antizipieren, dass eine Verlustweiterreichung zum Abzug großer Einlagen führen würde. Denn ihre Wettbewerber, die konventionellen Banken, müssen ja weiterhin ihren Zahlungsverpflichtungen nachkommen. Deshalb verzichten die islamischen Banken, wie konventionelle Banken auch, bei unerwarteten Profitentwicklungen zugunsten der Einleger auf den eigenen Gewinn oder nehmen Eigenkapitalschmälerungen in Kauf.

Innerhalb unserer Modellwelt bedeutet dieser Umstand, dass der Einfluss des konventionellen Systems auf das islamische System im Endeffekt größer ist. Der Änderungsdruck des konventionellen Systems manifestiert sich in den Präferenzen der Kunden, die zwar *profit and loss sharing accounts* bei islamischen

Banken eröffnen, jedoch erwarten, dass diese ohne Volatilität, mit sofortigen Rückzahlungen und ohne Gewinnschmälerungen oder Verlusten einhergehen. Dies wiederum determiniert den Umfang und die Umsetzung des Geschäftes der islamischen Banken auf der Aktivseite und hat auch einen Einfluss auf die Praktizierbarkeit der Möglichkeit der Verlustweiterreichung.

An diesem Beispiel erkennt man die Wechselwirkungen zwischen den Systemen sehr gut. Auf der einen Seite gibt es ein neues Geschäftsmodell, welches durchaus sinnvolle und konsistente Elemente haben kann. Aber die Rahmenbedingungen führen dazu, dass auch muslimische Kunden an den konventionellen Marktstandards orientierte Präferenzen hegen. Dies führt letztlich dazu, dass der Einfluss des konventionellen Systems auf das Islamic Banking obsiegt und deren theoretische Handlungsoptionen reduziert.

Bis auf Kategorie A konkurrieren also die verschiedenen Kategorien miteinander, stehen im Wettbewerb zueinander. Die Gesellschaft entscheidet, ob das eine oder andere für sie attraktiv und sinnvoll ist. Je stärker eine Gesellschaft ihre Präferenzen ändert, umso größer wird der Druck, das auch strukturell zu implementieren. Es ist ein dynamischer Prozess, in dem von vornherein nicht klar ist, in welche Richtung eine Änderung erfolgt. Analog zu Kategorie A können sich die Prozesse über Raum und Zeit ändern.

Ein Modell ist aber wenig interessant, wenn es nur in der Lage ist, vergangene Entwicklungen kompakt, verständlich und plausibel nachzuzeichnen. Wir kommen nun zum interessanteren Teil unseres Gedankenspiels, nämlich dem Versuch, Hypothesen über zukünftige Entwicklungen abzuleiten. Wir werden dabei obiges Beispiel weiterführen und analysieren, wie bestimmte externe Schocks, nämlich die Finanzkrise, die Ergebnisse der Interaktionen ändern können.

Die islamischen Banken sind aus der aktuellen Finanzkrise eher gestärkt hervorgegangen.[1] Und das ist nach Erachten des Autors kein Zufall. Das Spekulationsverbot ist ein entscheidender Faktor dafür, dass islamische Banken, weniger in gewisse Derivate, die man später toxisch nannte, involviert waren. So gibt es meines Wissens weltweit keine einzige islamische Bank, die aufgrund der Finanzkrise Insolvenz hätte anmelden müssen.

Diese im Vergleich zu den konventionellen Banken unterschiedliche Reaktionssensitivität der islamischen Banken auf die Krise ist der Öffentlichkeit nicht verborgen geblieben. Deshalb ist es plausibel anzunehmen, dass sich die Präfe-

---

1 Hier sollte aber nicht der Eindruck entstehen, als ob die islamischen Banken per se gegen jegliche Krisen immun oder das gute Abschneiden ausschließlich auf diese beschränkt seien. Das ist nicht der Fall. Islamische Banken waren beispielsweise von dem Platzen der Internetblase auch betroffen, und es gibt gegenwärtig auch Geschäftsmodelle anderer Banken, die die Krise relativ gut überstanden haben.

renzen der Kunden nunmehr zugunsten der islamischen Banken geändert haben mit der Folge, dass sich sowohl die Wirkungsintensitäten als auch die Wirkungsrichtungen ändern. Ceteris paribus gibt es nunmehr einen verstärkten Veränderungsdruck seitens der islamischen Banken auf die konventionellen Banken.

Widmen wir uns zunächst kurz den Folgen dieser neuen Situation auf die Kategorien B und C, in denen es eine Interaktion zwischen den unterschiedlichen Systemen gibt. Wir können beobachten, dass viele Privatbanken ihr Investmentgeschäft verringern und dem Retailgeschäft, Ethik, Realsektor mehr Bedeutung beimessen. Vor diesem Hintergrund ist es plausibel anzunehmen, dass nun ein größerer Veränderungsdruck von Seiten islamischer Banken auf das konventionelle System ausgehen kann. Man kann auch dahingehend eine Änderung der Kundenpräferenzen feststellen, dass es eine größere mentale Offenheit der Menschen für Islamic Banking gibt. Es ist eine Gelegenheit für islamische Banken, sich weiter zu etablieren und ihre Vorzüge stärker hervorzuheben.

Resümee

Das hier Dargestellte ist für Theoretiker wenig überraschend: es gibt keinen trivialen Zusammenhang. Das vorgestellte Modell versucht, sowohl vergangene und gegenwärtige Wirkungszusammenhänge plausibel und verständlich aufzuzeigen, als auch (darauf beruhend) zukünftige Entwicklungshypothesen plausibel abzuleiten. Islamic Banking bewegt sich innerhalb einer Wechselbeziehung zwischen Rahmenwerk, säkularem und islamischen Recht. Die Finanzkrise ist ein wirkungsmächtiger Megatrend und stellt eine Zäsur dar. Wir haben feststellt, dass die Auswirkungen der Finanzkrise nicht symmetrisch waren. Diese Asymmetrie wirkte sich dann vermittels der geänderten Kundenpräferenzen auf die verschiedenen Kategorien aus. Vor der Krise gab es eher einen Änderungsdruck des konventionellen Systems auf das Islamic Banking. Der Druck ändert sich. Jetzt scheint der vom Islamic Banking auf das konventionelle Bankensystem ausgehender Druck größer zu sein.

Die geänderte Situation reicht alleine für sich nicht aus. Änderungsmöglichkeiten bestehen nicht innerhalb eines unbegrenzten Zeitfensters, da sich die Rahmenbedingungen wieder – auch wieder zugunsten des Status Quo – ändern könnten. Es liegt an den islamischen Banken, deren Fähigkeit, diese Chance zu erkennen und das eigene Profil verstärkt in den Vordergrund zu stellen, um diese theoretische Änderung zu einer tatsächlichen werden zu lassen.

Die Anwendung islamischen Wirtschaftsrechts im zinslosen Bankwesen: Finanztechnik zwischen Klassik und Moderne

Volker Nienhaus

Der Koran stellt zwar unmissverständlich fest, dass *ribā* verboten ist, aber er gibt keine Definition dieses Begriffs. Das hat zu intensiven Diskussionen geführt, ob damit nur ein Wucherverbot oder ein Verbot jeglicher Zinsen bei Darlehensverträgen gemeint ist. Vertreter des islamischen Finanzwesens gehen vom Verbot jeglicher Zinsen bei reinen Finanztransaktionen aus. Reine Finanztransaktionen liegen dann vor, wenn die temporäre Überlassung von Finanzmitteln Gegenstand des Vertrages ist, und Zins ist jeder geldwerte Vorteil, den der Finanzmittelgeber über die volle Rückzahlung des überlassenen Betrages hinaus verlangen kann. Etwas vereinfacht: Verzinsliche Darlehen sind verboten, wobei es unerheblich ist, ob ein Zins als fixer Prozentsatz oder als variable Größe definiert ist. Entscheidend ist, dass neben dem unbedingten Rückzahlungsanspruch noch ein Anspruch auf eine weitere Leistung besteht.

Ende der 1970er Jahre entstanden die ersten islamischen Banken, die sich darum bemühten, Finanzgeschäfte ohne Zins und in Übereinstimmung mit dem islamischen Recht abzuwickeln. Die heute von islamischen Banken verwendeten Bezeichnungen für die angebotenen Finanzprodukte und -dienstleistungen sollen deren Scharia-Konformität dadurch signalisieren, dass sie dem klassischen islamischen Wirtschaftsrecht entnommen sind. Dies ist aber nicht unproblematisch, denn bei genauerer Betrachtung zeigt sich, dass keine einzige der heute von islamischen Banken verwendeten Vertragskonstruktionen den klassischen Verträgen entspricht, deren Namen verwendet werden. Dieser Beitrag soll aufzeigen, in welcher Weise die klassischen Verträge ergänzt, ausgestaltet oder uminterpretiert wurden, um sie für Finanzinstitutionen nutzbar zu machen. Die Modifikationen sind zum Teil sehr weitreichend, und es zeigt sich, dass die zur Konstruktion neuer zinsloser Vertragsarrangements verwendeten Bausteine und Methoden neue Finanzprodukte hervorgebracht haben, die sich zwar in der rechtlichen Form, oft aber nicht in der wirtschaftlichen Substanz von konventionellen Finanzprodukten unterscheiden. Das wirft nicht nur Fragen nach der Originalität und Authentizität der islamischen Finanzwirtschaft auf, sondern auch nach der Methodik für die notwendige Modernisierung des islamischen Wirtschaftsrechts.

Finanzierung durch Partnerschaftsverträge?

In einer *ribā*-freien Finanzwirtschaft sind zwar Darlehen (*qarḍ*) erlaubt, aber sie müssen unentgeltlich bereitgestellt werden. Das macht sie aus kommerzieller

Sicht uninteressant, da sie – für sich genommen – keine Erträge bieten.[1] Reine Finanztransaktionen mit Aussicht auf Gewinn für den Finanzier sind nur in Vertragsformen zulässig, bei denen die Rückzahlung des vollen bereitgestellten Betrags nicht garantiert ist, sondern die Gewinnchance mit einem Verlustrisiko verbunden ist. Das klassische islamische Recht kennt verschiedene Arten von entsprechenden „Partnerschaftsverträgen", bei denen sich die Kapital gebende Seite an den Gewinnen oder Verlusten des Einsatzes des bereitgestellten Kapitals beteiligt.

Muḍāraba-Partnerschaften als „stille Beteiligung auf Zeit"?

Folgt man Textbuch-Darstellungen oder Broschüren islamischer Banken, so stellt bei *muḍāraba*-Partnerschaften ein Partner (*rabb al-māl*) dem anderen Partner (*muḍārib*) für eine bestimmte Zeit oder ein bestimmtes Vorhaben Kapital zur Verfügung, das dieser entsprechend den Vorgaben des Partnerschaftsvertrags verwendet (z.B. in Immobilien investiert). Für seine Tätigkeit als Manager des Kapitals erhält der *muḍārib* einen Anteil am Gewinn; der übrige Gewinn geht an den Kapitalgeber. Im Falle eines Verlustes, der nicht auf Fehlverhalten oder Fahrlässigkeit des *muḍārib* zurückzuführen ist, muss der Kapitalgeber den Verlust bis zur Höhe des bereitgestellten Kapitals tragen. Der *muḍārib* erhält in einem solchen Fall keine Vergütung für seine Tätigkeit.

Die klassische Anwendung von *muḍāraba*-Partnerschaften hatte allerdings eine etwas andere Grundkonstellation: Das vom *rabb al-māl* dem *muḍārib* überlassene Kapital war nämlich nicht zur Finanzierung eines Geschäfts des *muḍārib* gedacht, sondern der *rabb al-māl* wollte seine eigenen Geschäfte in einem durch die Kapitalbereitstellung begrenzten Umfang vom *muḍārib* durchführen lassen. Der *muḍārib* war nicht befugt, von sich aus (d.h. ohne Zustimmung des *rabb al-māl*) über das *muḍāraba*-Kapital hinausgehende Verpflichtungen (z.B. durch langfristige Leasing- oder Mietverträge) einzugehen. Der *muḍārib* arbeitete nach den prinzipiellen Vorgaben des *rabb al-māl* mit dessen Kapital für das Unternehmen des *rabb al-māl*. Innerhalb des vorgegebenen Rahmens war der *muḍārib* allerdings in seiner Geschäftsführung völlig frei, d.h. der *rabb al-māl* hatte kein Recht, in die Entscheidungen des *muḍārib* einzugreifen. *Muḍāraba*-Verträge wurden insbesondere von reichen Kaufleuten verwendet, die ihr Kapital durch besonders geschäftstüchtige und z.B. im Handel mit bestimmten Regionen erfahrene Sklaven weiter mehren lassen wollten.

1 Ganz ausgeschlossen sind sie im kommerziellen Kontext allerdings auch nicht: Zinslose Darlehen können zur Überbrückung von Liquiditätsproblemen und zur Verhinderung einer Insolvenz gewährt werden. Sie dienen damit der Sicherung anderer Ertragsquellen oder verhindern andernfalls entstehende Verluste.

Bei der heutigen Verwendung eines *muḍāraba*-Vertrags für Finanzierungszwecke werden die Rollen vertauscht: Der *muḍārib* ist der Unternehmer, der das Kapital des *rabb al-māl* für sein eigenes Vorhaben verwendet, das der *rabb al-māl* lediglich finanziert. In dieser Konstellation – etwa als Finanzierungstechnik für islamische Banken – werfen *muḍāraba*-Konstruktionen zahlreiche Praktikabilitäts- und Rechtsfragen auf. So ist z.B. die Einschränkung, dass der *muḍārib* keine über das *muḍāraba*-Kapital hinausgehenden Verpflichtungen eingehen darf, bei einer Unternehmensfinanzierung auf *muḍāraba*-Basis nicht praktikabel. Würde sich in der klassischen Konstellation der *muḍārib* über diese Einschränkung hinwegsetzen, wäre er für die Erfüllung der zusätzlichen Verpflichtungen bzw. für daraus erwachsende Verluste verantwortlich, und Dritte könnten nicht auf das Kapital des *rabb al-māl* zugreifen. In der modernen Konstellation, d.h. bei einer Unternehmensfinanzierung, würde das bedeuten, dass der *rabb al-māl* nur eine bestimmte Art von Verlusten trägt – nämlich die, die sich aus dem Einsatz (nur) seines Kapitals ergeben. Wenn das *muḍāraba*-Kapital aber nicht ausschließlich und ohne Vermengung mit Kapital des Unternehmers für ein genau abgegrenztes Projekt verwendet, sondern zur generellen Unternehmensfinanzierung eingesetzt werden soll, dürfte es faktisch unmöglich sein, eine Kapitaltrennungs- und Verlustverteilungsrechnung für das *muḍāraba*-Kapital und das Eigenkapital des Unternehmers vorzunehmen. Darüber hinaus müsste auch eine getrennte Gewinnrechnung für die unterschiedlichen Kapitalarten vorgenommen werden, denn es ist ja denkbar, dass trotz eines Gesamtverlusts nicht nur keine vom *rabb al-māl* zu tragenden Verluste entstanden sind, sondern die Unternehmenstätigkeiten, für die sein Kapital eingesetzt wurde, profitabel waren.

Ohne die denkbaren Komplikationen noch weiter auszuführen, lässt sich festhalten, dass *muḍāraba*-Verträge in der Form, in der sie vom klassischen islamischen Recht entwickelt und ausdifferenziert wurden, als Instrumente der modernen Unternehmensfinanzierung ungeeignet sind. Um sie dafür nutzbar zu machen, bedarf es so umfangreicher Präzisierungen und Ergänzungen, dass es sich fast um Neuschöpfungen von vertraglichen Arrangements handelt, die durch die klassischen *muḍāraba*-Verträge inspiriert, aber nach den Erfordernissen des aktuellen (säkularen) Wirtschaftsrechts aus- bzw. umgestaltet worden sind. In der Bankpraxis spielen *muḍāraba*-Finanzierungen so gut wie keine Rolle.

Mušāraka-Partnerschaften als „joint ventures"?

Bei *mušāraka*-Partnerschaften stellen zwei Partner (*mušārik*) Kapital für ein Projekt bereit.[2] Die Kapitalanteile müssen nicht gleich sein, aber beide Partner haben gleiche Management-Rechte, wobei allerdings ein Partner auf die aktive Ausübung dieses Rechts verzichten kann. Die Ansichten islamischer Rechtsexperten differieren darüber, ob die Gewinnanteile frei vereinbart werden können oder grundsätzlich den Kapitalanteilen entsprechen sollen.[3] Unstreitig ist, dass Verluste proportional zu den Kapitalanteilen zu tragen sind. Da durch den *mušāraka*-Vertrag keine eigene Rechtspersönlichkeit – und schon gar keine mit beschränkter Haftung – entsteht und jeder Partner das Recht auf Beteiligung an der Geschäftsführung hat, ist jeder proportional für alle Verbindlichkeiten unbeschränkt haftbar, die im Rahmen der Partnerschaft entstehen. Diese Verbindlichkeiten bzw. daraus erwachsende Verluste können die Höhe des *mušāraka*-Kapitals übersteigen. Die Haftung der Partner ist somit zwar proportional zu den Kapitalanteilen, aber nicht auf diese beschränkt.

Die Anwendung klassischer *mušāraka*-Verträge zur Unternehmensfinanzierung ist daher wegen des hohen Risikos für den Partner, der nur als Kapitalgeber fungieren will, problematisch. Wie schon bei der *muḍāraba*-Partnerschaft entsteht auch bei *mušāraka* keine juristische Person mit Haftungsbegrenzung. Vielmehr impliziert das Recht aller Partner zur Geschäftsführung auch die Haftung aller Partner für alle Verbindlichkeiten der Partnerschaft. Sofern Verbindlichkeiten über das *mušāraka*-Kapital hinaus im Einvernehmen eingegangen wurden, besteht dafür eine persönliche Haftungspflicht der Partner, die nicht auf die Höhe des jeweiligen *mušāraka*-Kapitals begrenzt, sondern unbeschränkt ist. Das macht *mušāraka* in der klassischen Form unattraktiv für Banken, die zwar zur Finanzierung eines Unternehmens bereit sind, sich aber nicht aktiv an der Geschäftsführung beteiligen und (als „stiller Partner") ihr Verlustrisiko auf das eingesetzte Kapital beschränken wollen. Eine Risikobegrenzung für den stillen Partner ließe sich realisieren, wenn man das *mušāraka*-Konzept auf die Finanzierung einer juristischen Person mit beschränkter Haftung (z.B. eine GmbH oder eine AG) anwendete. Dies wäre aber wiederum nicht das Partnerschaftskonzept des klassischen islamischen Rechts, sondern – wie schon bei den *muḍāraba*-Konstruktionen – eine faktische Neuschöpfung durch Kombination

---

2 Es können auch mehr als zwei Partner beteiligt sein. Zur Vereinfachung wird hier aber nur von zwei Partnern ausgegangen – einem Unternehmer und einer islamischen Bank.

3 Eine Abweichung von diesem Grundsatz ist möglich, wenn nur einer der Partner unternehmerisch aktiv ist und für seine Geschäftsführung einen erhöhten Gewinnanteil erhalten soll.

mit Elementen des modernen Wirtschaftsrechts. In der Bankpraxis sind *mušāraka*-Verträge eher selten.

Bankgeschäfte durch Kaufverträge mit Finanzierungskomponenten?

Muḍāraba- und *mušāraka*-Konstruktionen werden wegen ihrer rechtlichen Komplexität und fraglichen Durchsetzbarkeit vor konventionellen Gerichten sowie angesichts ihrer ungünstigen Risiko-Profile sehr selten (wenn überhaupt) von islamischen Banken für Unternehmensfinanzierungen eingesetzt. Stattdessen haben die Banken Finanzierungsinstrumente entwickelt, die auf klassischen Kaufverträgen beruhen. Allerdings gilt auch hier, dass zwar Bezeichnungen des klassischen islamischen Vertragsrechts verwendet werden, tatsächlich aber kein einziger der klassischen Verträge in seiner ursprünglichen Form zur direkten Anwendung kommt.[4] Vielmehr wurden alle Verträge von den Finanzinstitutionen entweder modifiziert oder durch zusätzliche Vereinbarungen zwischen Bank und Kunden ergänzt, um sie für Finanzinstitutionen, die ja gerade keine Handelsunternehmen sind, verwendbar zu machen.

Alle Verträge müssen frei von Zinsen (*ribā*) und Glücksspiel-Elementen (*maisir*) sein. Sie dürfen auch keine Unklarheiten aufweisen (*ġarar*), die zu Streitigkeiten führen können. Streitigkeiten über die vertragsgemäße Beschaffenheit eines Kaufgegenstands können z.B. dann entstehen, wenn der Kaufgegenstand bei Vertragsabschluss vom Käufer nicht geprüft werden kann, weil er noch gar nicht existiert oder nicht im Eigentum des Verkäufers war. Um diese Fälle zu vermeiden, wurde der Rechtsgrundsatz aufgestellt, dass man nichts verkaufen darf, das einem nicht gehört. Dies impliziert auch, dass Kaufgegenstände bei Vertragsabschluss existieren müssen, denn an nicht existierenden Objekten kann man kein Eigentum haben. Von diesem Grundsatz gibt es nur zwei Ausnahmen (für saisonale Gattungsgüter und Auftragsfertigungen), auf die gesondert einzugehen ist.

---

4 Da das klassische islamische Recht praktisch in keinem Land zur direkten Anwendung kommt, müssen alle Verträge – unabhängig von einer möglichen „islamischen" Bezeichnung – nach den Regeln des (säkularen) Rechts des betreffenden Landes (oder nach Regeln des internationalen Vertragsrechts) abgefasst werden. Ob dabei islamische Bezeichnungen korrekt verwendet werden oder nicht, hat in den meisten Ländern keine praktischen Konsequenzen. Eine Ausnahme bilden lediglich jene Länder wie etwa Malaysia, in denen ausdrückliche Bestimmungen zu den mit islamischen Bezeichnungen versehenen Verträgen in das Rechtssystem aufgenommen und z.B. *muḍāraba*-Finanzierungen vom nationalen Gesetzgeber geregelt wurden.

Murābaḥa im Kundenauftrag

Händler, die Waren aus ihrem Lagerbestand verkaufen, können den Grundsatz leicht befolgen. Der dafür im islamischen Recht vorgesehene Vertrag – *murābaḥa* – geht davon aus, dass der Händler dem Käufer eine von diesem geprüfte Ware mit einem vereinbarten Gewinnaufschlag auf seine Einstandskosten verkauft und sofort liefert. Die Zahlung des Kunden kann sofort erfolgen oder vereinbarungsgemäß zu einem späteren Zeitpunkt (in einem Betrag oder in Raten). Da der Händler den Gewinnaufschlag kalkulieren kann, wie er es für angemessen hält, kann er bei Zahlungsaufschub auch einen höheren Gewinnaufschlag als bei sofortiger Zahlung verlangen. Insofern können *murābaḥa*-Verträge eine Finanzierungskomponente (= den Zahlungsaufschub) und Finanzierungskosten (= die Differenz zwischen dem Gewinnaufschlag bei sofortiger und bei späterer Bezahlung)[5] enthalten. Sehr vereinfacht wird nun argumentiert, dass eine islamische Bank die Rolle des Händlers übernimmt und ihren Kunden, die eine Finanzierung für den Erwerb bestimmter Güter benötigen, diese Güter mit einem Gewinnaufschlag gegen spätere Zahlung auf der Grundlage eines *murābaḥa*-Vertrages verkauft.[6] Da es sich bei dem *murābaḥa*-Vertrag eindeutig um einen im klassischen islamischen Recht anerkannten Handelsvertrag (und nicht um ein Darlehen oder einen reinen Finanzierungsvertrag) handelt,[7] ist auch der Aufschlag der Bank juristisch eindeutig ein Handelsgewinn und kein (Darlehens-)Zins, auch wenn ökonomisch kein relevanter Unterschied zu erkennen ist.

Bei einer direkten Anwendung des *murābaḥa*-Vertrages (ohne Modifikationen oder Ergänzungen) im Finanzierungsgeschäft islamischer Banken erwachsen Probleme daraus, dass eine Bank typischerweise keinen Lagerbestand hat, aus dem sie Güter an ihre Kunden mit Gewinn verkaufen kann. Vielmehr muss die Bank selbst erst die vom Kunden gewünschten Güter kaufen, bevor sie sie mit einem Gewinnaufschlag weiterverkaufen kann. Bevor die Bank nicht selbst Eigentümerin geworden ist, kann sie mit dem Kunden keinen *murābaḥa*-Vertrag abschließen, denn ein *murābaḥa*-Vertrag vor dem Erwerb durch die Bank würde gegen den Grundsatz, dass man nicht verkaufen darf, was einem nicht gehört, verstoßen. Das führt zu der für die Bank problematischen Konstellation, dass sie

---

5 Diese Differenz muss dem Kunden allerdings nicht ausdrücklich genannt werden, sondern nur der Gewinnaufschlag, den er tragen muss (und nicht auch jener, der bei anderer Zahlungsweise verlangt worden wäre).

6 Der Verfasser muss einräumen, dass er selbst in älteren Veröffentlichungen diese Vereinfachung übernommen hat.

7 Bei einem Handelsvertrag zwischen A und B mit Finanzierungskomponente liefert A heute ein Sachgut an B, und B leistet im Gegenzug künftig eine Geldzahlung. Bei einem Darlehens- bzw. Finanzierungsvertrag leistet A heute eine Geldzahlung an B und B später eine höhere Geldzahlung an A; ein Sachgut ist in diesem Fall nicht involviert.

selbst ein Gut kaufen muss, für das sie eigentlich (außer dem Weiterverkauf an den Kunden) keine Verwendung hat, während mit dem Kunden noch kein Vertrag über den Weiterverkauf abgeschlossen werden kann. Sollte es sich der Kunde vor dem Abschluss seines *murābaḥa*-Vertrages mit der Bank anders überlegen, wird die Bank Eigentümer eines Gutes, an dem sie kein originäres Interesse hat und das sie evtl. nur mit Verlust am Markt verkaufen kann.[8]

Um dieses Risiko auszuschließen, verlangt eine islamische Bank in der Praxis von Kunden, mit denen eine Finanzierung durch einen *murābaḥa*-Vertrag vereinbart werden soll, eine bindende Erklärung (Versprechen, *waʿd*), dass sie die von der Bank für sie erworbenen Güter kaufen werden – also einen *murābaḥa*-Vertrag abschließen werden –, sobald das Eigentum an den gewünschten Gütern vom Lieferanten auf die Bank übergegangen ist.[9] Ökonomisch entspricht dies dem Kauf eines Gutes, das sich noch nicht im Eigentum des Käufers befindet. Wenn man von der Maxime ausgeht, dass man nicht verkaufen darf, was einem nicht gehört, gilt im Umkehrschluss, dass man nicht kaufen darf, was dem Verkäufer nicht gehört. Dieser Grundsatz gilt aber nur für Kaufverträge, die dadurch charakterisiert sind, dass sie zwischen zwei Parteien abgeschlossen werden. Aus juristischer Sicht handelt es sich bei dem Versprechen des Kunden jedoch um eine einseitige Willenserklärung bzw. Selbstverpflichtung und nicht um einen zweiseitigen Kaufvertrag. Daher unterliegt diese Erklärung nicht den Restriktionen des Kaufvertragsrechts und wird als zulässig und rechtlich bindend angesehen. Für die Frage der Scharia-Konformität dominiert hier also eine formale Sichtweise.

Durch die Kombination von *waʿd* und *murābaḥa* schaffen islamische Banken Strukturen, bei denen aus ökonomischer Sicht der Charakter eines Handelsgeschäfts faktisch verschwindet und der Finanzierungscharakter dominiert. Genau diese Sichtweise, die auf die wirtschaftliche Substanz einer Transaktion und

8 Dieses Problem stellt sich im Falle eines Händlers so nicht: Der Handel mit Gütern der vom Kunden gewünschten Art ist sein ‚Kerngeschäft', und oftmals ist der Händler bereits Eigentümer des Gutes, das er auf Lager hat. Wenn es sich ein potentieller Kunde vor Abschluss eines *murābaḥa*-Vertrages anders überlegt, entgeht dem Händler zwar dieses Geschäft, aber es ist für ihn kein grundsätzliches Problem, da er weiterhin Eigentümer des Gutes ist und sich bemühen muss, einen anderen Kunden zu finden.

9 Außerdem können islamische Banken bei Transaktionen mit höheren Beträgen oder Gütern mit geringer Nachfrage zusätzlich zum Kaufversprechen vom Kunden eine Sicherheitsleistung (*hāmiš ǧiddiyya*) verlangen: Falls der Kunde seiner Kaufverpflichtung nicht nachkommt und die Bank die für den Kunden gekauften Güter nur mit Verlust (d.h. zu einem Preis unter ihren Einstandskosten) am Markt veräußern kann, kann sie zur Deckung des Verlusts auf die Sicherheitsleistung zurückgreifen. War die Sicherheitsleistung höher als der Verlust, ist der Rest an den Kunden zurückzugeben. Eine Kompensation für den entgangenen Gewinn darf die Bank nicht einbehalten.

nicht auf ihre rechtlich Form abstellt, erlaubt es Finanzbehörden, *murābaḥa*-Transaktionen analog zu konventionellen (zinsbasierten) Finanzierungen zu behandeln und auf die Erhebung der Umsatzsteuer auf das der Finanzierung zugrundeliegende ‚Handelsgeschäft' zu verzichten. Würden die Finanzbehörden *murābaḥa*-Transaktionen tatsächlich wie Handelsgeschäfte behandeln, wären z.B. in Deutschland 19% Mehrwertsteuer fällig, die für all diejenigen eine Scharia-konforme Finanzierung sehr stark gegenüber einer mehrwertsteuerfreien konventionellen Finanzierung verteuern würde, die keine Möglichkeit zum Vorsteuerabzug haben (also insbesondere für private Haushalte und Kleinunternehmer).

Parallel-*salam* für saisonale Agrarerzeugnisse

Eine erste Ausnahme vom Verbot des Verkaufs von Dingen, an denen man kein Eigentum hat (bzw. die noch gar nicht existieren), bildet der *salam*-Vertrag. Islamische Juristen haben schon früh die Notwendigkeit der Vorfinanzierung von saisonaler landwirtschaftlicher Produktion anerkannt: Produzenten von Agrargütern mit periodisch wiederkehrenden Erntezeiten (z.B. Getreide, Reis) müssen bis zur Ernte verschiedene Kosten (für Saatgut, Dünger, Bewässerung, Arbeitslöhne usw.) tragen. Wenn sie dazu nur auf eigene Mittel zurückgreifen könnten, würde die Produktion insgesamt wohl deutlich geringer ausfallen als bei einer Finanzierung der Kosten (= Vorfinanzierung der Ernte) durch Mittel von außen. Nicht zuletzt im Interesse der Versorgungssicherheit haben es islamische Juristen daher gestattet, dass Händler schon nach der Saat die erwartete Ernte gegen sofortige Zahlung des vollen Preises aufkaufen. Dies gilt allerdings nur für landwirtschaftliche „Gattungsgüter", die sich nach Menge und Qualität genau beschreiben lassen und die erfahrungsgemäß zur Erntezeit am Markt verfügbar sind. Daher wird die Wahrscheinlichkeit bzw. die Ungewissheit (*ġarar*), dass der Vertrag wegen der künftigen Nichtexistenz des Gutes nicht erfüllt werden kann, für hinnehmbar gering erachtet. Wichtig ist, dass der Händler nicht die Ernte eines speziellen Produzenten oder eines genau bezeichneten Feldes kauft, sondern nur eine genau angegebene Menge eines gattungsmäßig (d.h. nach Art und Qualität) bestimmten landwirtschaftlichen Saisongutes. Der Verkäufer ist zur Lieferung per Termin verpflichtet. Normalerweise wird er die Güter aus seiner eigenen Produktion liefern, aber wenn diese Güter nicht termingerecht zur Verfügung stehen, muss er die Gattungsgüter auf dem Markt erwerben, um seiner Lieferungsverpflichtung nachzukommen.

Es dürfte unmittelbar einleuchten, dass der *salam*-Vertrag in seiner reinen Form für eine Finanzierung landwirtschaftlicher Produktion durch eine islamische Bank ungeeignet ist, denn am Ende der Transaktion – d.h. nach der Ernte – würde die Bank über große Mengen an Agrargütern verfügen, die sie am Markt zu einem zum Finanzierungszeitpunkt noch nicht bekannten Preis verkaufen muss. Sie würde auf diese Weise zu einem Händler mit Agrarerzeugnissen, der ein hohes Marktpreis-Risiko übernimmt. Dies dürfte kaum mit den Interessen einer Bank – und mit Vorschriften der Bankenregulierung – in Einklang stehen.

Die Lösung des Problems besteht darin, dass die Bank gleichzeitig mit dem Abschluss des *salam*-Vertrags mit dem Produzenten, bei dem die Bank als Käufer auftritt, einen zweiten, genau gegenläufigen *salam*-Vertrag abschließt, bei dem die Bank als Verkäufer agiert: Die Bank verkauft genau die gleiche Art und Menge landwirtschaftlicher Gattungsgüter zu einem heute festgelegten und zu zahlenden Preis an eine dritte Partei. Die Lieferung soll an dem Tag erfolgen, der als Liefertermin im ersten *salam*-Vertrag zwischen Bank und Produzenten vereinbart ist.[10] Damit kann die Bank das primäre Preisrisiko ausschließen, allerdings nicht das Lieferrisiko: Wenn der Produzent, mit dem der erste *salam*-Vertrag geschlossen wurde, zum vereinbarten Termin nicht liefert, muss die Bank dennoch ihre Lieferverpflichtung aus dem zweiten *salam*-Vertrag erfüllen und ggf. die vereinbarte Menge auf dem Markt zu einem höheren Preis (= sekundäres Preisrisiko) einkaufen, sodass sie insgesamt einen Verlust erleidet. Die Kombination von zwei *salam*-Verträgen (= parallel *salam*) spielt (ebenso wie der einfache *salam*-Vertrag) in der Praxis islamischer Banken zwar keine große Rolle. Sie ist hier aber als ein weiteres Beispiel dafür von Bedeutung, dass die Verträge des klassischen islamischen Rechts von Finanzinstitutionen nicht in ihrer ursprünglichen Form angewandt, sondern erheblich modifiziert bzw. ergänzt werden.

Parallel-*istiṣnāʿ* zur Auftragsfertigung

Dies ist auch der Fall bei der zweiten Ausnahme vom Grundsatz, dass man nicht verkaufen darf, was einem nicht gehört, nämlich dem *istiṣnāʿ*-Vertrag. Dabei handelt es sich um einen Vertrag über ein Objekt, das weder zum Zeitpunkt des Vertragsabschlusses existiert noch als saisonales Gattungsgut klassifiziert werden kann. Vielmehr ist Vertragsgegenstand ein Objekt, das nach den genauen Vorgaben des Auftraggebers konstruiert und hergestellt werden soll, z.B. ein Gebäude.

Neben der Art des Objekts unterscheidet sich *istiṣnāʿ* von *salam* dadurch, dass die Zahlung des Auftraggebers nicht in voller Höhe zum Zeitpunkt des Vertragsabschlusses erfolgen muss, sondern flexibel gestaltet werden kann. Neben

10 Der Käufer muss der Bank den vollen Kaufpreis bei Vertragsabschluss zahlen. Damit die Bank einen Gewinn realisieren kann, muss dieser Preis höher sein als der, den die Bank selbst zum gleichen Zeitpunkt an den Produzenten zahlt. Das führt zu der Frage, warum der Käufer die Güter zu einem Preis von der Bank kauft, der höher ist als jener Preis, den er dem Produzenten zahlen müsste, wenn er bei diesem direkt kaufen würde.

einer vollen Vorauszahlung ist es z.B. auch möglich, Zahlungen jeweils nach Erreichen bestimmter ‚Meilensteine' im Konstruktions- und Herstellungsprozess (z.B. Fertigstellung bestimmter Bauabschnitte bei der Errichtung eines Gebäudes) vorzusehen oder sogar erst nach Fertigstellung des Objekts und dem Beginn der wirtschaftlichen Nutzung.

Das Problem bei der Anwendung von *istiṣnāʿ* als Instrument zur Finanzierung durch Banken ist ähnlich wie bei *salam*: Wenn die Bank den Vertrag als Auftraggeber abschließt, um den Auftragnehmer (z.B. die Bauunternehmung) zu finanzieren, endet der Vertrag nach Fertigstellung des Objekts mit dessen Eigentumsübertragung an die Bank, woran diese aber gar nicht interessiert ist. Genau genommen geht es auch nicht um eine Finanzierung für den Auftragnehmer (die Bauunternehmung), sondern für einen Kunden (den Bauherren), für den und nach dessen Spezifikation das Objekt gefertigt wird. Dies erfordert eine kompliziertere Finanzierungsstruktur mit zwei *istiṣnāʿ*-Verträgen: Im ersten Vertrag ist der Kunde der Auftraggeber, der die Spezifikation des gewünschten Objekts vorgibt, und die Bank ist der Auftragnehmer, der für die Herstellung dieses Objekts verantwortlich ist. Das bedeutet aber nicht, dass die Bank auch selbst die Herstellung durchführen muss. Sie kann damit eine andere Partei beauftragen, und sie tut dies in einem zweiten *istiṣnāʿ*-Vertrag mit einer Firma, die die Herstellung übernimmt. Spezifikationen und Fertigstellungstermin entsprechen denen des ersten *istiṣnāʿ*-Vertrags. Die Zahlungsvereinbarungen könnten so aussehen, dass die Bank an den Hersteller nach Herstellungsfortschritt zahlt, während der Kunde aus dem ersten *istiṣnāʿ*-Vertrag mit Zahlungen erst dann beginnt, wenn er das Objekt übernommen hat und wirtschaftlich nutzt, also z.B. Einnahmen aus der Vermietung eines neu errichteten Gebäudes erzielt.

Islamische Banken ergänzen bei der Finanzierung von Auftragsfertigungen oder Immobilien die Finanzierungszwecken dienenden Kaufverträge durch ein vertragliches Arrangement, das den Kunden (den primären Auftraggeber) zum Beauftragten der Bank macht, der im Namen der Bank den Baufortschritt überwacht und das von der Bank für ihn finanzierte Objekt auf Mängel hin prüft. Sollte er Mängel entdecken, müssen diese vom Produzenten bzw. der Baufirma beseitigt werden, bevor das Eigentum an die Bank (und danach an ihn) übergeht. Die Beauftragung des Kunden mit der Qualitätskontrolle hat für die Bank den Vorteil, dass der Kunde dann später gegenüber der Bank keine Mängel mehr geltend machen kann, wenn er sie vorher als Beauftragter der Bank nicht bemerkt und beanstandet hat. Dies reduziert das Gewährleistungsrisiko der Bank erheblich.

Iğāra mit Übertragungsversprechen (Kaufoption)

Ein besonders beliebtes Finanzierungsinstrument islamischer Banken ist *iğāra*, was in der Literatur i.d.r. mit Leasing übersetzt wird. Dies muss allerdings präzisiert werden.

Iğāra ist im islamischen Recht eine Unterform des Kaufvertrags, bei dem nicht das Eigentum an einer Sache vom Verkäufer auf den Käufer übertragen wird, sondern nur das Nutzungsrecht. Es wird also keine Sache (oder ein Recht) verkauft, sondern nur der Nießbrauch daran. Insofern verbleibt das mit dem Eigentum verbundene Verfügungsrecht an der Sache beim Verkäufer des Nießbrauchs, der rechtlich auch das Risiko des Untergangs der Sache trägt und sich z.B. dagegen versichern muss. Außerdem ist er verpflichtet, die Sache in einem ordnungsgemäßen Zustand zu halten, weil sonst das verkaufte Nießbrauchsrecht beeinträchtigt wäre. Überträgt man diese Vorgaben des islamischen Rechts auf moderne Leasing-Konzepte, so ist *iğāra* als operatives Leasing zu klassifizieren. Dies gilt auch dann, wenn die Bank als Leasinggeber den Nießbrauch für die gesamte wirtschaftliche Lebenszeit des betreffenden Objekts an den Leasingnehmer verkauft hat.

Bei wirtschaftlicher Betrachtung ist in einem solchen Arrangement die Rolle des Leasinggebers auf die des Finanziers beschränkt, während Kosten und Nutzen der Verwendung des Objekts dem Leasingnehmer zuzurechnen sind. Dies wäre im konventionellen Kontext als Finanzierungsleasing zu betrachten. Von der Klassifizierung des Leasingvertrags hängt es ab, ob die Leasingobjekte in der Bilanz des Leasinggebers, d.h. der Bank, zu erfassen und abzuschreiben sind (operatives Leasing) oder in der Bilanz des Leasingnehmers (Finanzierungsleasing). Dies hat Implikationen für den Gewinnausweis und die Besteuerung der beiden Leasingparteien und kann sich auch (im Falle der Behandlung als operatives Leasing) auf die Kapitalanforderungen und die Liquiditätsposition der Bank auswirken.

Da Sachverhalte im Bilanz- und Steuerrecht zunehmend nach ihrer wirtschaftlichen Substanz und nicht nach ihrer rechtlichen Form behandelt werden, wird es immer wieder zu Friktionen zwischen dem islamischen Recht, das *iğāra* nur als operatives Leasing kennt, und dem Bilanz- und Steuerrecht kommen, das zahlreiche *iğāra*-Verträge nach ihrer wirtschaftlichen Substanz als Finanzierungsleasing klassifizieren wird.

Im Zusammenhang mit *iğāra* ist noch ein Detail erwähnenswert, das ein weiteres Schlaglicht auf die starke Betonung der Form im islamischen Recht wirft: Islamische Banken sind auch an Kunden interessiert, für die die Scharia-Konformität der Verträge keine besondere Rolle spielt und die die Angebote islamischer Banken mit denen konventioneller Finanzinstitutionen vergleichen.

Konventionelle Leasingverträge beinhalten oftmals eine Klausel, die dem Leasingnehmer eine Kaufoption für das Leasingobjekt am Ende der Vertragslaufzeit (zum Marktwert oder Restbuchwert) einräumen. *Iǧāra*-Verträge dürfen eine solche Klausel nicht enthalten, denn sie wäre als Kaufvertrag zur Übertragung des vollständigen Eigentums an dem Objekt (also nicht nur des Nießbrauchs, sondern auch des Verfügungsrechts) zu klassifizieren. Damit würde aber ein *iǧāra*-Vertrag mit Kaufoption gegen das Verbot verstoßen, den Inhalt von zwei unterschiedlichen Verträgen in einem zu kombinieren. Wollte man daher die Eigentumsübertragung am Ende der Laufzeit zum Gegenstand eines eigenen Scharia-konformen Vertrages machen, fehlte dafür allerdings eine geeignete Vertragsform: In Betracht käme am ehesten ein *murābaḥa*-Vertrag, aber der setzt voraus, das eine Leistung (d.h. die Eigentumsübertragung) beim Vertragsabschluss (oder kurz danach) erbracht wird, denn nur die Zahlung kann in die Zukunft verschoben werden. Im vorliegenden Fall würden aber sowohl die Leistung als auch die Zahlung in der Zukunft liegen. Außerdem soll der Leasingnehmer ja nicht verpflichtet werden, das Leasingobjekt am Ende der Laufzeit zu kaufen, sondern nur eine Kaufoption erhalten. Eine ‚Rückzugsmöglichkeit' ist in einem abgeschlossenen *murābaḥa*-Vertrag aber nicht vorgesehen.

All diese Schwierigkeiten können vermieden werden, wenn man die konventionelle Kaufoption nicht durch einen Vertrag zwischen zwei Parteien, sondern durch ein bindendes Versprechen einer Partei (*waʿd*) ersetzt: Der Leasinggeber verspricht dem Leasingnehmer, am Ende der Vertragslaufzeit das Leasingobjekt zum Restbuchwert, zum Marktpreis oder zu einem symbolischen Preis von 1 € zu verkaufen oder zu schenken.

Tawarruq: Liquidität zu festen Kosten

Die vorstehend skizzierte Kombination von *iǧāra* und *waʿd* zur Nachbildung des konventionellen Finanzierungsleasings mit Kaufoption ist ein Beispiel dafür, wie durch Kombination einzelner Scharia-konformer Elemente neue, im klassischen islamischen Recht nicht existierende Finanzprodukte konstruiert werden können. Dabei ist das Grundprinzip der Kombination schon so alt wie das islamische Recht selbst: Es hatte sich schon früh ein eigener Zweig der islamischen Jurisprudenz gebildet, der mit Hilfe von Rechtskniffen (*ḥiyal*), die auf der Kombination zulässiger Elemente beruhten, Geschäfte konstruierte, mit denen z.B. das *ribā*-Verbot umgangen werden konnte. Bekannt ist das doppelte Kaufgeschäft (*baiʿ al-ʿīna*), bei dem Partei A heute ein Objekt an Partei B zu einem bestimmten Preis verkauft und Partei B dieses sofort wieder zu einem höheren Preis zurückkauft, der erst in Zukunft zu zahlen ist. Das Objekt hat faktisch nie den Besitzer gewechselt und der doppelte Kauf ist ökonomisch die Nachbildung eines verzinslichen Darlehens. Dieses Umgehungsgeschäft wird heute von den meisten Vertretern des islamischen Bankwesens abgelehnt, weil hier die Umgehungsabsicht offenkundig ist. Für zulässig gehalten wird allerdings eine etwas komplexere Variante mit drei statt zwei beteiligten Parteien und drei statt zwei Kaufverträgen, die im arabischen Raum unter dem Namen *tawarruq* bekannt ist und in Asien mit geringfügigen Modifikationen als "commodity *murābaḥa*" zur Anwendung kommt.

Die Grundstruktur ist wie folgt: Eine Person A benötigt für einen bestimmten Zeitraum (z.B. 1 Jahr) Liquidität (z.B. 1.000 €) und möchte dafür einen festen Preis zahlen. Daher wendet sich A an die islamische Bank B, die ihm keine Liquidität überlässt, ihm aber in einem *murābaḥa*-Vertrag ein Objekt zu einem in einem Jahr zahlbaren Preis von 1.100 € verkauft, das A ohne Probleme am Markt weiter verkaufen kann, weil es an einer Börse gehandelt wird. Dieses Objekt kann z.B. eine bestimmte Menge eines Edelmetalls,[11] z.B. Platin, mit einem aktuellen Marktwert von 1.000 € sein, das an der London Metal Exchange gehandelt wird. Denkbar sind auch Güter, die an einer Warenbörse gehandelt werden (commodities) wie etwa Palmöl in Malaysia. A verkauft nun (möglichst umgehend) das im ersten *murābaḥa*-Vertrag von der Bank erworbene Objekt in einem eigenständigen *murābaḥa*-Vertrag gegen Barzahlung zum Marktpreis von 1.000 € an den Börsenhändler C. Wenn nun die Bank von C (oder von einem anderen Börsenhändler) in einem dritten *murābaḥa*-Vertrag die gleiche Menge des an A verkauften Objekts wieder zum Marktpreis von 1.000 € zurückkauft,[12] ist das Ergebnis wie folgt: (1) A hat heute Liquidität von 1.000 € (von C) erhalten und schuldet 1.100 € in einem Jahr (zu zahlen an B). (2) B macht einen Handelsgewinn von 100 € in einem Jahr. (3) Weder A noch B hatten die Absicht, das Handelsobjekt für einen anderen Zweck als die Liquiditätsbeschaffung zu verwenden. (4) Ohne den ersten *murābaḥa*-Vertrag zwischen A und B wäre A nicht an die gewünschte Liquidität gekommen, aber diese wurde ihm nicht von B überlassen, sondern ist das Ergebnis eines vom ersten unabhängigen zweiten *murābaḥa*-Vertrags zwischen A und C. In der Gesamtheit entspricht diese Transaktion für A ökonomisch einem Gelddarlehen von 1.000 € zu einem Zinssatz von 10%.

Islamische Ökonomen, aber auch Scharia-Experten halten *tawarruq* wegen der wirtschaftlichen Nähe zu verbotenen verzinslichen Darlehen zwar für ein unerwünschtes und nach Möglichkeit zu vermeidendes Instrument,[13] aber die

---

11 Gold und Silber sind nicht zulässig, da es sich dabei um Währungsmetalle handelt, für deren Handel besondere (restriktivere) Regeln gelten.

12 Diese Zahlen berücksichtigen zur Vereinfachung keine Provision, die der Börsenhändler für den An- und Verkauf des Objekts erhält.

13 Akzeptiert wird *tawarruq* (oder commodity *murābaḥa*) als Instrument für das Liquiditätsmanagement islamischer Banken, da bislang keine anderen Instrumente für sehr kurz-

rechtliche Zulässigkeit wird nicht bestritten (sofern nicht die Bank bereits alle Verträge für den Kunden arrangiert hat, dieser nur noch in der Bank unterschreiben muss und danach sofort über die Liquidität verfügen kann[14]). Der im Hinblick auf die Zulässigkeit wesentliche Unterschied zu *bai' al-'īna* liegt darin, dass *tawarruq* auf zwei (bzw. drei) voneinander unabhängigen Verträgen mit unterschiedlichen Vertragsparteien beruht, die sachlich und zeitlich nicht zusammenhängen müssen. Insofern kann die Grundstruktur auch anderen als Umgehungszwecken dienen. Ob ein Umgehungsgeschäft geplant wurde, hängt von den Absichten der Akteure ab: Allah kennt unlautere Absichten und wird sie sanktionieren, aber ein Außenstehender kann sie nicht kennen. Da *tawarruq* auch legitimen Zwecken dienen kann, wird die rechtliche Gültigkeit der Verträge anerkannt.

Fazit

Die Entwicklung des Instrumentariums islamischer Banken ist noch längst nicht abgeschlossen. Auf der finanztechnischen Ebene lassen sich zwei gegenläufige Tendenzen erkennen: Auf der einen Seite geht die Entwicklung Scharia-konformer funktionaler Äquivalente für komplexere konventionelle Finanzprodukte in den islamischen Banken weiter. Auf der anderen Seite werden Forderungen nach „genuin islamischen" Finanzinnovationen lauter, die dem Prinzip der Risikoteilung zwischen Finanzier und Unternehmer Rechnung tragen. Dabei muss man wohl auch über Finanzinstitutionen nachdenken, die zur Finanzierung von risikoreicheren unternehmerischen Projekten nicht auf die Einlagen von Sparern zurückgreifen müssen, die ihre Ersparnisse gerade keinen Risiken aussetzen wollen. Vorstellbar wären z.B. Finanzhäuser, die im Finanzierungsgeschäft wie Kapitalbeteiligungsgesellschaften arbeiten, sich aber über die Emission Scharia-konformer Wertpapiere (*ṣukūk*) am Kapitalmarkt finanzieren.

Der Fall der Nachbildung der Kaufoption in einem konventionellen Finanzierungsleasing-Vertrag durch eine Kombination von *iğāra* und *wa'd* verdeutlicht, dass islamische Banken, die im Finanzierungsgeschäft im Wettbewerb mit konventionellen Finanzinstitutionen stehen, gezwungen sind, das Repertoire der Verträge des klassischen islamischen Rechts zu erweitern und funktionale Äquivalente für konventionelle Finanzinstrumente zu schaffen. Die konventionelle Kaufoption wurde durch Rückgriff auf die Rechtsfigur des einseitig bindenden Versprechens (*wa'd*) nachgebildet. Diese Rechtsfigur spielt nicht nur bei relativ

---

fristige Transaktionen im zinslosen Interbankenmarkt in ausreichendem Umfang zur Verfügung stehen. Erwähnenswert ist, dass sich auch konventionelle Banken an solchen Transaktionen am Interbankenmarkt beteiligen.

14 Dies wird als „organisiertes *tawarruq*" bezeichnet und als unzulässiges Umgehungskonstrukt klassifiziert.

einfachen Konstruktionen eine zentrale Rolle, sondern wird immer wieder herangezogen und ist auch ein unverzichtbares Element in komplexer strukturierten Finanzprodukten. Mit Hilfe von *wa'd* haben (oft westliche) Finanzingenieure zusammen mit Scharia-Experten Prototypen für Scharia-konforme Derivate (Optionen, Termingeschäfte, Swaps), Leerverkäufe von Aktien und weitere Finanzprodukte entwickelt, die in der letzten Finanzkrise (nicht zuletzt von Vertretern des islamischen Finanzwesens) scharf kritisiert wurden, weil sie die Krise, wenn nicht verursacht, so doch zumindest verstärkt hatten. Nachbildungen solcher strukturierter konventioneller Finanzprodukte werden von islamischen Juristen noch nicht allgemein akzeptiert und sind daher noch nicht generell am Markt eingeführt. Aber die Existenz der Prototypen und ihr experimenteller Einsatz in kleinerem Rahmen zeigt, dass prominente Scharia-Experten durchaus bereit sind, Konstruktionen zu akzeptieren, die einer gewinnorientierten islamischen Bank nützen können, obwohl sie in ihrem ökonomischen Gehalt sehr zinsnah sind und ihr gesamtwirtschaftlicher Nutzen sehr umstritten ist. Es scheint so, dass der Wettbewerb um die große Gruppe jener Kunden, die auch Produkte konventioneller Banken in Betracht ziehen, die islamischen Banken dazu drängt, ein vergleichbares Produktspektrum wie konventionelle Banken zu entwickeln.

Auf der konzeptionellen Ebene des islamischen Rechts und der islamischen Ökonomie haben solche Entwicklungen des islamischen Finanzwesens, die von den meisten islamischen Ökonomen, aber auch von vielen islamischen Rechtswissenschaftlern kritisch beurteilt werden, in den letzten Jahren methodische Debatten wiederbelebt oder neu angestoßen. Beispiele sind etwa grundlegende Diskussionen über

- die richtige Interpretation des Begriffs *ribā*,
- die Anwendung und den Stellenwert islamischer Rechtsgrundsätze und Rechtsfiguren (z.B. der Nominalverträge) und der Streitschlichtung in einem säkularen Rechtssystem,
- die Bedeutung der Absichten der Vertragsparteien für die Gültigkeit von Verträgen,
- die Evolution islamischer Banken in einem zinsgeprägten Umfeld,
- den Stellenwert von Gemeinwohl-Argumenten (*maṣlaḥa*) für die Beurteilung der Zulässigkeit ‚grenzwertiger' Finanztechniken,
- die Reichweite des Grundsatzes, dass Notwendigkeit an sich Verbotenes tolerabel macht, im Kontext der Finanzwirtschaft.

Zu den sehr grundsätzlichen Fragen gehört die nach der adäquaten Methodik zur vernunftgeleiteten Weiterentwicklung (*iǧtihād*) des islamischen Wirtschaftsrechts. Dieses ist in einem sozio-ökonomischen Umfeld entstanden und ausdifferenziert worden, das sich fundamental vom heutigen unterscheidet. So gab es keine juristischen Personen mit Haftungsbeschränkungen, Wertpapierbörsen, Banken mit Spareinlagen, eine weitgehende Trennung von Arbeit und Kapital, usw. Die Komplexität der Welt ist heute allein durch die Exegese eines offenbarten Textes nicht mehr zu verstehen. Es bedarf der Einsichten der Fachwissenschaften, um zu einem überzeugenden Verständnis des Textes und zu daraus folgenden Handlungsanweisungen zu gelangen. Zwischen islamischen Ökonomen und Juristen entwickeln sich, ausgehend von Fragen zu Konzept und Praxis einer islamischen Wirtschaft, spannungsreiche und spannende Diskussionen um die Priorität von Form oder Substanz, um Textauslegung und Theorie und letztlich um das grundlegende Verhältnis von Glaube und Vernunft. Manche Diskussionsstränge sind völlig neu, andere haben Jahrhunderte alte Vorläufer, und vieles wird im Hinblick auf islamische Themen diskutiert, für das sich analoge Debatten im Christentum finden lassen. Dies alles bietet – vor allem unter dem Eindruck der globalen Finanzkrise und dem wachsenden Interesse an Wirtschaftsethik – zahlreiche Ansatzpunkte für einen an konkreten Wirtschaftsfragen orientierten interreligiösen Dialog.

Entrepreneurship – eine islamische Perspektive

Ali Aslan Gümüşay

Und wenn das Gebet beendet ist, zerstreut euch freizügig auf Erden und sucht (etwas) von Gottes Huld zu erlangen; aber gedenkt Gottes oft, auf daß ihr einen glückseligen Zustand erlangen möget. (Koran 62/10).

Er ist es, der die Erde gemacht hat (dass) leicht darauf zu leben (ist): geht denn umher in all ihren Regionen und nehmt zu euch von der Versorgung, die Er bereitet: aber (behaltet im Gedächtnis, daß) ihr zu Ihm aufgeweckt werdet. (Koran 67/15)

Der Prophet Muhammad (Segen und Frieden auf ihm) wurde gefragt, welche der Erwerbsformen die beste ist. Darauf antwortete er: „Der von der Arbeit eines Mannes mit seinen Händen und jeder ehrliche Handel" (At-Tirmiḏī)

Einleitung

Religion findet wenig, wenngleich vermehrt Beachtung in der Entrepreneurship-, Management- und Organisationsforschung.[1] Während Fragen des Unternehmertums aus ökonomischen[2], institutionellen[3], politischen[4], psychologischen[5] und sozialen[6] Gesichtspunkten analysiert wurden, ist die religiöse Perspektive hier-

1 Vgl. S. Chan-Serafin/A. P. Brief/J. M. George, *"How Does Religion Matter and Why? Religion and the Organizational Sciences"*, in: Organization Science 24(5), 2013, pp. 1585-1600; K. Gundolf and M. Filser, *"Management Research and Religion: A Citation Analysis"*, in: Journal of Business Ethics 112(1), 2013, pp. 177-185; J. E. King Jr., *"(Dis)Missing the Obvious Will Mainstream Management Research Ever Take Religion Seriously?"*, in: Journal of Management Inquiry, 17(2), 2008, pp. 214-224; P. Tracey, *"Religion and Organization: A Critical Review of Current Trends and Future Directions"*, in: The Academy of Management Annals, 6(1), 2012, pp. 87-134.

2 Vgl. M. Casson, *The Entrepreneur: An Economic Theory*, Edward Elgar, Cheltenham/U.K 2003.

3 Vgl. J. Battilana/B. Leca/E. Boxenbaum, *"How Actors Change Institutions: Towards a Theory of Institutional Entrepreneurship"*, in: The Academy of Management Annals 3(1), 2009, pp. 65-107.

4 Vgl. M. Schneider/P. Teske, *"Toward a theory of the political entrepreneur: Evidence from local government"*, in: American Political Science Review 86(3), 1992, pp. 737-747.

5 Vgl. T. M. Begley/D. B. Boyd, *"Psychological characteristics associated with performance in entrepreneurial firms and small businesses"*, in: Journal of Business Venturing 2(1), 1987, pp. 79-93.

6 Vgl. A. Shapero/L. Sokol, *"The Social Dimensions of Entrepreneurship"*, in: C. Kent/D. Sexton/K. H. Vesper (eds.), *The Encyclopedia of Entrepreneurship*, Prentice-Hall, Englewood Cliffs/NJ 1982.

bei mit wenigen Ausnahmen[7] bisher vernachlässigt worden. Dabei weist eine solche Perspektive Besonderheiten auf, deren Berücksichtigung die Erklärung von unternehmerischen Gegebenheiten wesentlich steigert. Eine religiöse Perspektive beinhaltet in der Regel spezifische Narrative und Praktiken, eine definierte verschriftlichte Quelle und eine metaphysische Zielvorgabe. Eine holistische Annäherung an dic Entrcprcncurshipforschung, welche Religion einbezieht, bereichert so die bestehende Entrepreneurship-Theorie und -Praxis.

Religion prägt die postsäkulare Gesellschaft.[8] Entgegen der konventionellen Annahme, dass die Moderne säkular sei sind religiöse Institutionen, Werte und Praktiken weiterhin weit verbreitet. P.L. Berger[9], ein ehemaliger Befürworter der Säkularisierungstheorie, hat seine Meinung daher revidiert und schreibt, dass die Welt mit wenigen Ausnahmen sehr religiös geprägt ist und die Literatur, welche lose der Säkularisierungstheorie zugeschrieben wird, essentiell falsch liege.[10] Religion als erklärenden Faktor zu ignorieren, würde bedeuten das zu Erklärende in der Sozialwissenschaft zu säkularisieren, wenngleich das Soziale nicht säkular ist. Die Entrepreneurship- wie auch Managementforschung ist Forschung durch, über und für Menschen. Da einige dieser Personen religiös sind, sollten wir Religion als Gegenstand in unsere Analysen integrieren.

Knapp ein Viertel der Weltbevölkerung sind Muslime. Der Islam ist damit die zweitgrößte Religion. Innerhalb der nächsten zwei Dekaden wird erwartet, dass zu den 1,6 Milliarden Muslimen ungefähr 700 Millionen dazukommen werden.[11] Für viele Muslime ist der Islam ein wichtiger Lebensinhalt.[12] Der Markt von muslimischen Konsumenten wächst und Entrepreneure reagieren auf diese steigende Nachfrage. Konferenzen wie das World Islamic Economic Forum oder der Global Islamic Economy Summit befassen sich verstärkt mit der Überschneidung von Islam und Wirtschaft. Diese Trends zeigen auch empirisch die wachsende Bedeutung des Themenfeldes „Islam und Unternehmertum" auf, dem ich mich in diesem Beitrag widmen werde.

---

7 Vgl. S. D. Dodd/P. Seaman, *"Religion and enterprise: An introductory exploration"*, in: Entrepreneurship Theory & Practice 23(1), 1998, pp. 71-77; L.-P. Dana, *Entrepreneurship and Religion*, Edward Elgar, Cheltenham/U.K. 2010.

8 Vgl. J. Habermas, *Glauben und Wissen*, Frankfurt a. M. 2001.

9 P. L. Berger, *The Desecularization of the World: Resurgent Religion and World Politics*, William B Eerdmans, Washington/D.C 1999, S. 2.

10 Vgl. P. L. Berger, *The Desecularization of the World: Resurgent Religion and World Politics*, William B Eerdmans, Washington/D.C 1999.

11 Vgl. Pew Research Centre, *The Future of the Global Muslim Population: Projections for 2010-2030*, The Pew Research Centre, Washington/DC 2011.

12 Vgl. Pew Research Centre, *The World's Muslims: Unity and Diversity*, The Pew Research Centre, Washington/DC 2012.

Dieser Beitrag ist eine adaptierte und gekürzte Version beruhend auf einem Artikel, der im Journal of Business Ethics erscheint.[13] Er ist wie folgt strukturiert: Zuerst werde ich die Konzepte „Entrepreneurship“ und „Islam“ beleuchten, welche den Titel Entrepreneurship – eine islamische Perspektive (EIP), im Wesentlichen bilden. Zweitens betrachte ich, wie der Islam das Unternehmertum auf der Mikro-, Meso- und Makroebene zu prägen vermag. Drittens befasse ich mich mit der Zukunft der EIP-Forschung und ende mit einer zusammenfassenden Konklusion.

Entrepreneurship und Islam

Das Thema ‚Entrepreneurship aus einer islamischen Perspektive‘ umfasst zwei intensiv und kontrovers diskutierte Konzepte: Islam und Entrepreneurship. Islam im theologischen minimalen Kern ist das Bekenntnis zum Glauben an den einen Gott Allah und den Propheten Muhammad (Friede sei mit Ihm). In einem bekannten Hadith, überliefert von Buḫārī, wird der Prophet vom Engel Gabriel über die Bedeutung von Islam, Imān und Iḥsān befragt und erklärt, dass Islam die Bezeugung sei, dass es keinen Gott außer Allah gibt und Muhammad Sein Prophet sei, sowie die Gebetspraxis, die Verrichtung der Zakat, das Fasten im Ramadan und die Pilgerfahrt, sofern man im Stande ist, dieses zu tun. Iman ist der Glaube an Allah, Seine Engel, Seine Bücher, Seine Propheten, den Tag des Jüngsten Gerichtes und das Schicksal. Iḥsān zuletzt ist ein Zustand der Verehrung Gottes, als ob man Allah sehe, da, auch wenn man Ihn nicht sieht, Gott uns sehe. Das Attribut „islamisch“ in der Komposition von EIP ist verknüpft mit diesem Glauben an und der Praxis für Gott.

Das Wort Entrepreneurship stammt aus dem Französischen entreprendre, welches unternehmen bedeutet. Entrepreneure unternehmen gewisse Bemühungen, die andere nicht auf sich nehmen. Für W. Baumol[14] ist der Entrepreneur zugleich einer der faszinierendsten und am schwersten fassbaren Akteure in der ökonomischen Analyse.[15] Verschiedene intellektuelle Traditionen betonen unterschiedliche unternehmerische Qualitäten. R.F. Hébert und A. N. Link (1989) identifizieren in ihrer Taxonomie eine Österreichische, Chicagoer und deutsche

13 A. A. Guemuesay, *"Entrepreneursphip from an Islamic Perspective"*, in: Journal of Business Ethics vom 24. Mai 2014, URL: http://link.springer.com/article/10.1007/s10551-014-2223-7 (letzter Zugriff: 20.02.2015).

14 W. Baumol, Entrepreneurship, Management, and the Structure of Payoffs, MIT Press, Cambridge/Mass 1993, S. 2.

15 Vgl. W. Baumol, *Entrepreneurship, Management, and the Structure of Payoffs*, MIT Press, Cambridge/Mass. 1993.

Schule.[16] Akademiker der österreichischen Schule, der u.a. I. Kirzner[17] angehört, betonen, dass Entrepreneure Möglichkeiten ausschöpfen.[18] Die Chicagoer Schule dagegen fokussiert sich auf die Wichtigkeit von Risikofreudigkeit und das Management von Unsicherheit.[19] Die sogenannte deutsche Schule ist insbesondere bekannt durch die Werke des Österreichers J. Schumpeter[20] und der von ihm erläuterten Prozesse der kreativen Destruktion und Innovation durch Rekombination.[21] Eine zusammenführende Definition wäre, dass ein Entrepreneur jemand ist, der unternehmerische Möglichkeiten nutzt, häufig durch die Rekombination existierender Ressourcen und unter Duldung von Risiko in der Unternehmung.

Das EIP ist mehr als eine simple Summierung von Islam und Entrepreneurship. Es basiert auf drei miteinander verflochtenen Säulen. Die erste Säule ist das Streben nach Möglichkeiten, Wert zu schaffen. Die zweite Säule ist sozioökonomisch bzw. ethisch. Das EIP wird geleitet durch gewisse Normen, Werte und Empfehlungen. Die dritte Säule ist religiös-spirituell und verbindet Menschen mit Gott und dem Ziel, Allah wohlzugefallen. Diese Säulen beeinflussen einander und werden mitgestaltet durch Textquellen, Institutionen und Prozesse der Interpretation. Das EIP muss folglich holistisch betrachtet werden, da es unternehmerisches Streben, Werte, islamische Verpflichtungen, gemeinschaftlichen Einfluss, spezifische textbasierte Narrative und ein Ökosystem von Akteuren und Institutionen berücksichtigen muss, die im Ganzen die religiöse Optik auf alle drei Säulen und ihre Verknüpfungen prägen.

Das EIP hat Ähnlichkeiten mit dem sogenannten Sozialen Unternehmertum. Soziales Unternehmertum hat in den letzten zwei Dekaden verstärkt Aufmerksamkeit in der Forschungslandschaft erhalten.[22] Mehrere Forschungszentren wie

---

16 Vgl. R. F. Hébert/A. N. Link, *"In search of the meaning of entrepreneurship"*, in: Small Business Economics 1, 1989, pp. 39-49.

17 I. Kirzner, *Competition and Entrepreneurship*, University of Chicago Press, Chicago 1973; ders., *Perception, Opportunity, and Profit: Studies in the Theory of Entrepreneurship*, University of Chicago Press, Chicago 1979.

18 Vgl. I. Kirzner, *Competition and Entrepreneurship*, University of Chicago Press, Chicago 1973; I. Kirzner, *Perception, Opportunity, and Profit: Studies in the Theory of Entrepreneurship*, University of Chicago Press, Chicago 1979.

19 Vgl. F. Knight, *Risk uncertainty and profit*, Houghton-Miffin, New York 1921.

20 J. A. Schumpeter, *The Theory of Economic Development*, Harvard University Press, Cam-bridge/MA 1911/1934.

21 Vgl. J. A. Schumpeter, *The Theory of Economic Development*, Harvard University Press, Cambridge/MA 1911/1934.

22 Vgl. M. T. Dacin/P. A. Dacin/P. Tracey, *"Social Entrepreneurship: A Critique and Future Directions"*, in: Organization Science 22(5), 2011, pp.1203-1213; A. Nichols, *Social Entrepreneurship: New models for sustainable change*, Oxford University Press, Oxford

das Skoll Centre in Oxford befassen sich explizit mit Social Entrepreneurship. Die Definition von Sozialem Unternehmertum umfasst generell die Kombination aus Entrepreneurship und einer sozialen Mission.[23] J. Austin, H. Stevenson und J.Wei-Skillern[24] definieren das Social Entrepreneurship als entrepreneurische Aktivität eingebettet in einem sozialen Zweck.[25] Allerdings hat das Soziale Unternehmertum – wie auch das ethische Unternehmertum[26] – weder eine religiös-spirituelle Säule noch eine spezifisch religiös-schriftliche Quelle, welche Werte, Prozesse und Praktiken benennt und so auf alle drei Säulen wirkt. Auch besitzt das EIP metaphysische Ziele und operiert mit der Komponente einer Mensch-Gott Beziehung. Das EIP ist daher nicht einfach eine ethische oder soziale Annäherung an Entrepreneurship, auch wenn es ethische Werte inkorporiert.

Das EIP mag fälschlicherweise als Unternehmertum in mehrheitlich muslimischen Ländern verstanden werden. Während das EIP eine institutionelle Komponente aufweist, müssen jedoch weder das institutionelle Ökosystem noch die spezifischen Produkte und Dienstleistungen Muslime anvisieren. Mit anderen Worten: EIP ist auch in Deutschland und auch für Nichtmuslime interessant, obgleich aufgrund der religiösen Komponente der Entrepreneur oder ein Teil der Organisation muslimisch sein müsste, um es als EIP bezeichnen zu können. Während die Praxis von jedem Entrepreneur in Einklang mit islamischen Werten sein könnte, beinhaltet das EIP den Glauben an Allah sowie eine religiöse Praxis, für Allah, d.h. es bedingt ein religiöses Element.

Dies bedeutet nicht, dass das EIP keine Einsichten für Nichtmuslime bietet. Ganz im Gegenteil: das EIP ermöglicht eine kritische Annäherung an das Unternehmertum, indem es u.a. den Fokus von einem individuellen Entrepreneurship, basierend auf dem Streben nach Eigeninteresse, hin zu einem familien- und gemeinschaftsbasierten Unternehmertum verlagert. Die Praxis des EIP mag so übernommen und bestimmte Aspekte substituiert werden. Auch kann das EIP

2006; N. M. Pless, *"Social Entrepreneurship in Theory and Practice – An introduction"*, in: Journal of Business Ethics 111(3), 2012, pp. 317-320.

23 Vgl. J. Mair and I. Marti, *"Social Entrepreneurship research: A source of explanation, prediction and delight"*, in: Journal of World Business 41(1), 2006, pp. 36-44.

24 J. Austin/H. Stevenson/J.Wei-Skillern, *"Social and commercial entrepreneurship: Same, different, or both?"*, in: Entrepreneurship: Theory & Practice, 30(1), 2006, pp. 1-22, p. 1.

25 Vgl. J. Austin/H. Stevenson/J. Wei-Skillern, *"Social and commercial entrepreneurship: Same, different, or both?"*, in: Entrepreneurship: Theory & Practice, 30(1), 2006, pp. 1-22.

26 Vgl. J. D. Harris/H. J. Sapienza/N. E. Bowie, *"Ethics and entrepreneurship"*, in: Journal of Business Venturing 24(5), 2009, pp. 407-418; J. Wempe, *"Ethical Entrepreneurship and Fair Trade"*, in: Journal of Business Ethics 60(39), 2005, pp. 211-220.

uns ermöglichen, umfassend über die Rolle von Religion im Unternehmertum nachzusinnen. Hierfür muss das EIP sich intensiv mit der Entrepreneurship-literatur befassen und nicht einfach eine Adaption von Entrepreneurship in mehrheitlich muslimischen Ländern erfahren.

Auch sollte eine kritische Auseinandersetzung mit den Begrifflichkeiten wie Islamisches Unternehmertum, Islamische Ökonomie und Islamisches Finanzwesen stattfinden. Der Islam bietet keine umfassende Theorie dieser Forschungszweige, sondern bildet einen Rahmen, innerhalb dessen eine Pluralität von Theorien, Modellen und Konzepten entwickelt werden kann. Für mich sind daher die Begriffskreationen wie Islamisches Unternehmertum oder Islamisches Finanzwesen analytisch irreführend, obgleich natürlich (be)greifbarer. Wir sollten diese Begriffe daher mit Vorsicht gebrauchen und zumindest im akademischen Diskurs verstehen und verständlich machen, dass der Weg von den Quellen des Islams über die Interpretation hin zu einer Kontextualisierung und Konzeptualisierung im Jetzt ein intensiver, komplexer und langwieriger Prozess ist. Daher ist es wohl zutreffender, von Unternehmertum, Ökonomie und Finanzen aus einer islamischen Perspektive zu sprechen.

Wie der Islam Unternehmertum prägt

Die Rolle des Islam im Entrepreneurship basiert auf der Verbindung von textuellen Quellen mit spezifischen, kontextuellen Situationen. Die Primärquellen sind Koran und Sunna. Für Muslime beinhaltet der Koran das Wort Gottes in 114 *Suren* (Kapitel) mit über 6000 *Āyāt* (Versen), welche über einen Zeitraum von 23 Jahren um das Jahr 600 geoffenbart wurden. Die Sunna umfasst die Taten und Aussprüche wie auch die schweigsame Zustimmung des Propheten Muhammad. Sekundärquellen sind *iğmā*ʿ (Konsensus) und *qiyās* (Analogie). *Iğmā*ʿ ist das einstimmige Einvernehmen einer bestimmten Gruppe von Menschen, meist verstanden als Gruppe muslimischer Gelehrter. *Qiyās* ist eine Form der analogischen Argumentation. Für einige Gelehrte gibt es auch mögliche Tertiärquellen wie das Allgemeinwohl bzw. der Gemeinnutz. Diese Quellen beeinflussen extensiv die verschiedenen Ebenen von Unternehmertum, in dem sie den Entrepreneur, die Organisation und das Ökosystem prägen. Auf der Mikroebene mag der individuelle Entrepreneur durch Religion motiviert sein.[27] Für einen solchen Unternehmer ist Erfolg nicht materiell definiert, obgleich wirtschaftlicher Erfolg ein integraler Bestandteil ist, sondern wird als sozio-ökonomische Errungenschaft in dieser Welt und metaphysische Errungenschaft im Jenseits

27 Vgl. D. B. Audretsch/W. Bönte, *Religion and Entrepreneurship.* CEPR Discussion paper No. 6378, 2007.

verstanden. Dieser Erfolg wird zuweilen als *falāḥ* bezeichnet, ein Zustand des materiellen und spirituellen Wohlbefindens.[28]

Der Entrepreneur wird nicht nur durch seine gottesdienstlichen (*ʿibādāt*) Handlungen geprägt, sondern direkt durch die Anwendung von religiösen Werten und Praktiken bei der Arbeit. Die religiöse Verpflichtung wird erfasst als eine Form von 'wor(k)ship' mit dem Ziel, Gottes Gnade zu erlangen (Koran 62/10). Der Koran betont daher auch das Streben im Diesseits. In Vers 77 des Kapitels 28 heißt es: „Suche statt dessen durch das, was Gott dir gewährt hat, das (Gute des) kommenden Lebens, ohne dabei deinen eigenen (rechtmäßgien) Anteil an dieser Welt zu vergessen; und tue (anderen) Gutes, wie Gott dir Gutes getan hat; und suche nicht Verderbnis auf Erden zu verbreiten: denn, wahrlich, Gott liebt nicht die Verbreiter von Verderbnis!" Religion prägt das Verständnis von fundamentalen Konzepten wie Risiko und Profit. Risiko ist ein essenzieller Teil des Geschäftslebens. Zinsen, also im Grunde vom Erfolg der Unternehmung losgelöster Gewinn, sind verboten. Der Entrepreneur hat Vertrauen (*tawakkul*) in Gott und glaubt, dass die Versorgung (*rizq*) letztendlich durch Allah gegeben ist. Die Vergütungsstruktur ist dreiteilig: materiell, sozio-ökonomisch und religiös-spirituell. Aktivitäten sind so geprägt durch ethische Überlegungen z.B. im Umgang mit Geschäftspartnern und Arbeitnehmern. Im Koran heißt es: „O ihr, die ihr Glauben erlangt habt! Verschlingt nicht unrechtmäßig einer des anderen Besitztümer – nicht einmal durch Handel auf der Grundlage gegenseitigen Einvernehmens […]" (Koran 4/29). Und in einem Hadith sagt Muhammad (a.s.): "Gebe dem Arbeiter seinen Lohn, bevor sein Schweiß trocknet." (at-Tirmiḏī; Ibn Māǧa). Andere Verse und Aussprüche geben explizit Richtlinien bezogen auf ökonomische, ökologische und soziale Nachhaltigkeit.

Auf der Mesoebene prägt der Islam die Organisation auf vielfältige Weise in Strategie-, Management-, Personal-, Finanz- und Marketingfragen. Die Strategie ist nicht nur am Profit ausgerichtet, sondern auch am sozio-ökonomischen Wohl und spirituellen Wachstum. Bestimmte Produkte wie Schweinefleisch (Koran 2/173), Alkohol oder Glücksspiel (Koran 5/90) sind verboten. Bestimmte Praktiken wie falsches Maß (Koran 55/9; 17/35) oder Lügen (Koran 6/152; 33/70; 17/36) sind nicht erlaubt und andere wie die Erfüllung von kontraktuellen Verpflichtungen obligatorisch (Koran 5/1). Auch religiöse Praktiken wie das Gebet oder Fasten mögen die Organisation formen, z.B. durch einen Gebetsraum oder angepasste Arbeitszeiten im Ramadan oder zu religiösen Feiertagen.

Die Finanzierungs- und Investmentseite ist besonders geprägt durch religiöse Gebote und Verbote. So wurde in einem vierstufigen Prozess sukzessive

28 Vgl. R. I. Beekun, *Islam and business ethics*, International Institute of Islamic Thought, Herndon/VA 1996, S. 1.

ribā, also Zinsen, verboten. Zunächst sagt Gott (Koran 30/39): „Und (gedenkt:) Was immer ihr an Wucher verteilt, auf daß es durch die Besitztümer (anderer) Leute sich vermehren möge, wird (euch) keine Vermehrung in der Sicht Gottes bringen […]“ Im nächsten Vers (4/161) heißt es: „und (wegen) ihres Wuchernehmens, obwohl es ihnen verboten worden war […]“. Im dritten Vers (3/130): „O ihr, die ihr Glauben erlangt habt! Stopft euch nicht voll mit Wucher, ihn verdoppelnd und wieder verdoppelnd […]“. Zuletzt Vers 2/275: „[…] während Gott Kaufen und Verkaufen gesetzlich und Wucher ungesetzlich macht […]“. Gott deklariert sogar Krieg gegen diejenigen, die Zinsen nutzen (Koran 2/279).

Weitere Verbote sind *ġarar* und *maisir* bzw. *qimār*. *Ġarar* bezieht sich auf Unsicherheit oder Ambiguität durch Mangel an Klarheit bezogen auf den Preis oder den betrachteten Gegenstand. *Maisir* und *qimār* beziehen sich auf Glücksspiele. Der Islam bestärkt gewisse (entrepreneurische) finanzielle Partnerschaften wie *muḍāraba* und *mušāraka*. In einer *muḍāraba*-Partnerschaft ist ein Beteiligter der *rabb-ul-māl*, welcher Kapital zur Verfügung stellt. Der *mudārib* steuert unternehmerische Arbeit bei. In einer *mušāraka* stellen die verschiedenen Beteiligten Kapital bereit. Finanzieller Verlust wird durch die Kapitalgeber entsprechend den Proportionen ihrer finanziellen Beiträge getragen, während der Entrepreneur letztendlich seine Zeit und Bemühung investiert hat. Profit wird entsprechend zuvor vereinbarten Verhältnissen verteilt. Risiko und Profit sind für Kapitalgeber und Entrepreneur erfolgsabhängig.

Auf der Makroebene wirkt sich der Islam auf die verschiedenen Institutionen wie Staat und Markt aus. Wichtig ist daher ein Verständnis des soziolegalen Umfeldes, aber auch der unterschiedlichen (muslimischen) Strömungen und Organisationen.[29] Die spezifischen Rollen der Institutionen gemäß einer islamischen Perspektive sind Thema vielfältiger akademischer Debatten.[30] Das islamische Wirtschaftsverständnis entwickelte sich über 1400 Jahren in verschiedenen Phasen durch Gelehrte wie Abū Yūsuf, al-Māwardī, al-Ġazālī, Ibn Taimiyya, Ibn Ḫaldūn, Šāh Walī Allah, Muhammad Iqbal, Muhammad Baqir Al-Sadr, Chapra and Siddiqi.[31] Der Islam bietet so extensive Richtlinien für ein Wirtschaftssystem z.B. durch die Kreation des *ḥisba*, einer Form von Ombuds-

29 Für Deutschland vgl. M. Azzaoui, *„Muslimische Gemeinschaften in Deutschland zwischen Religionspolitik und Religionsverfassungsrecht – Schieflagen und Perspektiven“*, in: Hendrik Meyer/Klaus Schubert, *Politik und Islam*, Wiesbaden 2011, S. 247-276; A. A. Guemuesay, *„Die Rolle der muslimischen Eliten in Deutschland und Europa“*, in: Rauf Ceylan, (Hg.), *Islam und Diaspora*, Peter Lang 2012, S. 355-367

30 Vgl. A. A. F. El-Ashker/R. Wilson, *Islamic Economics: A Short History*, Brill, Leiden 2006.

31 Vgl. M. N. Siddiqi, *"Islamic Economic Thought: Foundations, Evolution and Needed Direction"*, in Abul Hasan M. Sadeq/A. Ghazali (eds.), *Readings in Islamic Economic Thought*, Longman Malaysia, Kuala Lumpur 1992, S. 14-32.

mann, der den Markt überwacht, oder z.B. durch gewisse legale und ethische Implikationen in Bezug auf Regulationen zu Erbe und Wohlfahrt. Ein islamisches Wirtschaftssystem ist so definiert innerhalb der Parameter eines eigenen ethischen Systems.[32]

EIP – Quo vadis?

Religion prägt nicht nur das ethische Verständnis, sondern insbesondere auch die politischen, ökonomischen, sozialen und rechtlichen Sphären. Während die sozialwissenschaftliche Forschung in der neoklassischen Tradition eher eine untersozialisierte Ansicht von menschlichen Aktivitäten hatte[33], müssen wir nicht nur die vielfältigen sozialen Verflechtungen einbeziehen, sondern das Konzept des Sozialen selbst erweitern. Menschliche Aktivitäten sind nicht nur sozial, sie sind unter Umständen auch spirituell bzw. religiös. Religion als ein soziales Phänomen zu verstehen, bedeutet, dass eine Beziehung zu Gott die soziale Praxis beeinflusst. Entrepreneurshipforschung ist Teil der Sozialwissenschaft, in der die Religiosität von Akteuren einbezogen werden sollte. Diese Einbeziehung von Religion ermöglicht uns, die Komplexität des Menschen als ein Wesen mit Herz, Körper und Verstand besser zu fassen.[34]

Die Vertiefung des Themenfeldes „Religion und Unternehmertum" bedarf kollaborativer und interdisziplinärer Forschung. Ökonomen, Soziologen, und Managementforscher müssen mit Theologen und Religionswissenschaftlern zusammenkommen, um so die Ko-produktion von Wissen zu ermöglichen. Die Religionssoziologie bietet Ansätze von Verknüpfungen. Insbesondere die sogenannten Klassiker K. Marx, M. Weber, und É. Durkheim haben sich mit dem Knotenpunkt Religion und Wirtschaft befasst.[35] Leider wurden Gelehrte wie Ibn Khaldun hierbei vernachlässigt. Auch stellen E. Said und B.S. Turner fest, dass

32 Vgl. S. N. H. Naqvi, *Islam economics and society*, Kegan Paul International, London 1994, S. 80.

33 Vgl. M. Granovetter, *"Economic action and social structure: the problem of embeddedness"*, in: American Journal of Sociology, 91(3), 1985, pp. 481-510.

34 Vgl. A. A. Guemuesay, *"Boundaries and knowledge in a Sufi Dhikr Circle"*, in: Journal of Management Development 31(10), 2012, pp. 1079-1089.

35 Vgl. K. Marx, *"Contribution to the critique of Hegel's philosophy of the right: Introduction"*, in: C. Tucker (ed.), *The Marx-Engels reader*, W.W. Norton, New York 1843/1972, pp. 11-23; M. Weber, *Die protestantische Ethik und der Geist des Kapitalismus*, J.C.B. Mohr, Tübingen 1904-5/1934; E. Durkheim, *Elementary forms of religious life*, Free Press, New York 1912/1995.

die Literatur teilweise orientalistische Tendenzen und Neigungen beinhaltet und es daher einer kritischen Auseinandersetzung mit dieser bedarf.[36]

Ähnliches gilt für die Entrepreneurshipliteratur. C. Essers und Y. Benschop[37] konstatieren, dass im dominanten akademischen Diskurs über Entrepreneurship, ein negativer Bezug zwischen Islam und erfolgreichem Unternehmertum hergestellt wird.[38] S. Ul-Haq und R. Westwood[39] stellen fest, dass bestimmte Arbeiten bekannte orientalistische Ansichten wiederholen und vereinfachte Kausalitäten zwischen Islam und Stagnation, Rückständigkeit und dem Fehlern einer funktionierenden Zivilgesellschaft aufstellen.[40] Wenige Wissenschaftler haben sich tatsächlich empirisch mit der Intersektion von Islam und Unternehmertum befasst.[41]

Religion wie auch Entrepreneurship stellen dynamische Konzepte dar. Theorie wie Praxis des EIP sind daher vielfältig dynamisch. Das EIP basiert auf Forschung im Bereich des Entrepreneurship wie auch der Religion sowie auf integrativen Arbeiten. Die Entrepreneurshipforschung darf hierfür nicht einfach islamisiert werden. Gleichfalls sollte die Entrepreneurshipforschung Religion ernst nehmen. Religion ist wichtig in der Praxis und sollte daher auch theoretisch reflektiert werden. Das EIP muss daher die Entwicklungen in beiden Feldern aufnehmen, sich als eigenständigen Bereich fortentwickeln und auch in die

---

36 Vgl. E. Said, *Orientalism*, Routledge and Kegan Paul, London 1978; B.S. Turner, *Capitalism and class in the Middle East: theories of social change and economic development*, Heinemann Educational, London 1984.

37 C. Essers/Y. Benschop, *"Muslim businesswomen doing boundary work: The negotiation of Islam, gender and ethnicity in entrepreneurial contexts"*, in: Human Relations, 62(3), 2009, pp. 403-423, p. 408.

38 Vgl. ebd., pp. 403-423.

39 S. Ul-Haq/R. Westwood, *"The politics of knowledge, epistemological occlusion and Islamic management and organization knowledge"*, in: Organization 19(2), 2012, pp. 229-257, p. 244.

40 Vgl. ebd., pp. 229-257.

41 Vgl. E. B. Adas, *"The Making of Entrepreneurial Islam and the Islamic Spirit of Capitalism"*, in: Journal for Cultural Research 10(2), 2006, pp. 113-137; A. Basu/E. Altinay, *"The interaction between culture and entrepreneurship in London's immigrant businesses"*, in: International Small Business Journal 20(4), 2002, pp. 371-393; A. A. Guemuesay, *„Das Zahnräder Netzwerk"*, in: M. Rohe/H. Engin/M. Khorchide/Ö. Öszoy/H. Schmid, (Hg.), *Handbuch Christentum und Islam in Deutschland*, Herder, Freiburg im Breisgau 2014, S. 1236-1245; R. N. Kayed/K. Hassan, *Islamic entrepreneurship*, Routledge, London 2010; M. A. Roomi/P. Harrison, *"Behind the veil: women-only entrepreneurship training in Pakistan"*, in: International Journal of Gender and Entrepreneurship 2(2), 2010, pp. 150-172; P. Sloane, *Islam, modernity and entrepreneurship among the Malays*, Macmillan Press, London 1999.

Bereiche „Entrepreneurship", „Religionswissenschaft" und „Theologie" zurückwirken.

Konklusion

In unserer post-säkularen Gesellschaft nimmt Religion eine wesentliche Rolle in einigen Unternehmen ein. Das Metaphysische ist eine soziale Wahrheit. EIP ist ein komplexes und kontroverses Konzept, basierend auf drei miteinander verflochtenen Säulen: eine wertschaffende, eine werteschaffende sozio-ökonomische und eine religiös-spirituelle. Es unterscheidet sich vom ethischen oder sozialen Entrepreneurship, da es definierte Praktiken und spezifische textuelle Quellen wie auch einen besonderen metaphysischen Zielfokus hat.

EIP beeinflusst die Mikro-, Meso- und Makroebenen auf vielfältige Weise, indem es das Individuum, die Organisation und die verschiedenen Institutionen wie Markt und Staat prägt. Diese Komplexität muss in ein holistisches Model integriert werden, welches erklärende Reichhaltigkeit schafft, ohne dabei den Wert von theoretischer Sparsamkeit zu vernachlässigen.

Während das EIP empirisch wie intellektuell wächst, bedarf es verstärkt einer akademischen Auseinandersetzung. Der Islam wird in der wirtschaftswissenschaftlichen Forschungsliteratur wenig und zum Teil falsch dargestellt.[42] Die Forschung über das EIP selber ist peripher und dünn und bedarf der Integration in die allgemeine Entrepreneurshipforschung, u.a. durch die Einbettung in und die Verlinkung mit Strategie-, Personal-, Finanz- und Organisationstheorien. Während das EIP zuweilen empfehlend und wertebetont genutzt wird, brauchen wir vor allem methodologisch rigorose Arbeiten, die Deskription von Präskription trennen. Statt dabei Wissen zu islamisieren, sollte dieses vielmehr kritisch kontextualisiert werden. In diesem Prozess ist das EIP keine Randerscheinung, sondern ein wichtiger Aspekt innerhalb der globalen Entrepreneurshiplandschaft. Es ist auch kein statisches, sondern ein vielfältig-dynamisches Konzept, welches sich wandelt, während der Kontext sich verändert, wie auch unser Verständnis von Entrepreneurship und unsere Interpretation der religiösen Quellen voranschreitet. Das EIP bedarf der interdisziplinären Forschung – und dies ist durchaus ein sehr unternehmerisches Unterfangen.

Literatur

Adas, E.B., *"The Making of Entrepreneurial Islam and the Islamic Spirit of Capitalism"*, in: Journal for Cultural Research 10(2), 2006, pp. 113-137.

42 Vgl. S. Ul-Haq, R. Westwood, *"The politics of knowledge, epistemological occlusion and Islamic management and organization knowledge"*, in: Organization 19(2), 2012, pp. 229-257.

Albert, S./Whetten, D., *"Organizational Identity"*, 1985, in: Hatch, M.J./Schultz, M. (eds.), *Organizational identity: a reader*, Oxford University Press, Oxford 2004, pp. 89-118.

Austin, J./Stevenson, H./Wei-Skillern, J., *"Social and commercial entrepreneurship: Same, different, or both?"*, in: Entrepreneurship: Theory & Practice, 30(1), 2006, pp. 1-22.

Audretsch, D. B./Bönte, W., *Religion and Entrepreneurship*, CEPR Discussion paper No. 6378, 2007.

Azzaoui, M., *„Muslimische Gemeinschaften in Deutschland zwischen Religionspolitik und Religionsverfassungsrecht – Schieflagen und Perspektiven"*, in: Meyer, Hendrik/Schubert, Klaus, *Politik und Islam*, Wiesbaden 2011, S. 247-276.

Battilana, J./Leca, B./Boxenbaum, E., *"How Actors Change Institutions: Towards a Theory of Institutional Entrepreneurship"*, in: The Academy of Management Annals 3(1), 2009, pp. 65-107.

Basu, A./Altinay, E., *"The interaction between culture and entrepreneurship in London's immigrant businesses"*, in: International Small Business Journal 20(4), 2002, pp. 371-393.

Baumol, W., *Entrepreneurship, Management, and the Structure of Payoffs*, MIT Press, Cambridge/Mass 1993.

Beekun, R. I., *Islam and business ethics*, International Institute of Islamic Thought, Herndon/VA 1996.

Begley, T. M./Boyd, D. B., *"Psychological characteristics associated with performance in entrepreneurial firms and small businesses"*, in: Journal of Business Venturing 2(1), 1987, pp. 79-93.

Berger, P. L., *The Desecularization of the World: Resurgent Religion and World Politics*, William B Eerdmans, Washington/D.C 1999.

Casson, M., *The Entrepreneur: An Economic Theory*, Edward Elgar, Cheltenham/U.K. ^{2}2003.

Chan-Serafin, S./Brief, A. P./George, J. M., *"How Does Religion Matter and Why? Religion and the Organizational Sciences"*, in: Organization Science 24(5), 2013, pp. 1585-1600.

Dana, L.-P., *Entrepreneurship and Religion*, Edward Elgar, Cheltenham/U.K. 2010.

Dacin, M. T./Dacin, P. A./Tracey, P., *"Social Entrepreneurship: A Critique and Future Directions"*, in: Organization Science 22(5), 2011, pp. 1203-1213.

Dodd, S. D./Seaman, P., *"Religion and enterprise: An introductory exploration"*, in: Entrepreneurship Theory & Practice 23(1): 1998, pp. 71-77.

Durkheim, E., *Elementary forms of religious life*, Free Press, New York 1912/1995.

El-Ashker, A. A. F./Wilson, R., *Islamic Economics: A Short History*, Brill, Leiden 2006.

Essers, C.,/Benschop, Y., *"Muslim businesswomen doing boundary work: The negotiation of Islam, gender and ethnicity in entrepreneurial contexts"*, in: Human Relations, 62(3), 2009, pp. 403-423.

Granovetter, M., *"Economic action and social structure: the problem of embeddedness"*, in: American Journal of Sociology, 91(3), 1985, pp. 481-510.

Guemuesay, A. A., *„Die Rolle der muslimischen Eliten in Deutschland und Europa"*, in: Ceylan, Rauf (Hg.), *Islam und Diaspora*, Peter Lang, Frankfurt a. M. 2012, 355-367.

Guemuesay, A. A., *"Boundaries and knowledge in a Sufi Dhikr Circle"*, in: Journal of Management Development 31(10), 2012, pp. 1079-1089.

Guemuesay, A. A., *„Das Zahnräder Netzwerk“*, in Rohe, M./Engin. H./Khorchide, M./Öszoy, Ö., Schmid, H. (Hg.), *Handbuch Christentum und Islam in Deutschland*, Herder, Freiburg im Breisgau 2014, 1236-1245.

Guemuesay, A. A., *"Entrepreneursphip from an Islamic Perspective"*, in: Journal of Business Ethics vom 24. Mai 2014, URL: http://link.springer.com/article/10.1007/s10551-014-2223-7 (letzter Zugriff: 20.02.15).

Gundolf, K./Filser, M., *"Management Research and Religion: A Citation Analysis"*, in: Journal of Business Ethics 112(1), 2013, pp. 177-185.

Habermas, J., *Glauben und Wissen*, Frankfurt a. M. 2001.

Harris, J. D./Sapienza, H. J./Bowie, N. E., *"Ethics and entrepreneurship"*, in: Journal of Business Venturing 24(5), 2009, pp. 407-418.

Hébert, R. F./Link, A. N., *"In search of the meaning of entrepreneurship"*, in: Small Business Economics 1, 1989, pp. 39-49.

Kayed, R. N./Hassan, K., *Islamic entrepreneurship*, Routledge, London 2010.

King Jr., J.E., *"(Dis)Missing the Obvious Will Mainstream Management Research Ever Take Religion Seriously?"*, in: Journal of Management Inquiry, 17(2), 2008, pp. 214-224.

Kirzner, I., *Competition and Entrepreneurship*, University of Chicago Press, Chicago 1973.

Kirzner, I., *Perception, Opportunity, and Profit: Studies in the Theory of Entrepreneurship*, University of Chicago Press, Chicago 1979.

Mair, J. and Marti, I., *"Social Entrepreneurship research: A source of explanation, prediction and delight"*, in: Journal of World Business 41(1), 2006, pp. 36-44.

Marx, K., *"Contribution to the critique of Hegel's philosophy of the right: Introduction"*, in: C. Tucker (ed.), *The Marx-Engels reader*, W.W. Norton, New York 1843/1972, pp. 11-23.

Naqvi, S. N. H., *Islam economics and society*, Kegan Paul International, London 1994.

Nichols, A., *Social Entrepreneurship: New models for sustainable change*, Oxford University Press, Oxford 2006.

Pew Research Centre, *The Future of the Global Muslim Population: Projections for 2010-2030*, The Pew Research Centre, Washington/DC 2011.

Pew Research Centre, *The World's Muslims: Unity and Diversity*, The Pew Research Centre, Washington/DC 2012.

Pless, N. M., *"Social Entrepreneurship in Theory and Practice – An introduction"*, in: Journal of Business Ethics 111(3), 2012, pp. 317-320.

Roomi, M. A./Harrison, P., *"Behind the veil: women-only entrepreneurship training in Pakistan"*, in: International Journal of Gender and Entrepreneurship 2(2), 2010, pp. 150-172.

Said, E., *Orientalism*, Routledge and Kegan Paul, London 1978.

Siddiqi, M. N., *Muslim Economic Thinking: A Survey of Contemporary Literature in Studies in Islamic Economics*, The Islamic Foundation, Leicester 1981.

Siddiqi, M. N., *"Islamic Economic Thought: Foundations, Evolution and Needed Direction"*, in: Abul Hasan M. Sadeq/A. Ghazali (eds.), *Readings in Islamic Economic Thought*, Longman Malaysia, Kuala Lumpur 1992.

Schneider, M./Teske, P., *"Toward a theory of the political entrepreneur: Evidence from local government"*, in: American Political Science Review 86(3), 1992, pp. 737-747.

Schumpeter, J. A., *The Theory of Economic Development*, Harvard University Press, Cambridge/MA 1911/1934.

Shapero, A./Sokol, L., *"The Social Dimensions of Entrepreneurship"*, in: Kent, C./Sexton, D./Vesper, K.H. (eds.), *The Encyclopedia of Entrepreneurship*, Prentice-Hall, Englewood Cliffs/NJ 1982.

Sloane, P., *Islam, modernity and entrepreneurship among the Malays*, Macmillan Press, London 1999.

Tracey, P., *"Religion and Organization: A Critical Review of Current Trends and Future Directions"*, in: The Academy of Management Annals, 6(1), 2012, pp. 87-134.

Turner, B. S., *Capitalism and class in the Middle East: theories of social change and economic development*, Heinemann Educational, London 1984.

Ul-Haq, S./Westwood, R., *"The politics of knowledge, epistemological occlusion and Islamic management and organization knowledge"*, in: Organization 19(2), 2012, pp. 229-257.

Weber, M., *Die protestantische Ethik und der Geist des Kapitalismus*, J.C.B. Mohr, Tübingen 1904-5/1934.

Wempe, J., *"Ethical Entrepreneurship and Fair Trade"*, in: Journal of Business Ethics 60(39), 2005, pp. 211-220.

Das regulatorische Umfeld für die Gründung und den Betrieb islamischer Banken in Deutschland

Rüdiger Litten

Bereits heute (Frühjahr 2014) werden in Deutschland einige islamische Finanzprodukte vertrieben (vornehmlich an institutionelle Kunden; einige Produkte, vor allem Fonds, auch an Privatkunden). Mehrere islamische Finanzhäuser haben (wiederholt) angekündigt, im deutschen Markt aktiv werden zu wollen. Deutsche und internationale konventionelle Banken spielen immer wieder mit dem Gedanken, neben ihren konventionellen Produkten in Deutschland auch islamische Produkte in größerem Umfang anzubieten, so wie sie das in anderen Ländern mittels sogenannter *Islamic Windows* tun.

Die deutsche Finanzaufsichtsbehörde, die Bundesanstalt für Finanzdienstleistungsaufsicht (*BaFin*), hat wiederholt verlauten lassen, dass Islamic Finance in Deutschland erwünscht ist und dies eindrucksvoll durch die Organisation von zwei Islamic Finance Konferenzen (2009 und 2012) in Frankfurt am Main bewiesen – ein in dieser Form einzigartiger Vorgang einer durch die BaFin organisierten „Marketing-Veranstaltung" für einen bestimmten Finanzsektor, der zeigt, dass die BaFin die politische und wirtschaftliche Bedeutung von Islamic Finance als verbindende Brücke in die islamische Welt erkannt hat.

Vor diesem Hintergrund stellt sich aus deutscher Sicht die Frage, unter welchen Voraussetzungen das Angebot von islamischen Finanzprodukten reguliert ist und wie sich die regulatorischen Vorgaben speziell auf islamische Finanzinstitute in Deutschland auswirken. In letzterer Hinsicht soll der für islamische Finanzinstitute elementare Scharia-Rat analysiert werden.

1. Lizenzierungspflicht für islamische Banken in Deutschland?

Es ist verschiedentlich diskutiert worden, ob das Angebot islamischer Finanzprodukte in Deutschland überhaupt lizenzierungspflichtig ist.

1.1 Überblick über das deutsche Finanzaufsichtsrecht

Wer in Deutschland gewerbsmäßig Bank- oder Finanzdienstleistungsgeschäfte (gemeinsam *Finanzgeschäfte*) betreiben will, bedarf gemäß § 32 Abs. 1 Kreditwesengesetz (*KWG*) grundsätzlich der Erlaubnis der BaFin. Das Gleiche gilt für Unternehmen mit Sitz im Ausland, die durch eine Zweigstelle im Inland oder grenzüberschreitend vom Ausland aus Finanzgeschäfte betreiben, es sei denn, das Unternehmen hat seinen Sitz in einem anderen EWR-Staat und verfügt über eine Erlaubnis der dortigen Aufsichtsbehörde.

Der Grundsatz des KWG lautet, dass in erster Linie *Institute* (d.h. Banken und Finanzdienstleister) beaufsichtigt werden – und nicht Finanzprodukte oder -

geschäfte.[1] Ob jedoch ein Unternehmen ein aufsichtspflichtiges Institut ist, wird anhand der von diesem Unternehmen vorgenommenen Geschäfte bzw. angebotenen Produkte bestimmt. Auch bestimmt die Art der vorgenommenen Geschäfte den qualitativen Umfang der Lizenz (Banklizenz oder nur Finanzdienstleistungslizenz). Dies bedeutet, dass ein Unternehmen, das keine Finanzgeschäfte vornimmt oder Fonds vertreibt oder Zahlungsdienste anbietet, kein aufsichtspflichtiges Institut ist und allenfalls in Ausnahmefällen durch die BaFin beaufsichtigt wird. Jenseits des Finanzaufsichtsrechts bietet das Gewerberecht Regulierungsmöglichkeiten; diese sind aber sehr beschränkt, letztlich auf die Untersagung der Tätigkeit im Fall der „Unzuverlässigkeit“ des Gewerbetreibenden gemäß § 35 GewO.[2]

Handelt es sich bei den in Aussicht genommenen Geschäften hingegen um Finanzgeschäfte und ist das diese Geschäfte betreibende Unternehmen (deshalb) ein Institut, muss die Erlaubnis vor Aufnahme der Geschäftstätigkeit vorliegen. Eintragungen in öffentliche Register (z.B. Handels- oder Genossenschaftsregister) dürfen nur vorgenommen werden, wenn dem Registergericht die Erlaubnis nachgewiesen wurde. Die Erlaubnis kann unter Auflagen erteilt und/oder auf einzelne Finanzgeschäfte beschränkt werden. Das Betreiben von Finanzgeschäften ohne Erlaubnis kann strafbar oder ordnungswidrig sein.[3] Werden ohne die erforderliche Erlaubnis Finanzgeschäfte getätigt, kann die BaFin zudem die sofortige Einstellung des Geschäftsbetriebs und die unverzügliche Abwicklung dieser Geschäfte anordnen.

1.2 Kein Sonderaufsichtsrecht für Islamic Finance

In Deutschland existiert kein Sonderaufsichtsrecht für Islamic-Finance-Aktivitäten. Ob diese Aktivitäten aufsichtspflichtig sind, hängt allein davon ab, ob sie Finanzgeschäfte – d.h. entweder Bankgeschäfte gemäß § 1 KWG oder Finanzdienstleistungsgeschäfte gemäß § 1 a KWG – darstellen.

Das KWG zählt Geschäftstypen auf, die aufsichtspflichtige Finanzgeschäfte sind. Dazu zählen unter anderem: Als Bankgeschäfte:

- das Einlagengeschäft,
- das Kreditgeschäft,

---

1 Vgl. Friedrich Thießen/Nicole Thurner, *„Islamic Finance als regulatorische Herausforderung"*, in: Simon G. Grieser/Manfred Heermann, *Bankenaufsicht: Entwicklungen und Perspektiven,* Frankfurt a. M. 2010, S. 636, S. 639.

2 Vgl. Cornelia Manger-Nestler/Ludwig Gramlich, *„Islamic finance und Recht der EU-Finanzmarktaufsicht – (k)ein Problem? – Eine deutsche Perspektive“*, in: ZBB 4 (2011) S. 305, S. 317.

3 Vgl. §§ 54ff. KWG.

- das Finanzkommissionsgeschäft (Handel mit Finanzinstrumenten im eigenen Namen für fremde Rechnung),
- das Emissionsgeschäft (Übernahme von Finanzinstrumenten für eigenes Risiko zur Platzierung) und
- als Finanzdienstleistungsgeschäfte:
- die Anlagevermittlung und -beratung,
- die Finanzportfolioverwaltung, und
- das Finanzierungsleasing.

Nach in Deutschland weitverbreiteter Ansicht ist dieser – noch um eine Reihe anderer Geschäfte erweiterte – Katalog enumerativ (und nicht nur beispielhaft) und deshalb auch restriktiv auszulegen.[4] Das Bundesverwaltungsgericht stellte ausdrücklich fest, dass sich eine wirtschaftliche Betrachtungsweise verbietet, vermittels derer Geschäfte, die nicht unmittelbar unter den Tatbestand der §§ 1, 1a KWG fallen, den dort genannten Geschäften durch Analogieschluss gleichgesetzt werden.[5] Begründet wird dies nicht zuletzt mit dem Umstand, dass der Betrieb einer Bank ohne erforderliche Lizenz unter Strafe steht und deshalb auch die Anforderungen des Strafrechts gelten (Präzision, Analogieverbot etc.).[6]

Deshalb muss zum Zwecke der Ermittlung der Aufsichtspflicht jedes einzelne islamische Finanzierungsprodukt oder -geschäft in seiner konkret angebotenen Form daraufhin untersucht werden, ob es ein Finanzgeschäft darstellt. Bei der Frage der Qualifizierung von Geschäften als Finanzgeschäfte folgt das Aufsichtsrecht grundsätzlich den Vorgaben des Zivilrechts.[7] Auf dieser Basis sind in Deutschland mittlerweile eine Reihe von Untersuchungen zu der Frage vorgenommen worden, welche der islamischen Finanzgeschäftstypen als aufsichtspflichtige Finanzgeschäfte im Sinne der KWG anzusehen sind.[8] Die Ergebnisse

---

4 Vgl. Matthias Casper, *„Islamische Finanztransaktionen ohne Erlaubnis nach dem KWG?“*, in: ZBB 5 (2010), S. 345, S. 359; Cornelia Manger-Nestler/Ludwig Gramlich, “Wirtschaftsaufsicht über ‚islamic finance, in Deutschland“, in: WM 2009, S. 1629, S. 1633; Herbert Zerwas/Sascha Demgensky, *„Islamic Banking in Deutschland und Bankerlaubnis nach dem Kreditwesengesetz“*, in: WM 2010, S. 692.

5 Vgl. BverwG, WM 2008, S. 1359.

6 Vgl. Cornelia Manger-Nestler/Ludwig Gramlich, *„Islamic finance und Recht der EU-Finanzmarktaufsicht“*, S. 305, S. 314.

7 Vgl. ebd., S. 305, S. 308.

8 Vgl. Matthias Casper, *„Islamische Finanztransaktionen ohne Erlaubnis nach dem KWG?“*, S. 345; Cornelia Manger-Nestler/Ludwig Gramlich, *„Wirtschaftsaufsicht über ‚islamic finance‘ in Deutschland“*, S. 1629; Herbert Zerwas/Sascha Demgensky, *„Islamic Banking in Deutschland und Bankerlaubnis“*, S. 692; Friedrich Thießen/Nicole Thurner, *„Islamic Finance als regulatorische Herausforderung“*, S. 636; Ludwig Gramlich/ Cornelia Manger-Nestler, *„Islamic finance und Recht der EU-Finanzmarktaufsicht“*, S. 305.

dieser Untersuchungen stimmen weitgehend überein: Einige weit-verbreitete islamische Finanzgeschäfte – *muḍāraba* und *mušāraka* – werden zumindest in ihren jeweiligen Grundformen nicht als erlaubnispflichtige Finanzgeschäfte nach dem KWG qualifiziert.[9] Eindeutig Finanzgeschäfte sind danach nur Geschäftstypen wie *qarḍ ḥasan* als (zinsfreies) Gelddarlehen oder *iğāra wa iqtinā'* als Finanzierungsleasing. Bei anderen Geschäften kann die Erlaubnispflicht von der speziellen Ausprägung im Einzelfall abhängen, z.B. bei der Diminishing *mušāraka*, *iğāra* und *murābaḥa*. Einen Überblick gibt folgende Tabelle:

Tab.1: Welche Islamischen Finanzgeschäfte sind in Deutschland erlaubnispflichtig?

Islamisches Finanzgeschäft	In Deutschland erlaubnispflichtiges Finanzgeschäft?
Muḍāraba (Aktivgeschäft)	Grundsätzlich Nein – kein (partiarisches) Darlehen, weil Kapitalgeber an Verlusten beteiligt ist – aber entscheidend ist die Ausgestaltung im Einzelfall
Mušāraka	Nein – mangels unbedingter Rückzahlbarkeit kein Kredit- oder Einlagengeschäft
Diminishing *Mušāraka*	Ja/Nein – je nach Ausprägung im Einzelfall
Iğāra	Nein – kein Finanzierungsleasing (sondern erlaubnisfreies Operatingleasing)
Iğāra wa iqtinā'	Ja – erlaubnispflichtiges Finanzierungsleasing wegen weitgehender Übereinstimmung mit konventionellem Leasing
Istiṣnā'	Nein – kein Kredit
Murābaḥa	Unterschiedliche Ansichten, Mehrheit: Nein – kein Kredit (sondern erlaubnisfreie Stundung des Wiederverkaufspreises)
Tawarruq	Unterschiedliche Ansichten, Mehrheit: Nein – kein Kredit (sondern zwei Kaufverträge mit unterschiedlichen Zahlungsbedingungen)
Qarḍ ḥasan	Ja – Kredit
'Arbun	Nein
Bai' salam	Nein

Weitgehende Übereinstimmung besteht in der deutschen Literatur auch dahingehend, dass das islamische Kapitalmarktprodukt *ṣukūk* als Inhaberschuldverschreibung und damit als Finanzinstrument im Sinne des KWG zu qualifizieren

---

9 Zweifel an der prinzipiellen Vereinbarkeit islamischer Grundsätze mit Einlage- und Kreditgeschäften scheint auch der BGH zu haben, vgl. hierzu: BGH, 23.11.2010 – VI ZR 334/09, WM 2010, S. 928f.

ist.[10] Das bedeutet, dass zwar die Emission von *ṣukūk* als solche nicht aufsichtspflichtig ist (und die Entgegennahme der Emissionserlöse auch nicht als Einlagengeschäft zu verstehen ist). Jedoch sind eine Reihe von auf *ṣukūk* bezogene Aktivitäten als Finanzgeschäfte zu werten, etwa die Vermittlung von oder die Beratung bezüglich *ṣukūk* als Anlagevermittlung bzw. -beratung.

Als Zwischenergebnis ist festzuhalten: Viele der gängigen islamischen Finanzierungsgeschäfte sind – zumindest in ihrer typischen Ausprägung – nach derzeitiger Rechts- und Gesetzeslage keine in Deutschland aufsichtspflichtigen Finanzgeschäfte. Das sieht die Mehrheit der deutschen Autoren so und auch die an eine breitere Öffentlichkeit gerichteten Äußerungen der BaFin gehen in eine ähnliche Richtung.[11] Dies würde bedeuten, dass Unternehmen, die nicht bereits aus anderen Gründen aufsichtspflichtig sind (etwa weil sie auch konventionelle Bankgeschäfte betreiben und Islamic Finance zusätzlich über ein "Window" anbieten wollen), Lizenzpflicht und Aufsicht durch die BaFin häufig vermeiden können.

1.3 Wege zur Regulierung

Ein solches, die Aufsichtspflicht islamischer Finanzgeschäfte negierendes Ergebnis wird vielerorts als unbefriedigend empfunden.[12] Da islamische Finanzprodukte wie konventionelle Finanzprodukte eingesetzt werden – nämlich zum Zwecke der Finanzierung oder zur Anlage von Kapital – ist das auch nur allzu verständlich. Sämtliche Argumente, die für eine Regulierung des konventionellen Finanzwesens sprechen – nämlich vor allem Anlegerschutz und ordnungspolitische auf die Stabilität des Finanz- und Wirtschaftssystem gerichtete Ziele – lassen sich auch für eine Regulierung islamischer Finanzprodukte und -geschäfte anführen.

Die klarste Lösung des Problems bestünde sicherlich in einer Erweiterung des gesetzlichen Kataloges der aufsichtspflichtigen Finanzgeschäfte des KWG

---

10 Vgl. Osman Sacarcelik, *Rechtsfragen islamischer Zertifikate (Sukuk)*, Baden-Baden 2013, S. 85ff.; Matthias Casper, *„Islamische Finanztransaktionen ohne Erlaubnis nach dem KWG?"*, S. 345, S. 359; Herbert Zerwas/Sascha Demgensky, *„Islamic Banking in Deutschland und Bankerlaubnis"*, S. 692, S. 700; Friedrich Thießen/Nicole Thurner, *„Islamic Finance als regulatorische Herausforderung"*, S. 636; Cornelia Manger-Nestler/Ludwig Gramlich, *„Islamic finance und Recht der EU-Finanzmarktaufsicht"*, S. 305.

11 Vgl. *„BaFin für scharia-konforme Finanzprodukte bereit"*, in: BaFin Journal 11/09, S. 6, S. 7. In der Sache ebenso waren die mündlichen Ausführungen des damaligen BaFin-Präsidenten, Jochen Sanio, bei seinem Vortrag auf der Islamic Finance Konferenz am 18.11.2010 im Kongresscenter Messe Frankfurt.

12 Vgl. Matthias Casper, *„Islamische Finanztransaktionen ohne Erlaubnis nach dem KWG?"*, S. 345, S. 359; Friedrich Thießen/Nicole Thurner, *„Islamic Finance als regulatorische Herausforderung"*, S. 636, S. 643f.

um typische islamische Geschäfte. Für die Realisierung eines solchen Vorhabens gibt es gegenwärtig jedoch keinerlei Hinweise.[13] Wegen des bis dato vergleichsweise geringen Umfangs islamischer Finanzaktivitäten in Deutschland ist auf absehbare Zeit auch nicht mit größerem politischen Druck „von der Straße" zu rechnen, ein solches legislatives Projekt auf den Weg zu bringen.

Dies könnte anders sein, wenn eine Aufsichtsfreiheit typischer islamischer Finanzprodukte in Deutschland europarechtswidrig wäre. Ein solcher Verdacht könnte dadurch genährt werden, dass große Teile der nationalen Finanzaufsichtsrechtssysteme innerhalb der EU durch europarechtliche Vorgaben determiniert sind[14] und in einigen EU-Staaten, vor allem Großbritannien, islamische Finanzaktivitäten der Aufsicht unterliegen.[15] Jedoch wird sich eine solche europarechtliche Pflicht zur Beaufsichtigung islamischer Finanzgeschäfte schwerlich begründen lassen. Zwar sieht Art. 6 der Banken-Richtlinie[16] vor, dass Kreditinstitute einer Zulassung bedürfen und dass Kreditinstitute über die in Anhang I zur Richtlinie aufgeführten Tätigkeiten definiert werden (zu denen u.a. Kredit- und Einlagegeschäft zählen). Aber es steht den nationalen Gesetzgebern frei, den Begriff der Bankgeschäfte selbst unter Rückgriff auf im jeweiligen nationalen Recht bekannte (zivilrechtliche) Modelle zu definieren.[17] Insofern passt es durchaus in das Bild, wenn etwa das common-law basierte und sich seit jeher seines pragmatischen Ansatzes rühmende englische Recht seinen Begriff der Finanzgeschäfte weiter fasst (und islamische Geschäfte zumindest als Finanz-

---

13 Hinzuweisen ist allerdings darauf, dass das Thema „Islamic Finance" schon seit vielen Jahren immer wieder (meist jedoch sporadisch) Diskussionsgegenstand in deutschen Verwaltungen und Parlamenten ist, siehe hierzu z.B. Landtag von Baden-Württemberg, Drucksache 14/5336 vom 23.10.2009 mit Antrag von Dr. Löffler und Stellungnahme des Wirtschaftsministeriums zu „Islamic Finance, Markt Scharia-konformer Finanzdienstleistungen"), siehe URL: https://www.uni-marburg.de/fb01/lehrstuehle/zivilrecht/kling/islamicfinance/materialien/bwstellungnahmeadislamic.pdf (letzter Zugriff: 29.08.2014).

14 Um nur einige der wichtigsten EU-Finanzaufsichts-Richtlinien zu nennen: Eigenmittel-Richtlinie (RL 89/299 EWG), Wertpapierdienstleistungs-Richtlinie (RL 93/22 EWG), MiFID (RL 2004/39 EG), Banken-Richtlinie (RL 2006/48 EG).

15 Vgl. Cornelia Manger-Nestler/Ludwig Gramlich, *„Islamic finance und Recht der EU-Finanzmarktaufsicht"*, S. 305, S. 311f.

16 Vgl. RL 2006/48 EG.

17 Vgl. Cornelia Manger-Nestler/Ludwig Gramlich, *„Islamic finance und Recht der EU – Finanzmarktaufsicht"*, S. 305, S. 308.

dienstleistungen ansieht[18]) als das dogmatisch durchgebildetere deutsche Recht.[19]

Allerdings gibt es auch eine Reihe deutscher Autoren, die dafür plädieren, dass bei der Auslegung des Katalogs der Bank- und Finanzdienstleistungsgeschäfte des KWG ein pragmatischerer Ansatz gewählt wird, der zu einer Beaufsichtigung islamischer Finanzprodukte führt.[20] Die Vorschläge bestehen z.B. darin „im Wege eines wirtschaftlich-funktionalen Vergleichs" zu überprüfen, ob die islamischen Finanzgeschäfte dieselbe Funktion wie ein aufsichtspflichtiges konventionelles Finanzgeschäft erfüllen; dann soll, wenn das islamische Finanzgeschäft außerdem vom „Schutzzweck des KWG" erfasst ist, die Aufsichtspflicht gegeben sein.[21] Andere formulieren, man solle diejenigen islamischen Finanzgeschäfte einbeziehen, „die man mit gesundem Menschenverstand als Finanzgeschäft klassifizieren würde"[22] oder bei denen die Zahlungsströme mit denjenigen konventioneller Finanzgeschäfte übereinstimmen.[23] Diese Vorschläge haben den offensichtlichen Vorteil, dass sie zu richtigen Ergebnissen führen, und erste praktische Erfahrungen mit der deutschen Aufsicht deuten darauf hin, dass auch die BaFin entsprechenden Lösungsmodellen zuneigt.

Bemerkenswert in diesem Zusammenhang ist, dass viele Anbieter islamischer Produkte in Deutschland selbst an einer Regulierung durch die BaFin interessiert sind. Das hat sicherlich auch damit zu tun, dass Islamic Finance in Deutschland immer noch an der Hypothek der sogenannten Konya-Fälle leidet, worunter der in den 1990er Jahren erfolgte Vertrieb angeblich islamischer Finanzprodukte unter der türkischstämmigen Bevölkerung verstanden wird, durch

---

18 Vgl. Herbert Zerwas/Sascha Demgensky, *„Islamic Banking in Deutschland und Bankerlaubnis"*, S. 692, S. 701.

19 Allerdings weist auch die FSA (vgl. hierzu: FSA, *"Islamic Finance in the UK: Regulation and Challenges"*, 2007, URL: http://www.fsa.gov.uk/pubs/other/islamic_finance.pdf, S. 12ff.) darauf hin, dass wegen mangelnder rechtlich-struktureller Vergleichbarkeit von islamischen und konventionellen Finanzprodukten (bei gleichen wirtschaftlichen Zielen) eine Klassifizierung in traditionelle regulatorische Ordnungssysteme Schwierigkeiten bereitet.

20 So: Johannes Engels, *"German Banking Supervision and Its Relationship to Islamic Banks"*, in: *Islamic Banking and Finance in the European Union*, edited by Fahim Khan and Mario Porzio, Cheltenham/UK 2010, S. 174, S. 184.

21 Matthias Casper, *„Islamische Finanztransaktionen ohne Erlaubnis nach dem KWG?"*, S. 345, S. 350.

22 Friedrich Thießen/Nicole Thurner, *„Islamic Finance als regulatorische Herausforderung"*, S. 636, S. 644.

23 Ebd. S. 636, S. 646.

den viele Bürger viel Geld verloren haben.[24] Hinzu kommt das allgemeine Misstrauen gegenüber dem grauen Kapitalmarkt, der zunehmend ein Schmuddel-Image hat. Schließlich gibt es auch eine Reihe von Vorteilen, die sich aus der Qualifizierung eines Unternehmens als Bank ergeben:

- das Recht, den Namen „Bank" zu nutzen,
- der Europäische Pass, d.h. Finanzprodukte ohne Weiteres auch in sämtlichen anderen EU-Mitgliedsstaaten anbieten zu dürfen,
- die Teilnahme am Einlagensicherungssystem des Landes (wenn das aus Sicht der islamischen Bank als Vorteil verstanden wird).

Nach weitverbreiteter Ansicht besteht keine Möglichkeit für ein Unternehmen, das keine Bank- oder Finanzdienstleistungsgeschäfte betreibt, sich freiwillig der Aufsicht durch die BaFin zu unterstellen.[25] Allerdings verbietet das KWG Banken nicht, bankfremde Geschäfte zu betreiben;[26] und ein einziges gewerbsmäßig ausgeübtes Bankgeschäft (neben weiteren Nicht-Bankgeschäften) unterstellt das Institut hinsichtlich seiner sämtlichen Tätigkeiten der Aufsicht durch die BaFin.[27] Das bedeutet, dass es ein Unternehmen, das islamische Finanzprodukte in Deutschland anbieten möchte, faktisch doch in der Hand hat, sich durch die BaFin beaufsichtigen zu lassen, indem es nämlich solche Produkte in sein Angebotsportfolio aufnimmt, die in jedem Fall aufsichtspflichtige Finanzgeschäfte darstellen (z.B. Einlagen- und Kreditgeschäft in Form von *qarḍ ḥasan*).

2 Stolperstein Scharia-Rat?

2.1 Problemaufriss

Eine glaubwürdige und nachhaltige Ausrichtung ihrer Produkte und Geschäftsvorgänge an den Grundsätzen des Islam ist für islamische Banken von zentraler Bedeutung. Die Sicherstellung der Einhaltung dieser Grundsätze ist zentrale

24 *„Konya-Modell"*, URL: Vgl. http://de.wikipedia.org/wiki/Konya-Modell (letzter Zugriff: 30.11.2014)

25 Vgl. Matthias Casper, *„Islamische Finanztransaktionen ohne Erlaubnis nach dem KWG?"*, S. 345, S. 359; Ludwig Gramlich/Cornelia Manger-Nestler, *„Wirtschaftsaufsicht über ‚islamic finance' in Deutschland"*, S. 1629, S. 1634.

26 Vgl. Friedrich Thießen/Nicole Thurner, *„Islamic Finance als regulatorische Herausforderung"*, S. 636, S. 639.

27 Matthias Casper, *„Islamische Finanztransaktionen ohne Erlaubnis nach dem KWG?"*, S. 345, S. 359; Herbert Zerwas/Sascha Demgensky, *„Islamic Banking in Deutschland und Bankerlaubnis"*, S. 692f.; Johannes Engels, *"German Banking Supervision and Its Relationship to Islamic Banks"*, S. 174, S. 181.

Aufgabe des Scharia-Rats. Typischerweise hat ein Scharia-Rat zwei Funktionen:[28]

- Die grundsätzliche Analyse und Zertifizierung, dass ein Geschäftsvorgang oder ein Produkt(typ) einer Bank islamkompatibel ist (Scharia-*Zertifizierung*).
- Die kontinuierliche Überprüfung der Einhaltung der für die Islamkompatibilität eines Geschäftsvorgangs oder Produkts in der Scharia-Zertifizierung genannten Kriterien im Tagesgeschäft der Bank, ggf. unter Mithilfe kompetenter Bankmitarbeiter (Scharia-*Audit*).

Die Governance Standards der großen internationalen islamischen Regelmacher – Accounting and Auditing Organization for Islamic Financial Institutions (*AAOIFI*)[29] und Islamic Financial Services Board (*IFSB*)[30] – sehen als zentrale Elemente für die Eingliederung des Scharia-Rats in die Organisationsstruktur einer islamischen Bank vor:

- Unabhängigkeit des Scharia-Rats vom Management der Bank (u.a. dadurch sichergestellt, dass der Scharia-Rat an das Board of
- Bindungswirkung der Entscheidungen des Scharia-Rats für die Bank.

Diese Elemente der organisatorischen Ausgestaltung von Scharia-Räten sind Allgemeingut[31] und werden in einer Reihe islamischer Länder auch ausdrücklich durch die jeweilige Finanzaufsicht anerkannt.[32] Diese Elemente der organisatorischen Ausgestaltung von Scharia-Räten können aber im Konflikt stehen mit in Europa herrschenden aufsichtsrechtlichen Grundsätzen.[33] Dies ist bereits im ersten Lizenzierungsverfahren einer islamischen Bank in der EU deutlich

---

28 Vgl. Michael Gassner/Phillipp Wackerbeck, *Islamic Finance: Islam-gerechte Finanzlagen und Finanzierungen*, Köln ^{2}2010, S. 46; Matthias Casper, *"Sharia Boards and Gorporate Governance"*, in: Stefan Grundmann u.a. (Hg.), *Festschrift für Klaus J. Hopt zum 70. Geburtstag am 24. August 2010. Unternehmen, Markt und Verantwortung*, 2 Bde., Berlin 2010, S. 457, S. 461; Jan Sorge, *„Mitglieder von Sharia Boards als Schattendirektoren"*, in: ZBB 5 (2010), S. 363f.

29 AAOIFI Standards No. 1 sec. 2 und No. 5.

30 Vgl. IFSB, *"Guiding Principles on Shariah Governance Systems for Institutions Offering Islamic Financial Services"*, 2009, URL: http://www.ifsb.org/standard/IFSB-10%20 Shariah%20Governance.pdf (letzter Zugriff: 30.11.2014).

31 Vgl. Michael Gassner/Phillipp Wackerbeck, *Islamic Finance: Islam-gerechte Finanzlagen und Finanzierungen*, S. 42.

32 Vgl. für Bahrain und Jordanien die Analysen von Matthias Casper, *"Sharia Boards and Gorporate Governance"*, S. 457, S. 461ff.

33 Matthias Casper, *„Islamische Finanztransaktionen ohne Erlaubnis nach dem KWG?"*, S. 345, S. 360.

geworden, nämlich dem Antragsverfahren der Islamic Bank of Britain in England, das im August 2004 erfolgreich abgeschlossen wurde.[34] Nach englischem Aufsichtsrecht ist von Bedeutung, ob der Scharia-Rat eine beratende Funktion ausübt oder eine Management-Funktion. Ist Letzteres der Fall, gelten für die Mitglieder des Scharia-Rats dieselben Anforderungen wie für Geschäftsleiter (in puncto Zuverlässigkeit und Kompetenz), und die Tätigkeit für Scharia-Räte unterschiedlicher Banken wäre nur sehr eingeschränkt möglich. Die FSA entscheidet über die Qualifizierung des Scharia-Rats anhand folgender Kriterien:

- Organisationsstruktur
- Berichtspflichten/Vorgesetztenverhältnisse
- Bedingungen der Verträge mit den Mitgliedern des Scharia-Rats.[35]

2.2 Kompatibilität des Scharia-Rats mit dem Grundsatz der Alleinverantwortlichkeit der Geschäftsleitung im deutschen Recht

Die in England vorgenommene Unterscheidung zwischen Geschäftsleitung und Beratung ist auch für die Beurteilung des Scharia-Rats nach deutschem Aufsichtsrecht von Bedeutung. Aus § 33 Abs. 1 Satz Nr. 4 und 5 KWG folgt, dass die Geschäftsleitung einer Bank die volle und alleinige Verantwortung für die Geschäfte der Bank zu tragen hat. Diesem Grundsatz würde es widersprechen, wenn die Verfassung der Bank vorsähe, dass der Scharia-Rat der Geschäftsleitung Weisungen erteilen könnte. An dieser Stelle muss deshalb eine Regelung gefunden werden, die den (Maximal-)Vorstellungen von AAOIFI und IFSB widerspricht, da ansonsten nicht mit einer Lizenzierung in Deutschland gerechnet werden kann. Einschränkungen in dieser Hinsicht sind allerdings auch für die islamischen Standardsetzer akzeptabel.[36]
Mögliche Modelle:[37]

- Integration des Scharia-Rats in Vorstand oder Aufsichtsrat,
- Ausgestaltung des Scharia-Rats als Beirat oder
- Eingliederung des Scharia-Rats in die Compliance-Abteilung der Bank.

---

34 Vgl. FSA, *"Islamic Finance in the UK: Regulation and Challenges"*, 2007, URL: http://www.fsa.gov.uk/pubs/other/islamic_finance.pdf (letzter Zugriff: 30.11.2014), S. 14.

35 Vgl. ebd., S. 13f.

36 Vgl. IFSB, *"Guiding Principles on Shariah Governance Systems for Institutions Offering Islamic Financial Services"*, 2009, URL: http://www.ifsb.org/standard/IFSB-10%20Shariah%20Governance.pdf (letzter Zugriff: 30.11.2014), S. 2, Fußnote 8: "Of course, the binding legal effect of a Shariah pronouncement/resolution is also subject to the relevant national legal and regulatory framework."

37 Vgl. Matthias Casper, *"Sharia Boards and Corporate Governance"*, S. 457, S. 472ff.

Das Modell der Integration des Scharia-Rats in Vorstand oder Aufsichtsrat der islamischen Bank scheidet aus. Dagegen sprechen Gründe, welche sich aus dem deutschen Gesellschaftsrechts (Stichwort „Interessenkonflikte")[38] ergeben. Desweiteren besteht der Umstand, dass es in Deutschland auf längere Zeit schwer fallen dürfte, hinreichend Kandidaten zu finden, die sowohl die Anforderungen der BaFin an Vorstände (und Aufsichtsräte) erfüllen als auch diejenigen der islamischen Welt.[39] Die beiden anderen Modelle „Beirat" und „Compliance-Abteilung" sind hingegen grundsätzlich kompatibel mit den Anforderungen des deutschen Rechts.[40] Durchaus vorstellbar ist auch eine Kombination beider Varianten und der Einrichtung eines externen Scharia-(Bei)Rats und einer internen *Sharia-Compliance*-Abteilung. Ersterer wäre dann eher für die Scharia-Zertifizierung und Letztere für den Scharia-Audit zuständig. Eine solche Kompetenzverteilung deckt sich durchaus auch mit den Vorstellungen des IFSB, der sogar noch weiter zwischen internem *Sharia-Compliance*-Team und internem Scharia-Audit-Team unterscheidet.[41]

Unabhängig von der genauen Ausdifferenzierung der Struktur ist für regulatorische Zwecke entscheidend, dass die Alleinverantwortung der Geschäftsleitung durch den Scharia-Rat nicht beeinträchtigt wird, insbesondere die Entscheidungen des Scharia-Rats für die Bank *nicht* bindend sind (wobei es hier wohl vornehmlich um Fragen der Scharia-Zertifizierung durch den externen Scharia-(Bei)Rat geht, der überprüfend, aber nicht gestaltend agiert). Dem Grundsatz der Alleinverantwortung der Geschäftsleitung wäre auch widersprochen, wenn Empfehlungen des (externen) Scharia-Rats aufgrund faktischer Zwänge von der Geschäftsleitung umgesetzt werden müssten.[42]

Zu beachten ist allerdings, dass dies kein spezielles Islamic Finance Problem ist: Jegliches Beratungsgremium, das der Geschäftsleitung einer Bank zur Seite gestellt wird, gefährdet dem Grunde nach die Beachtung des Grundsatzes der Alleinverantwortlichkeit der Geschäftsleitung, denn es besteht die Gefahr, dass das Gremium qua seiner fachlichen (und ggf. auch persönlichen) Autorität die Geschäftsleitung nicht nur berät, sondern faktisch an ihrer Stelle Entscheidungen fällt. Das gilt umso mehr, wenn die Bank sich komplexe geschäftspolitische, über die ausschließliche Profiterzielung hinausgehende Ziele setzt, deren Verfolgung einen hohen Grad an Fachkenntnissen erfordert. Gedacht ist hierbei bei-

38 Ebd., S. 457, S. 473.

39 Für Letztere siehe: IFSB, *"Guiding Principles on Shariah Governance Systems"*, Appendix 4.

40 Vgl. Matthias Casper, *"Sharia Boards and Gorporate Governance"*, S. 473ff.

41 Vgl. IFSB, *"Guiding Principles on Shariah Governance Systems"*, S. 3.

42 Vgl. Jan Sorge, *„Mitglieder von Sharia Boards als Schattendirektoren"*, in: ZBB 5 (2010), S. 363, S. 366.

spielsweise an christliche oder umweltpolitische Ziele verfolgende Banken – wie z.B. die Pax Bank oder die Umweltbank, die jeweils einem Scharia-Rat vergleichbare Beiräte eingerichtet haben.[43]

Eine Lösung dieses Problems kann durch eine klare und unmissverständlich niedergelegte Kompetenzverteilung zwischen Beratungsgremium und Geschäftsleitung erfolgen, die die Grenze zwischen Beratung und Entscheidung absteckt. Dabei kann auf die vom BGH[44] im Zusammenhang mit Abschlussprüfern aufgestellten Grundsätze zur Abgrenzung von zulässiger Beratung und unzulässiger Mitwirkung zurückgegriffen und wie folgt differenziert werden:[45]

- Das Beratungsgremium soll Alternativen im Sinne einer Entscheidungshilfe darstellen, die Schlussfolgerungen daraus aber die Geschäftsleitung ziehen lassen.
- Das Beratungsgremium soll keine konkreten Vorgaben machen, sondern stets mehrere denkbare Varianten der Gestaltung aufzeigen.
- Bei der Interaktion zwischen Beratungsgremium und Geschäftsleitung ist größtmögliche Transparenz anzustreben.

Übertragen auf die Situation einer Scharia-Zertifizierung durch den (externen) Scharia-Rat könnte sich aus der Anwendung dieser Grundsätze folgende Programmatik entwickeln lassen:

- Die Geschäftsleitung – ggf. unter Mithilfe der jeweiligen Fachabteilungen – entwickelt einen Vorschlag für einen neuen Geschäftsvorgang oder ein neues Produkt. Der Vorschlag enthält typischerweise die Darstellung der verfolgten ökonomischen Ziele und deren (islamkonformer) Umsetzung in Form von Ablaufschemata, Vertrags- oder Bedingungsmustern etc. Auch sind Chancen und Risiken aufzuzeigen. Möglicherweise bestehen von Anfang mehrere Ausgestaltungsvarianten des Geschäftsvorgangs oder Produkts.
- Der Scharia-Rat analysiert den Vorschlag auf seine Islamkompatibilität unter Bezugnahme auf allgemeine Quellen des Islam und konkretere Standards der AAOFI und Prinzipien des IFSB. Er nennt Kriterien, deren Beachtung bei der konkreten Ausgestaltung des Geschäftsvorgangs oder Produkts erforderlich ist. Er begründet etwaig entdeckte Inkompatibilitäten und macht ggf. Lösungsvorschläge, die es erlauben, den durch die Geschäftsleitung formulierten ökonomischen Zielen möglichst nahe zu kommen – unter Einhaltung

---

43 Ethik-Beirat bei der Pax-Bank, URL: http://www.pax-bank.de/diebank/ethik_und_wertebindung/ethik-beirat.html, (letzter Zugriff: 30.11.2014) und Umweltrat und Umweltbeirat bei der Umweltbank, „*Der Umweltrat – Ökologischer ‚Aufsichtsrat'*", URL: http://www.umweltbank.de/umweltbank/index_umweltrat.html (letzter Zugriff: 30.11.2014).

44 BGHZ 135, 260, 264.

45 Vgl. auch Jan Sorge, „*Mitglieder von Sharia Boards als Schattendirektoren*", S. 363, S. 368.

der religiösen Ziele. Wo immer möglich, zeigt der Scharia-Rat mehrere Varianten zur Erreichung des Zieles auf. Diese Analyse fasst der Scharia-Rat in einem vorläufigen Gutachten über die Islamkompatibilität des Geschäftsvorgangs oder Produkts zusammen. In dem Gutachten können Kriterien genannt sein, die bei der konkreten Ausgestaltung des Geschäftsvorgangs oder Produkts beachtet werden müssen.
- Zwischen Geschäftsleitung, Scharia-Rat und den Fachabteilungen der Bank erfolgt ein Abstimmungsprozess, in dessen Rahmen ökonomische und religiöse Zielsetzungen des Geschäftsvorgangs oder Produkts möglichst kompatibel gemacht werden. Parallel dazu oder anschließend werden die Ergebnisse in einer Geschäftsleitungsbeschlussvorlage (der häufig auch konkret formulierte Bedingungsentwürfe beigefügt sind) zusammengefasst. Der Scharia-Rat erstellt ein finales Gutachten über die Islamkompatibilität des Geschäftsvorgangs oder Produkts, das der Beschlussvorlage beigefügt ist.
- Die Geschäftsleitung entscheidet über die Beschlussvorlage.

Die Einhaltung dieser Grundsätze ist dann ggf. durch die BaFin im Rahmen ihrer allgemeinen Prüfungskompetenz gemäß § 44 KWG zu überprüfen.

2.3 Welchen allgemeinen Anforderungen unterliegen die Scharia-Ratsmitglieder?

Um seine Aufgaben erfüllen zu können, muss der Scharia-Rat – und müssen insbesondere seine Mitglieder – eine Vielzahl weiterer Anforderungen erfüllen. Die Governance Standards von AAOIFI[46] und IFSB[47] enthalten teilweise sehr detaillierte Regelungen zu folgenden Themenkomplexen:

- Anforderungen an die innere Verfassung eines Scharia-Rats,
- Anforderungen an die Qualifikation und Zuverlässigkeit der Scharia-Ratsmitglieder,
- Anforderungen an die Vergütungsstruktur der Scharia-Ratsmitglieder,
- Vermeidung von Interessenskonflikten.

In jedem Fall unterliegen die Scharia-Ratsmitglieder einer strengen Verschwiegenheitspflicht. Dies folgt aus dem Bankgeheimnis und erstreckt sich auf jede vertrauliche Information aus dem Geschäftsbetrieb (sämtliche kundenbezogenen Tatsachen) und den gesamten Beratungsinhalt (Beratungs- und Abstimmungsgeheimnis). Eine besondere Kennzeichnung von Dokumenten als „vertraulich" wird man nicht verlangen müssen. Eine unmittelbare zivilrechtliche Haftung der Scharia-Ratsmitglieder für etwaige Pflichtverstöße gegenüber Dritten (Kunden

---

46 AAOIFI Standards No. 1 sec. 2 und No. 5.

47 Vgl. IFSB, *"Guiding Principles on Shariah Governance Systems"*.

des Unternehmens) wird man hingegen nur in Ausnahmefällen annehmen können, nämlich vor allem dann, wenn sie diesen Dritten gegenüber wie Geschäftsleiter auftreten.[48]

3 Zusammenfassung

Obwohl Zweifel daran bestehen, ob das Angebot aller maßgeblichen islamischen Finanzprodukte in Deutschland lizenzpflichtig ist, wird in der Praxis davon auszugehen sein, dass die BaFin islamische ebenso wie konventionelle Bank- und Finanzdienstleistungsgeschäfte überwacht.

Ein für islamische Banken elementar wichtiger Scharia-Rat kann in einer sowohl den Anforderungen islamischer Standardsetzer wie AAOIFI und IFSB als auch denjenigen des deutschen Rechts genügenden Form ausgestaltet werden.

Literatur

Accounting and Auditing Organization for Islamic Financial Institution (AAOIFI), *Standards No. 1 sec. 2 und No. 5*, URL: http://www.aaoifi.com/ (letzter Zugriff: 01.09.2014).

"BaFin für Scharia-*konforme Finanzprodukte bereit"*, in: BaFin Journal 11/09, S. 6-7.

Casper, Matthias, *"Sharia Boards and Gorporate Governance"*, in: Grundmann, Stefan u.a. (Hg.), *Festschrift für Klaus J. Hopt zum 70. Geburtstag am 24. August 2010. Unternehmen, Markt und Verantwortung*, 2 Bde., Berlin 2010, S. 457-479.

Casper, Matthias, *„Islamische Finanztransaktionen ohne Erlaubnis nach dem KWG?"*, in: ZBB 5 (2010), S. 345-362.

Johannes Engels, *"German Banking Supervision and Its Relationship to Islamic Banks"*, in: *Islamic Banking and Finance in the European Union*, edited by Fahim Khan and Mario Porzio, 2010.

FSA, *"Islamic Finance in the UK: Regulation and Challenges"*, 2007, URL: http://www.fsa.gov.uk/pubs/other/islamic_finance.pdf (letzter Zugriff: 30.11.2014).

Gassner, Michael/Wackerbeck, Philipp, *Islamic Finance: Islam-gerechte Finanzlagen und Finanzierungen*, Köln [2]2010.

Gramlich, Ludwig/Manger-Nestler, Cornelia, *„Islamic banking in Deutschland: Neue Regulierungsansätze"*, in: WM 2009, S. 1677-1681.

Ludwig Gramlich/Cornelia Manger-Nestler, *"Wirtschaftsaufsicht über ‚islamic finance, in Deutschland"*, in: WM 2009, S. 1629-1637

IFSB, *"Guiding Principles on Shariah Governance Systems for Institutions Offering Islamic Financial Services"*, 2009, URL: http://www.ifsb.org/standard/IFSB-10%20Shariah %20Governance.pdf (letzter Zugriff: 30.11.2014).

Landtag von Baden-Württemberg, Drucksache 14/5336 vom 23.10.2009 mit Antrag von Dr. Löffler und Stellungnahme des Wirtschaftsministeriums zu „Islamic Finance, Markt Scharia-konformer Finanzdienstleistungen"), siehe URL:

48 Vgl. Jan Sorge, *„Mitglieder von Sharia Boards als Schattendirektoren"*, S. 363, S. 368ff.

https://www.uni-marburg.de/fb01/lehrstuehle/zivilrecht/kling/islamicfinance/materialien/bwstellungnahmeadislamic.pdf (letzter Zugriff: 29.08.2014).

Manger-Nestler, Cornelia/Gramlich, Ludwig, *„Islamic finance und Recht der EU – Finanzmarktaufsicht – (k)ein Problem? – Eine deutsche Perspektive"*, in: ZBB 4 (2011), S. 305-317.

Sacarcelik, Osman, *Rechtsfragen islamischer Zertifikate (Şukūk)*, Baden-Baden 2013.

Sorge, Jan, *„Mitglieder von Sharia Boards als Schattendirektoren"*, in: ZBB 5 (2010), S. 363-373.

Thießen, Friedrich/Thurner, Nicole, *„Islamic Finance als regulatorische Herausforderung"*, in: Grieser, Simon G./Heermann, Manfred, *Bankenaufsicht: Entwicklungen und Perspektiven,* Frankfurt a. M. 2010, S. 635-648.

Umweltbank, *„Der Umweltrat – Ökologischer ‚Aufsichtsrat'"*, URL: http://www.umweltbank.de/umweltbank/index_umweltrat.html (letzter Zugriff: 30.11.2014).

Zerwas, Herbert/Demgensky, Sascha, *„Islamic Banking in Deutschland und Bankerlaubnis nach dem Kreditwesengesetz"*, in: WM 2010, S. 692-701.

Islamische Bankprodukte – Gemeinsamkeiten, Unterschiede und aufsichtsrechtliche Probleme

Hans-Georg Ebert

Noch vor 20 Jahren, als die Islamisierungsdebatte längst Fahrt aufgenommen hatte, war kaum absehbar, dass die Diskussion um die Gestaltung, Umsetzung und Integration islamischer Bankprodukte auch die westlichen Länder, deren zinsbasiertes Bankensystem weltweit dominierte, erfassen würde. Erste diesbezügliche Studien in den 1980er Jahren[1] erregten vornehmlich in der Orientalistik und Islamwissenschaft Aufmerksamkeit. Darüber hinaus herrschte Stille. Dieser geschilderte Zustand liegt gefühlt weit zurück, denn zwischenzeitlich haben Veröffentlichungen aller Art zum islamkonformen Finanzwesen mit seinen Bereichen Banken, Kapitalmarkt und Versicherungen,[2] Forschungsprojekte,[3] private[4] und öffentlich geförderte[5] Institutionen und nicht zuletzt die Banken und die zuständigen staatlichen Stellen selbst dieses Thema aufgegriffen, um theoretische und praktische Aspekte bei der Einführung islamischer Bankprodukte unter den jeweiligen ökonomischen, bank- und steuerrechtlichen, religiöspolitischen sowie sozialen Bedingungen zu analysieren. Dieses Phänomen allein auf die Zunahme der Zahl der Muslime in der Welt oder die Wiederentdeckung der islamischen Religion als gesellschaftliche Alternative zurückzuführen, greift indes zu kurz. Längst geht es in dieser Angelegenheit um ein großes und vor al-

1 Vgl. statt aller V. Nienhaus, „*Islamische Ökonomik*", in: *Der Nahe und Mittlere Osten. Politik, Gesellschaft, Wirtschaft, Geschichte, Kultur*, Bd. 1, hrsg. v. U. Steinbach und R. Robert unter redaktioneller Mitarbeit von M. Schmidt-Dumont, Opladen 1988, S. 467-476 (mit weiteren Verweisen auf die einschlägige orientalistische Literatur).

2 Vgl. H.-G. Ebert/Fr. Thießen, „*Islamic Finance – Facetten eines Phänomens*", in: H.-G. Ebert/Fr. Thießen u.a., *Das islamkonforme Finanzgeschäft. Aspekte von Islamic Finance für den deutschen Privatkundenmarkt*, Stuttgart 2010, S. 13.

3 Etwa das von der Wissenschaftsförderung der Sparkassen-Finanzgruppe e.V. unterstützte Forschungsprojekt der TU Chemnitz und der Universität Leipzig 2008-2011 zu den Möglichkeiten und Problemen des Islamic Banking in Deutschland.

4 Z.B. das Institute of Islamic Banking and Insurance (London) oder das Institute for Islamic Banking and Finance (IFIBAF) in Frankfurt am Main, vgl. die Startseite des Institute of Islamic Banking and Insurance (IIBI), URL: http://www.islamic-banking.com/Default.aspx (letzter Zugriff: 10.09.2013) und die Startseite des Institute of Islamic Banking and Finance, URL: http://www.ifibaf.com (letzter Zugriff: 10.09.2013).

5 So die Accounting and Auditing Organization for Islamic Financial Institutions (AAOIFI) in Bahrain und das Islamic Financial Services Board (IFSB) in Malaysia; vgl. URL: http://www.aaoifi.com/aaoifi/Contactus/ContactAAOIFI/tabid/92/language/en-US/Default.aspx (letzter Zugriff: 10.09.2013) und URL: http://www.ifsb.org (letzter Zugriff: 10.09.2013).

lem wachsendes Kapitalmarktvolumen[6], welches auch außerhalb der islamischen Welt für Initiativen sorgt. Insbesondere die Golf-Region, aber auch einige asiatische Länder mit großen wirtschaftlichen Potenzen sind in der Lage, Milliardenbeträge zu investieren. Aber nicht nur das Großhandelsgeschäft, sondern auch das Privatkundengeschäft (*retail*) bietet für die Banken ein langfristiges Betätigungsfeld, wenn es gelingt, islamische Bankprodukte konkurrenzfähig (im weitesten Sinne) gegenüber herkömmlichen Produkten anzubieten.

Auch wenn – wie noch zu zeigen ist – einzelne zivil- und handelsrechtliche Figuren im Islamischen Recht (Scharia) verankert sind, ist das Gesamtkonzept des islamkonformen Finanzwesens eine Erscheinung, die erst Ende des 20. Jh. entwickelt wurde. Daraus ergibt sich von vornherein ein Widerspruch: Einerseits muss die rechtliche Konstruktion der islamischen Bankprodukte, wenn sie denn tatsächlich genutzt werden sollen, den westlichen bzw. westlich-beeinflussten Rechtsordnungen angepasst werden, andererseits gründet sich die Legitimationsebene auf ein ihrem Wesen nach vormodernes und nicht-nationalstaatliches Rechtssystem, welches formal als abgeschlossen und als für alle Zeiten gültig betrachtet wird, ohne indes Veränderungen auszuschließen. Aus diesem Widerspruch heraus stellt sich die Frage, ob bzw. inwieweit „herkömmliche" Produkte mit einem islamischen Firnis überzogen werden. Die folgenden Ausführungen sollen dazu beitragen, diese Frage zu beantworten.

1. Grundprinzipien

Aus den mündlich überlieferten und später schriftlich fixierten Quellen des Islamischen Rechts, also Koran und Sunna (Tradition des Propheten), lassen sich nur verhältnismäßig wenige Prinzipien und Vorgaben zum Abschluss von zivilrechtlichen Geschäften erkennen, denn der Gesamtbereich der sog. *muʿāmalāt* (Rechtsgeschäfte) ist den menschlichen Rechtsansprüchen (*ḥuqūq al-ʿabd*; *ḥuqūq an-nās*) zugeordnet und daher weitgehend gestaltungsfrei. Das heißt freilich nicht, dass jedes zivilrechtliche Geschäft als erlaubt (*mubāḥ*) eingestuft wird. Ein Rechtsgeschäft kann grundsätzlich oder unter bestimmten Bedingungen verboten (*ḥarām*) oder verpönt (*makrūh*) sein.[7] Eben diese Kategorien und ihre Abgrenzung manifestieren sich in normativen oder ethischen Regelungen

---

6 Nach Einschätzung der *WirtschaftsWoche* waren 2011 etwa 900 Mrd. in islamischen Geldanlagen investiert, immerhin 1,5 % des weltweiten Anlagevolumens, vgl. H. J. Ginsburg, *„Kapitalmarkt. Sturm auf islamische Geldanlagen"*, in: Wirtschaftswoche vom 07.06.2011, URL: http://www.wiwo.de/politik/ausland/kapitalmarkt-sturm-auf-islamische-geldanlagen-/4648208.html (letzter Zugriff: 10.09.2013).

7 Zur islamisch-rechtlichen Bewertung dieser Kategorien vgl. T. Nagel, *Das islamische Recht. Eine Einführung*, Westhofen 2001, S. 25-30.

bzw. Prinzipien, die als solche im muslimischen Denken fest etabliert, aber eben doch interpretierbar sind.

a. Das Zinsverbot

Der mit dem arabischen Begriff *ribā* bezeichnete Zins wird im Koran an insgesamt acht Stellen erwähnt und als *ḥarām* klassifiziert[8]. Es soll hier nicht näher untersucht werden, welche inhaltliche Bedeutung dem Terminus *ribā* in frühislamischer Zeit zugrunde liegt.[9] Er bezieht sich jedoch auf eine Erscheinung, die auf die konkreten wirtschaftlichen Verhältnisse auf der Arabischen Halbinsel im 7. Jh. abstellt und auch in vorislamischer Zeit bzw. in der jüdischen Tradition eine Rolle spielt. Die Schuldsklaverei, die unter vormodernen Bedingungen aus Zins und Zinseszins resultieren kann, war mit der Herausbildung einer islamischen Umma unvereinbar. Hinzu kommt, dass zumindest bis ins 19. Jh. die vorkapitalistischen Strukturen im islamischen Kalifat, wie auch immer dessen tatsächliche Machtverhältnisse ausgeprägt waren, und die vorherrschende Subsistenzwirtschaft nur einen eingeschränkten privaten Investitionsbedarf an Geldkapital bewirkten. Vor diesem Hintergrund wird verständlich, dass das Zinsverbot keineswegs einer subjektiven Laune, sondern konkret-historischen und sozial-gesellschaftlichen Gegebenheiten und Konzeptionen entspringt. Mit dem Zinsverbot steht das Verbot des Hortens (*iḥtikār*), um aus steigenden Preisen einen Gewinn zu realisieren, im Zusammenhang.[10]

b. Risikogeschäfte

Selbstverständlich sind zivilrechtliche Verträge mit allgemeinen Risiken behaftet, die sich z.B. aus dem Nichteinhalten von Vorschriften oder aus dem Fristenversäumnis ergeben können. Art und Umfang des Risikos, das mit dem nichtkoranischen Begriff *ġarar* belegt ist, werden indes nicht genau beschrieben, sondern bedürfen einer Interpretation. Vorrangig geht es um das Vertragsobjekt, welches bestimmt sein soll, und die generelle Erfüllbarkeit des Vertrages. Das Verbot von Risikogeschäften im Islamischen Recht wird weiterhin am Terminus des Glücksspiels (*maisir*[11]) bzw. *qimār* festgemacht.[12] Dies hat unmittelbare

---

8 Bes. Koran 2:275.

9 Siehe dazu V. Nienhaus, *Das islamische Zinsverbot und die Entwicklung Shari'ah-konformer Finanztechniken*, S. 1-3, verfügbar unter URL: http://www.wirtschaftsgilde.de/files/2012_zinsverbot_und_shari__ah-konforme_finanztechniken.pdf (letzter Zugriff: 11.09.2013).

10 Vgl. M. Rohe, *Das islamische Recht: Geschichte und Gegenwart*, München [3]2011, S. 114-115.

11 Koran 5:90,91.

Auswirkungen auf die Gestaltung von islamischen Bankprodukten und Versicherungsverträgen.

c. Steuerrecht

Die idealtypischen Vorstellungen einer solidarischen Gemeinschaft der Muslime finden im koranischen Konzept der Almosensteuer (*zakāt*) und der (zusätzlichen) freiwilligen Abgabe (*ṣadaqa*) ihren Ausdruck, werden insofern an der religiösen Zugehörigkeit festgemacht. Nichtmuslime, die als Angehörige einer Buchreligion (*ahl al-kitāb*) eingeschränkte Rechte genießen, sind steuerlich mit einer Kopfsteuer (*ǧizya*[13];) zu belegen. Bereits in frühislamischer Zeit wurde dieses System ergänzt bzw. verändert und wurden zusätzliche Gebühren und Abgaben, z.T. am Grundeigentum orientiert, erhoben. Aufgrund des staatlichen Finanzbedarfs haben die weltlichen Herrscher nicht nur die Steuergelder eingetrieben, sondern auch ihre Verteilung mehr oder weniger direkt beeinflusst. So kann zu keiner Zeit von einem funktionierenden *islamischen* Steuerrecht ausgegangen werden. Die aus Koran und Sunna abgeleiteten Steuerprinzipien fanden demgemäß vor allem innerhalb der kultischen Pflichten (*ʿibādāt*) Eingang in die Rechtshandbücher. Andere Gebühren und Abgaben waren dagegen zumeist Gegenstand eigenständiger Werke.[14]

d. Ethische Prinzipien

Im Koran, aber auch in den Überlieferungen des Propheten, finden sich zahlreiche Hinweise auf ethische Werte, die ein gesellschaftliches Ideal widerspiegeln: Gerechtigkeit (*ʿadāla*), Solidarität, Güte, Verantwortlichkeit, Gleichheit (allerdings nicht im bürgerlich-rechtlichen Sinne) u.a. Die jeweilige gesellschaftliche Wirklichkeit musste und muss sich – selbstverständlich auch mit Blick auf die islamischen Bankprodukte – an diesen Idealen messen lassen. Die islamischen Rechts- und Religionsgelehrten (*ʿulamāʾ*) haben darüber hinaus zahlreiche sog. ethische Rechtsprinzipien (*qawāʿid*) abgeleitet, welche die Anwendbarkeit von islamischen Normen verändern oder außer Kraft setzen können.[15] Sie sind für die islamischen Bankprodukte in zweifacher Hinsicht relevant. Zum einen können dadurch solche islamischen Regelungen, die unter den rechtlichen Gege-

12 Vgl. S. E. Rayner, *The Theory of Contracts in Islamic Law: A Comparative Analysis with Particular Reference to The Modern Legislation In Kuwait, Bahrain and The United Arab Emirates*, London/Dordrecht/Boston 1991, S. 289-301.

13 Koran 9:29.

14 So das *Kitāb al-ḫarāǧ* des Abū Yūsuf (gest. 795).

15 Solche Prinzipien wurden von Ǧ. ad-Dīn as-Suyūṭī (gest. 1505) und Ibn Nuǧaim (gest. 1563) in *Al-ašbāh wa- n-naẓā'ir* genannten Werken formuliert und später in die Mecelle (s.u.) aufgenommen. Zum Verhältnis von Ethik und Recht vgl. Ṣ. Maḥmaṣānī, *Ad-daʿā'im al-ḫalqīya li-l-qawānīn aš-šarʿīya*, Beirut 1973, S. 93ff.

benheiten unvermeidbar, aber islamisch-rechtlich umstritten sind, legitimiert werden. So gilt das Prinzip, wonach das kleinere Übel zu wählen ist (*irtikāb aḫaff aḍ-ḍararain*), als Ausweg für anderweitig kaum begründbare Lösungen. Zum anderen ist etwa das Prinzip der Beurteilung der Angelegenheiten nach den Intentionen (*al-umūr bi-maqāṣidihā*) dazu geeignet, „fremde", d.h. nicht-islamische, Bestimmungen zu integrieren.[16]

e. Vermögenswerte Sachen

Verträge jeder Art, die sich auf nicht vermögenswerte Sachen beziehen, sind vom Grundsatz her unwirksam. Dazu zählen gemäß Koran 5:90 Alkohol und gemäß Koran 5:3 Schweinefleisch. Die Rechts- und Religionsgelehrten haben jedoch durch Analogieschluss (*qiyās*) auch andere Sachen als rituell schmutzig (*nağas*) bewertet und damit dieser Kategorie zugeordnet.[17] Pornografische Erzeugnisse, Rauschmittel, aber auch Waffen, Versicherungsprodukte u.a. können unter dieses Verbot fallen und damit für bestimmte Finanzprodukte, z.B. Investmentfonds, tabu sein. Auf den Bereich des sog. Ethik Banking, der auch mit dieser Problematik verbunden ist, soll an dieser Stelle nicht weiter eingegangen werden.[18]

2. Legitimationsquellen

Das Islamische Recht verkörpert weder in der Quellen- noch in der Normenlehre ein einheitliches Gebilde. Vielmehr ist die Toleranz gegenüber Unterschieden (Sg. *iḫtilāf*), so zwischen den *sunnitischen* Rechtsschulen oder innerhalb dieser, ein charakteristisches Merkmal islamischen Rechtsverständnisses. Hinzu kommt, dass sich das Islamische Recht (zumindest von der Theorie her) außerhalb eines staatlichen Rahmens bewegt, auch wenn die Rechtsordnungen islamischer Länder bis heute Scharia-basierte Normen vor allem im Bereich des sog. Personalstatuts umfassen. Für interpretationsbedürftige Aussagen in Koran und Sunna gibt es daher keine einheitlichen Ableitungen. Bis ins frühe 19. Jh. hinein sind so zahlreiche Rechtshandbücher entstanden, die auch in Form von Kommentaren, Superkommentaren und Glossen Erläuterungen und Ausformungen von

16 Vgl. B. Krawietz, *Hierarchie der Rechtsquellen im tradierten sunnitischen Islam*, Berlin 2002, S. 240.

17 In seinem Werk *Tauḍīḥ al-masā'il* (Erklärung der Probleme) spricht Ayatollah Khomeini von 11 „schmutzigen Dingen", Ausgabe Teheran 1979, S. 15.

18 Vgl. statt aller dazu M. Caspar, *„Islamisches und ethisches Wirtschaftsrecht – Risikoverteilung bei fehlender Vereinbarkeit mit den religiösen und ethischen Vorgaben"*, in: Rechtswissenschaft (RW). Zeitschrift für rechtswissenschaftliche Forschung, Baden-Baden 3/2011, S. 252-256.

islamischen Rechtsfiguren beinhalten.[19] Darauf beziehen sich in starkem Maße viele heutige Rechtsgutachten (*fatāwā*), die auch zu beurteilen haben, ob ein bestimmtes Produkt mit dem Siegel islamischer Legitimität versehen werden kann oder nicht. Damit wird das Islamische Recht auf den *fiqh*, eine interpretationsgestützte Jurisprudenz, reduziert, deren Verbindlichkeit in erster Linie aus der Akzeptanz von bestimmten Rechtsgelehrten resultiert. Für das islamkonforme Finanzwesen bedeutet dies, dass alles, was nicht konsensuell verboten ist, unter Einbeziehung von gewohnheitsrechtlichen Normen (*ʿurf*, *ʿādāt*)[20], Analogie (*qiyās*) und Rechtskniffen (Sg. *ḥīla*)[21] oder aber unter Berufung auf die Intentionen authentifiziert werden kann. Aṭ-Ṭāhir b. ʿĀšūr (gest. 1973) hat unter Rückgriff auf A. I. I. aš-Šāṭibī (gest. 1388; *al-muwāfaqāt*) die letztere Methode auch auf dem Gebiet der Rechtsgeschäfte konkretisiert.[22] Das Fehlen einer kirchenhierarchischen Struktur innerhalb des Islam erschwert zwar die Herausbildung einheitlicher akzeptierter Regelungen, ermöglicht aber wiederum eine große Flexibilität in der Bewertung. Mit dem Begriff *iǧtihād* ist dieser Prozess allerdings nur bedingt erfasst, denn der Begriff steht selbst für unterschiedliche Auffassungen in der Modernisierungsdebatte.[23] So ist das Bekenntnis zum *iǧtihād* nicht notwendigerweise mit einer besonderen Reformfreudigkeit gleichzusetzen, wenn damit lediglich eine Rückkopplung auf die Quellentexte (*nuṣūṣ*) verbunden ist.[24]

3. Kodifikation und Kompilation

Beide Begriffe werden oft synonym verwendet, obgleich sie deutlich voneinander zu unterscheiden sind. Während es sich bei der Kodifikation nach G. Plagemann um eine „systematische (Neu)Ordnung eines abgegrenzten Rechtsgebiets“[25] handelt, bedeutet die Kompilation lediglich eine Zusammenstellung oder Sammlung relevanter Regelungen. Mit Ibn ʿĀbidīn (gest. 1836) endet die Phase der „klassischen“ Rechtshandbücher. Bedingt durch den Kontakt mit Europa, insbesondere mit dem französischen Recht, entstehen im 19. Jh. im Bereich des

19 Eine Übersicht dazu in: O. Spies/W. Pritsch, *„Klassisches Islamisches Recht“*, in: *Handbuch der Orientalistik*, hrsg. v. B. Spuler, Erste Abteilung: Der Nahe und Mittlere Osten. Ergänzungsband III: Orientalisches Recht, Leiden/Köln 1964, S. 237-263.

20 Auch im Sinne von echten oder vermeintlichen Praktiken der rechtgeleiteten Kalifen.

21 Vgl. Kn. S. Vikør, *Between God and the Sultan. A History of Islamic Law*, London 2005, S. 165-167.

22 Aṭ-Ṭ. Ibn ʿĀšūr, *Maqāṣid aš-šarīʿa al-islāmīyya*, Tūnis [5]2012, S. 187-194.

23 M. Ṣ. M. Ḥusain, *Al-iǧtihād fi-š-šarīʿa al-islāmīyya*, Dimašq 1989, S. 17-118.

24 Vgl. B. Jokisch, *Islamisches Recht in Theorie und Praxis. Analyse einiger kaufrechtlicher Fatwas von Taqī-d-Dīn Aḥmad b. Taymiyya*, Berlin 1966, S. 205-251.

25 G. Plagemann, *Von Allahs Gesetz zur Modernisierung per Gesetz. Gesetz und Gesetzgebung im Osmanischen Reicht und der Republik Türkei*, Münster u.a. 2009, S. 33.

Zivil- und Handelsrecht Kodifikationen *ḥanafitischer* Prägung, die der Form nach dem europäischen Recht folgen, inhaltlich aber in erster Linie islamisch-rechtliche Normen umfassen.

Die osmanische *Mecelle* aus den Jahren 1869 bis 1876[26] und der *Muršid al-ḥairān* von Muḥammad Qadrī Pāšā (gest. 1886)[27] erweitern den Kreis derjenigen, die Einsicht in islamisch-rechtliche Regelungen nehmen können, über die Gruppe der *ʿulamāʾ* hinaus und bilden den Einstieg in eine neue Phase der Darstellung und Umsetzung des Islamischen Rechts. Dies gilt selbstverständlich auch für solche Sachverhalte, die direkt oder indirekt Rechtsinstitute der Bank- und Finanzwirtschaft betreffen. Andererseits dominieren westliche und damit zinsbasierte Bankgeschäfte die islamische Welt praktisch immer stärker. Die Rezeption westlicher Regelungen verdrängt die Restformen eines islamkonformen Finanzwesens bis zum Ende des 20. Jh. fast vollständig. Ungeachtet dessen bietet eben gerade der *Muršid al-ḥairān* eine ausgezeichnete Möglichkeit, aus der *ḥanafitischen* Lehre heraus die Chancen und Perspektiven der Gestaltung islamkonformer Bankprodukte auszuloten. Dieser Aufgabe soll sich der folgende Abschnitt widmen.

4. Islamkonforme Bankprodukte: Gestaltungsoptionen und Grenzen

Die islamischen Länder sind heute ohne Ausnahme Teil der Weltwirtschaft und als solche selbstverständlich an existierende Regeln und Praktiken gebunden. Dies bedeutet aber auch, dass das „klassische" Bankgeschäft aus Krediten und Einlagen bedient werden muss, dass die Bereiche Zahlungsverkehr, Finanzierung und Geldanlage abgedeckt werden müssen, um einerseits im Konkurrenzkampf mit herkömmlichen Banken zu bestehen, andererseits Bedürfnisse der Kunden zu befriedigen. Diesem Anliegen sind die islamkonformen Banken verpflichtet. Anders ausgedrückt heißt das, dass der Standard der Produkte nicht in erster Linie aus einem islamischen Ansatz heraus definiert wird, sondern sich ganz wesentlich aus der zinsbasierten Konkurrenz ergibt. Vor diesem Hintergrund ist zunächst zu fragen, welche rechtlichen „Grundbausteine" und Vertragsverhältnisse das Islamische Recht hierfür zur Verfügung stellt.[28]

---

26 *The Mejelle. Being an English Translation of Majallah el-Ahkam-i-Adliya and a Complete Code on Islamic Civil Law*, transl. by C. R. Tyser. Kuala Lumpur/Malaysia 2001.

27 Text mit weiteren Quellen in: H.-G. Ebert/A. Hefny, *Islamisches Zivilrecht der hanafitischen Lehre. Die zivilrechtliche Kodifikation des Qadrî Pâshâ*, Frankfurt am Main u.a. 2013.

28 Vgl., Ebert/Thießen, *„Islamic Finance – Facetten eines Phänomens"*, S. 22-23.

a. Das zinslose Darlehen (qarḍ)[29]

Nach dem *Muršid al-hairān*, Art. 796-809,[30] kann sich das zinslose Darlehen nur auf vertretbare Sachen beziehen, selbstverständlich auch auf Geld (Art. 798). So können Girokonten durchaus in dieser Konstruktion legitimiert werden. Ein zinsloses Kreditgeschäft wird zwar von den Banken häufig propagiert, verbietet sich aber – von Ausnahmen abgesehen – aus Gründen der Wirtschaftlichkeit der Bank.

b. Der Kaufvertrag

Die „klassische" islamische Literatur zum Zivilrecht stellt den Güterumsatzvertrag in seinen verschiedenen Facetten in den Mittelpunkt der Betrachtungen. So werden allgemeine schuldrechtliche Probleme häufig unter dem Thema „Kaufvertrag" abgehandelt. Auch das „Buch zum Verkauf" im *Muršid al-ḥairān*, Art. 343-576, enthält eine Reihe solcher Bestimmungen. Zudem werden in anderen Büchern, so zu den „Verträgen im Allgemeinen", Art. 262-342, immer wieder kaufrechtliche Fragen angesprochen. Für islamkonforme Bankprodukte spielen jedoch Sonderformen solcher Kaufverträge die entscheidende Rolle, denn es geht im Kern darum, Leistung und Gegenleistung zeitlich voneinander zu trennen oder verschiedene Kaufverträge so aufeinander abzustimmen, dass am Ende ein entsprechender Gewinn (der wegen des Verkaufs kein Zins ist) steht. Obgleich das Islamische Recht generell den Barkauf favorisiert, wurden Verträge, die nicht die Sache (*ʿain*) selbst, sondern eine Schuldverpflichtung (*dain*) gegen Geld austauschen, als legitim angesehen.[31] Die als Terminkauf (*salam*; Art. 550-560, bei den *Mālikīten* auch *salaf* genannt) oder Werklieferung (*istiṣnāʿ*; Art. 569-576) bezeichneten Verträge eignen sich gut für zinslose Kreditgeschäfte der Banken. Der Verkauf mit einer Anzahlung (*baiʿ al-ʿurbūn*), die im Falle der Auflösung eines Geschäfts durch den Käufer als Schenkung (*hiba*) deklariert wird, ermöglicht einfache Finanzierungen durch Banken.[32] Auch die Nutzung

---

29 In der Literatur auch oft als *qarḍ ḥasan* bezeichnet, obgleich nach islamisch-rechtlichem Verständnis ein Darlehen grundsätzlich nur zinslos vergeben werden kann, vgl. as-Saiyid Sābiq, *Fiqh as-sunna*, Bd. 3, Beirut [7]1985, S. 144-152.

30 Im Folgenden beziehen sich die Artikelangaben auf den Text des *Muršid al-ḥairān* in der o.g. Ausgabe.

31 Vgl. J. Chr. Wichard, *Zwischen Markt und Moschee. Wirtschaftliche Bedürfnisse und religiöse Anforderungen im frühen islamischen Vertragsrecht*, Paderborn u.a. 1995, S. 134ff.

32 Vgl. dazu das Rechtsgutachten aus Malaysia unter URL: http://infad.usim.edu.my/modules.php?op=modload&name=News&file=article&sid=9353 (letzter Zugriff: 16.09.2013). In der zivilrechtlichen Kodifikation von Muḥammad Qadrī Pāšā wird das Rechtsinstitut des *ʿurbūn* allerdings nicht erwähnt.

eines zweiten Kaufvertrages, um die zuvor gekaufte Ware an einen Dritten zu verkaufen, bietet eine rechtliche Handhabe, ein faktisches Kreditgeschäft (gewissermaßen als Sachmittelkredit) mit Gewinn für die Bank als „Vermittler" zu ermöglichen. Muḥammad Qadrī Pāšā verwendet den Begriff *murābaḥa* für den Kauf mit Wiederverkauf unter Aufschlag selbst nicht, verweist aber auf den *Radd al-muḥtār* von Ibn ʿĀbidīn, der seinerseits an mehreren Stellen das doppelte Verkaufsgeschäft akzeptiert.[33] Auch im *Al-muwaṭṭaʾ* von Mālik b. Anas (gest. 795) wird die *murābaḥa expressis verbis* nach einer Überlieferung erwähnt.[34] Aus dem *murābaḥa*-Konstrukt lassen sich wiederum weitere Formen islamkonformer Bankprodukte ableiten, deren Legitimation jedoch umstritten ist. Der Kunde verkauft eine Ware an die Bank, die ihrerseits eine sofortige Zahlung leistet. In einem zweiten Schritt kauft der Kunde die Ware von der Bank gegen einen höheren Preis bei späterem Zahlungstermin zurück. Dieser *baiʿ al-ʿīna* genannte Vertrag ähnelt dem ebenso umstrittenen *tawarruq*-Konstrukt, bei dem die Bank eine zuvor gekaufte Ware an einen Kunden verkauft. Dieser zahlt zu einem späteren Zeitpunkt, beauftragt aber gleichzeitig die Bank, die Ware an einen Dritten gegen Barzahlung zu verkaufen. Der Barbetrag geht an den Kunden und entfaltet so die Wirkung eines verzinsbaren Darlehens. Eine solche „umgekehrte" *murābaḥa* wird ebenso wie der *baiʿ al-ʿīna* zur Mikrofinanzierung in asiatischen Ländern genutzt. Was jedoch in der vereinfachten Sicht problemlos erscheint, wird bei näherer Analyse kompliziert, denn die dem Verkauf zugrundliegenden Prinzipien des Islamischen Vertragsrechts[35] sollen ja gerade Umgehungsgeschäfte erschweren. Dies bezieht sich z.B. auf die Anwesenheit der Vertragspartner beim Vertragsschluss oder die Unabhängigkeit von zwei Verkaufsverträgen. Die islamischen Verkaufsverträge ermöglichen damit vor allem fremdkapitalbasierte Finanzierungen, erschöpfen sich aber nicht darin. So kann der Verkauf mit Rückkaufvereinbarung, gemäß Art 561-576, die islamisch-rechtlich nicht existierende Hypothek ersetzen, wie das bereits in vormoderner Zeit praktiziert worden ist.[36] Die Frage, wie die *murābaḥa* gemäß deutscher Rechtsauffassung zu qualifizieren ist, und ob es sich dabei überhaupt um ein Bankgeschäft handelt, bleibt hier unbeachtet.

---

33 Ebert/Hefny, *Islamisches Zivilrecht der hanafitischen Lehre*, S. 166-167.

34 *Muwaṭṭaʾ li-l-imām Mālik. Riwāyat Yaḥyā b. Yaḥya al-Laiṯī*, Beirut o.J., S. 359-360, vgl. dazu die Übersetzung in H.-G. Ebert, *„Islamische Bankprodukte: Quellen, Normen und Begriffe"*, in: Ebert/Thießen u.a., *Das islamkonforme Finanzgeschäft*, S. 70-71.

35 Vgl. *Muršid al-ḥairān*, Art. 343ff.

36 Spies/Pritsch, *„Klassisches islamisches Recht"*, S. 230.

c. Die Gesellschaft oder Partnerschaft

Für eigenkapitalbasierte Finanzierungen greifen die islamkonformen Banken auch auf Gesellschaftsverträge zurück, die von den islamischen Rechts- und Religionsgelehrten unter Nutzung handelsrechtlicher, z.T. vorislamischer Praktiken ausführlich entwickelt worden sind. Die auch als Vermögensgesellschaft (Joint Venture) bezeichnete *mušāraka* oder *šarika bi-l-māl*[37] geht zwar nicht unmittelbar auf prophetische Traditionen zurück, ihre islamisch-rechtliche Zulässigkeit wird indes nicht bestritten. Sie symbolisiert das islamkonforme Bankwesen insofern, als dass an die Stelle des Zinses die Beteiligung und damit die Übernahme des geschäftlichen Risikos durch alle Partner gesetzt wird. Dass dieses Konzept in idealer Weise nicht verwirklicht wird oder besser werden soll, zeigen Gesellschaftskonstruktionen wie die sog. *mušāraka mutanāqiṣa* (*diminishing mušāraka*), die als Kopplungsgeschäft mit Leasing und Kauf das Risiko in erster Linie dem Kunden überträgt. Auf diese Weise kann von islamischen Banken der Immobilienerwerb finanziert werden.[38]

Die oft vereinfacht als „Stille Gesellschaft" bezeichnete *muḍāraba*, der zufolge der Kapitalgeber (*rabb al-māl*) und der Gerent (*muḍārib*) weitgehend unabhängig voneinander agieren, wird von M. Heckel primär als Treuhandverhältnis qualifiziert.[39] Das Konstrukt findet auch unter der Bezeichnung *qirāḍ* (besonders bei den *Mālikīten*) Erwähnung[40] und deutet insofern auf vorislamische Praktiken im Gebiet des *Ḥiǧāz* im heutigen westlichen Saudi-Arabien. Die *ḥanafitischen* Gelehrten as-Saraḫsī (gest. 1090) und al-Kāsānī (gest. 1191) sowie der *mālikītische* Philosoph und Jurist Ibn Rušd (gest. 1198)[41] haben sich ausführlich mit dieser Rechtsfigur beschäftigt und damit wichtige Grundlagen und Einschränkungen für moderne Bankgeschäfte festgelegt. Auch im *Muršid al-ḥairān* wird die *muḍāraba* als eine eigenständige Gesellschaftsform qualifiziert.[42] Bereits in den 80er Jahren des 20. Jh. haben *muḍāraba*-Papiere innerhalb

---

37 Vgl. dazu *Muršid al-hairān*, die Art. 744-772.

38 E. Smolo/M. K. Hassan, *"The potentials of mushāraka mutanāqisah for Islamic housing finance"*, in: International Journal of Islamic and Middle Eastern Finance and Management, Bingley 2011, Vol. 4, No. 3, S. 237-258, auch URL: http://www.academia.edu/1144085/The_potentials_of_musharakah_mutanaqisah_for_Islamic_housing_finance (letzter Zugriff: 14.09.2013).

39 Vgl. M. Heckel, *„Integration islamischer Rechtsinstitute im Inland? – das Beispiel Mudarabavertrag"*, in: M. Heckel (Hg.), *Rechtstransfer. Beiträge zum islamischen Recht VIII*, Frankfurt am Main u.a. 2011, S. 61-67.

40 Vgl. *Muwaṭṭa' li-l-imām Mālik*, S. 371-382.

41 Siehe M. Heckel, *„Das Kitāb al-Qirāḍ in Averroes' Bidāyat al-muǧtahid"*, in: Wiener Zeitschrift für die Kunde des Morgenlandes, Wien 2013, 103. Bd., S. 189-217.

42 Siehe dazu die Art. 21, 327 und 847.

der sog. Kapitalanlagegesellschaften (*šarikāt tauẓīf al-amwāl*) in Ägypten eine eher traurige Berühmtheit erlangt, als ein Großteil des Geldes ägyptischer Gastarbeiter am Golf von einigen dieser Gesellschaften veruntreut wurde.[43] Die Ursachen hierfür lagen vor allem in ungenügender Gesetzgebung und Aufsicht seitens des ägyptischen Staates. Islamgerechte Aktienfonds sind auf der Basis der *muḍāraba* prinzipiell eher unproblematisch darstellbar.

Von den islamischen Banken werden in der Regel Musterverträge für *mušāraka*- und *muḍāraba*-Geschäfte erstellt, die aber aus Geheimhaltungsgründen im Allgemeinen nicht im Internet verfügbar sind. Dennoch können solche Verträge im direkten Kontakt mit der Bank eingesehen werden.[44] Das *muḍāraba*-Konstrukt spielt auch für den Handel mit islamischen Investment-Zertifikaten (*ṣukūk*) eine wichtige Rolle, indem sich die dafür gegründete Zweckgesellschaft mit entsprechendem Kapital „still" beteiligt.[45]

d. Die Vollmacht (wakāla)

Die in der Literatur auch mit „Geschäftsführung" übersetzte Vollmacht liegt nach Art. 915 des *Muršid al-ḥairān* dann vor, wenn in einem zulässigen und bestimmten Rechtsgeschäft eine andere Person an die Stelle der eigenen tritt. Grundsätzlich ist die Bevollmächtigung für jeden Vertrag, den der Vollmachtgeber selbst schließen kann, zulässig (Art. 921). Dabei kann der Bevollmächtigte beauftragt werden, nach eigenem Ermessen zu handeln (Art. 923). Viele islamische Banken nutzen die *wakāla*, um Sparkonten mit einem am Finanzmarkt üblichen Zinssatz *de facto* anzubieten, ohne letzten Endes (mit Rücksicht auf das allgemeine Zinsverbot) einen solchen Zinssatz zu garantieren.[46] Auch für *murābaḥa*-Verträge oder für das Management von islamischen Investmentfonds kann die *wakāla* insofern genutzt werden, als dass in letzterem Falle der Be-

---

43 Vgl. as-S. 'A. al-Hādī, *Uṣūl al-muḍāraba al-islāmyya wa-madā inṭibāqihā 'alā šarikāt tauẓīf al-amwāl: dirāsa muqārana li-aḥkām 'aqd al-muḍāraba*, Al-Qāhira 1989. Auch das betrügerische Konya-Modell brachte in den 90er Jahren des 20. Jh. zahlreiche türkische und deutsch-türkische Anleger um ihre Ersparnisse, vgl. URL: http://www.vaybee.de/deutsch/channel/geld/71446.php (letzter Zugriff: 31.01.2014).

44 Vgl. z.B. die entsprechenden Verträge der Faisal Islamic Bank of Egypt, die nicht direkt abrufbar sind: http://www.faisalbank.com.eg/FIB/homepage.jsp (letzter Zugriff: 16.09.2013).

45 Zu den kapitalmarkt-, vertrags- und insolvenzrechtlichen Aspekten der *ṣukūk* siehe die ausführliche Arbeit von O. Sacarcelik, *Rechtsfragen islamischer Zertifikate (Sukuk)*, Baden-Baden 2013; vgl. auch R. Müller, *„Grundlagen, Dokumentation und rechtliche Einordnung islamischer Zertifikate"*, in: Zeitschrift für Wirtschafts- und Bankrecht. Wertpapiermitteilungen, Frankfurt am Main 62(2008), S. 102-108.

46 Vgl. den Wakala Teasury Deposit Account der Islamic Bank of Britain, URL: http://www.islamic-bank.com/personal-banking/savings-products/wakala-treasury-deposit-account/ (letzter Zugriff: 16.09.2013).

vollmächtigte im Gegensatz zum Gerenten der *muḍāraba* ein festes Einkommen erhält.

e. Leasing (iğāra)

Für Leasing-Konstruktionen kann die im Islamischen Recht ausführlich beschriebene Rechtsfigur der *iğāra*[47] genutzt werden, bei der keine Sachsubstanz (*ʿain*), sondern der Nutzen (*manfaʿa*) an der Sache mit einer entsprechenden Gegenleistung (*ʿiwaḍ*) übertragen wird. Dies gilt sowohl für das Finanzierungsleasing (*iğāra wa-iqtināʾ*) als auch für das operative Leasing. Darüber hinaus werden islamische Zertifikate häufig als *iğāra-ṣukūk* emittiert.[48] Auf die Gemeinsamkeiten und Unterschiede zu den westlichen Leasing-Verträgen wird an dieser Stelle nicht weiter eingegangen, zumal sie in der Literatur umfassend dokumentiert sind.[49]

f. Die Verwahrung (wadīʿa)

Zur Darstellung von Girokonten können islamkonforme Banken auf die islamische Rechtsfigur der *wadīʿa* zurückgreifen. Die Bank fungiert als Treuhänder (*amīn*) und zahlt bei Bedarf den gesamten oder einen Teil des hinterlegten Geldes an den Kunden zurück. Die diesbezüglichen Regelungen zur Verwahrung (vgl. Art. 810-838) ermöglichen aber auch Sparkonten mit einer Rendite, die sich am erzielten Gewinn der Bank in islamisch-zulässigen Geschäften mit dem verwahrten Geld orientiert. Ob und wie die Bank den Gewinn teilt, ist von den konkreten Konditionen abhängig. Verwandte islamisch-rechtliche Regelungen wie Treuhandschaft (*amāna*) oder Leihe (*ʿāriya*) weisen einige Unterschiede zur Verwahrung, insbesondere bei der möglichen Nutzung der verwahrten Sache, auf.[50]

g. Die verpflichtende Absichtserklärung (waʿd)

Verpflichtende, einseitige Willens- oder Absichtserklärungen sind von der grundsätzlichen islamisch-rechtlichen Bewertung her zulässig, ohne dass sie auf

---

47 Im *Muršid al-ḥairān* ist die Miete in den Art. 577-711 geregelt.

48 So z.B. durch das Land Sachsen-Anhalt im Jahre 2004, vgl. die URL: http://www.faz.net/aktuell/finanzen/anleihen-zinsen/anleihenmarkt-markt-fuer-islamische-anleihen-waechst-immer-staerker-1114854.html (letzter Zugriff: 17.09.2013); vgl. O. Sacarcelik, *Rechtsfragen islamischer Zertifikate (Sukuk)*, S. 177-198.

49 Vgl. statt aller A. Farhoush, *„Leasing als shariakonformes Finanzierungsinstrument"*, in: EconStor. Leibniz-Informationszentrum Wirtschaft, auch URL: https://www.econstor.eu/dspace/bitstream/10419/60288/1/718542762.pdf (letzter Zugriff: 17.09.2013).

50 Z. I. A. Mirakhor, *An Introduction to Islamic Finance. Theory and Practice*, Singapore ²2011 (Abschnitt zum Trust).

den Bereich des Zivil- und Handelsrecht beschränkt bleiben. Sie eignen sich insbesondere, um risikobehaftete westliche Finanzprodukte nachzugestalten oder anwendbar zu machen. Islamische Derivate und Hedging-Instrumente finden so in veränderter Form zumindest bei einem Teil der islamischen Rechts- und Religionsgelehrten Akzeptanz.[51] In den „klassischen“ Rechtshandbüchern, aber auch im *Muršid al-ḥairān* wird die Absichtserklärung nicht als selbstständige Rechtsfigur aufgeführt. Die Absichtserklärung zum Verkauf (*wa'd bi-l-bai'*) gehört im modernen Wirtschaftsleben islamischer Länder zu den üblichen Praktiken.[52]

Die hier kurz erläuterten Bausteine und Elemente für islamische Bankprodukte können durch weitere Rechtsfiguren ergänzt werden, etwa das Pfand (*rahn*), die Bürgschaft (*kafāla*) oder die Schuldanweisung (*ḥawāla*). Das Zusammenwirken verschiedener Elemente unter den jeweiligen rechtlichen und internationalen Rahmenbedingungen erlaubt, nahezu jedes zinsbasierte Produkt nachzugestalten, unabhängig davon, ob es im konkreten Falle tatsächlich die Legitimation der Gelehrten erhält oder nicht. Auf der anderen Seite stellt sich bei solchen Konstruktionen stets die Frage der Kontrolle und Aufsicht, ohne die ein weitgehend ungestörter Geschäftsverkehr nicht möglich ist.

5. Kontrolle und Aufsicht

Die islamkonformen Bankprodukte bedürfen, um als solche deklariert zu werden, einer Lizenzierung durch diejenigen, die im Selbstverständnis, aber auch im Verständnis der Mehrheit der Muslime, das Islamische Recht (als nicht-staatliches religiöses Recht) interpretieren und auslegen dürfen. Der Kreis der islamischen Rechts- und Religionsgelehrten, die dafür in Frage kommen, ist denkbar klein: Die überwiegende Mehrheit der Gelehrten hat keine oder nur geringfügige Kenntnisse von wirtschaftsrechtlichen Problemen, sondern beschäftigt sich eher mit kult- und familienrechtlichen Sachverhalten. Nach dem Vorbild der Faisal Islamic Bank of Egypt, die 1977 erstmalig ein sog. Scharia-Board[53] zu diesem Zweck einrichtete, verfahren heute viele islamischen Banken, zumal in vielen islamischen Ländern die entsprechenden Bankgesetze bei islamkonfor-

---

51 Vgl. M. Mahlknecht, *Chancen und Risiken islamischer Kapitalmarktprodukte*, URL: http://www.risiko-manager.com/index.php?id=162&tx_ttnews%5Bcat%5D=97&tx_ttnews%5Btt_news%5D=11254&tx_ttnews%5BbackPid%5D=161&cHash=cbc27ffa2f (letzter Zugriff: 17.09.2013).

52 Siehe den Mustervertrag unter der URL: http://eastlaws.blogspot.de/2010/02/blog-post_4414.html (letzter Zugriff: 17.09.2013).

53 Auch als Ethikrat bezeichnet, so z.B. bei der in Gründung befindlichen Kuveyt Türk Bank in Deutschland, vgl. URL: http://www.kuveytturk.com.tr/pages/default.aspx (letzter Zugriff: 31.01.2014).

men Bankgeschäften solche Gremien vorsehen, unabhängig davon, ob sie diese Geschäfte ausschließlich oder in einem sog. "Islamic window" betreiben. Speziell in letzterem Falle können auch externe Gremien gegen eine entsprechende Gebühr eine solche Authentifizierung vornehmen.[54] In Malaysia wurde 1997 sogar ein zentraler Scharia-Rat eingerichtet.[55] Dass ein solches Verfahren, ungeachtet der hier nicht beleuchteten Rolle dieser Gremien im Außenverhältnis der Banken, problematisch ist, wird von T. el-Diwany folgendermaßen beschrieben: „Kontrollstrukturen wurden von den gleichen ‚islamischen' Banken gegründet, deren Aktivitäten sie ihrerseits regulieren sollen. Muslimischen Gelehrten wird viel Geld von jenen Kunden gezahlt, über deren Finanzprodukte sie ein Urteil fällen sollen. Man sollte es eigentlich nicht mehr sagen, aber Banken tendieren nicht dazu, jene anzuheuern, die ihr Geschäftsmodell aus religiösen Gründen ablehnen."[56] Einige wenige „führende" Gelehrte haben zahlreiche Beratungsposten inne und kassieren z.T. horrende Honorare für diese Tätigkeit.[57] Damit ist keinesfalls ein Generalvorwurf beabsichtigt. Zweifel an dem einen oder anderen Gutachten („Gefälligkeitsgutachten", „Fatwashopping") bleiben aber angebracht, solange es nicht gelingt, allgemein-verbindliche Standards zu entwickeln, auch wenn die beiden nicht-staatlichen Organisationen AAOIFI und IFSB (s.o.) in den letzten Jahren wichtige Schritte hin zu verbindlichen Maßstäben gegangen sind.[58]

Das Islamische Recht hat mit der Marktaufsicht (*ḥisba*) ein dem jeweiligen Herrscher untergeordnetes Instrumentarium geschaffen, um handelsrechtliche

---

54 N. Hardy, *"Sharī'a Compliance: Understanding the Contributions of Sharī'a Boards"*, in: Beiträge zum Islamischen Recht V, hrsg v. I. Schneider und Th. Hanstein, Frankfurt a. M. u.a. 2006, S. 199-223.

55 Vgl. zum *"Shariah Advisory Council of Bank Negara Malaysia (SAC)"* die URL: http://www.bnm.gov.my/index.php?ch=7&pg=715&ac=802 (letzter Zugriff: 17.09.2013).

56 T. El-Diwany, *„Es braucht Mut, um die Wahrheit zu sagen"*, in: Islamische Zeitung, Berlin Mai 2011, S. 19. Diese Übersetzung entstammt der 3. Ausgabe seines Buches *The Problem With Interest*, welches 2010 in London erschienen ist.

57 So hätten die führenden 20 Gelehrten jeweils zwischen 14 und 85 Posten inne (ca. 55% der Gesamtheit). Es würden 1000 bis 1500 US-$ pro Beratungsstunde bezahlt und Honorare zwischen 10000 und 20000 US-$ pro Aufsichtsratssitzung fällig, vgl. A. Clarke, *„Wer sind die wirklichen Gelehrten?"*, in: Islamische Zeitung, Berlin April 2012, S. 10.

58 Verbindliche Standards bilden einen wichtigen rechtlichen Rahmen für die Verbreitung islamischer Bankprodukte, vgl. A. R. A. Rahman, *An Introduction to Islamic Accounting. Theory and Practice*, Kuala Lumpur 2010; vgl. auch Islamic Financial Services Board, *"Published Standards"*, URL: http://www.ifsb.org/published.php (letzter Zugriff: 03.12.2013).

Praktiken und ordnungspolitische Vorgaben zu kontrollieren.[59] Ob daraus eine staatliche Aufsichtsbehörde für islamische Bankprodukte abgeleitet werden kann, bleibt indes eher nebulös. Unabhängig davon unterliegen Kredit- und Finanzdienstleistungsinstitute in Deutschland (aber selbstverständlich auch in anderen westlichen Ländern) dem Kreditwesengesetz (KWG). Wenn also islamkonforme Bankprodukte auf dem Markt angeboten werden, greift dieses Gesetz im öffentlich-rechtlichen Sinne. [60] Dies hat natürlich nichts damit zu tun, dass die zuständige Bundesanstalt für Finanzdienstleistungsaufsicht (BaFin) nicht bemüht sein muss, auch für solche Produkte geeignete Instrumentarien zu entwickeln, um den Schutz der Gläubiger und die Sicherung einer funktionierenden Kreditwirtschaft zu gewährleisten.[61] Auf mehreren Veranstaltungen, so am 29.10.2009 und am 10.05.2012, hat die BaFin ihren Willen bekundet, solche Maßnahmen einzuleiten.[62] Dabei kann sie auf Erfahrungen aus den europäischen Nachbarländern (Schweiz, GB, Frankreich) zurückgreifen. Es ist im Rahmen dieses Aufsatzes nicht beabsichtigt, auf Fragen der Aufsicht und der steuerrechtlichen Beurteilung in Bezug auf islamkonforme Bankprodukte einzugehen.[63] Klar ist, dass Islamische Banken nur dann in Deutschland zulassungsfähig sind, wenn sie einerseits unumgängliche Anforderungen erfüllen, wenn aber andererseits auch die Finanzaufsicht diese Entwicklung positiv begleitet. Widrigenfalls droht die endgültige Verlagerung eines europäischen „islamischen" Finanzplatzes nach London mit weitreichenden Konsequenzen für liquide Finanzmittel aus der Golfregion und aus Asien. Bestehende Hemmnisse im Zusammenhang mit der finanzrechtlichen Qualifizierung solcher Bankprodukte, mit der Rolle der

---

59 Vgl. dazu ʿA. ar-R. al-Fāsī, *Ḫuṭṭat al-ḥisba fi-n-naẓar wa-t-taṭbīq wa-t-tadwīn*, Dār al-Baiḍā' 1984.

60 L. Gramlich/C. Manger-Nestler, *„Öffentlich-rechtliche Aspekte von Islamic Finance in Deutschland"*, in: H.-G. Ebert/Fr. Thießen u.a., *Das islamkonforme Finanzgeschäft*, S. 193-225.

61 S. Thabti weist auf eine mögliche Erweiterung des Anlegerschutzes um islamische Prinzipien (z.B. Berücksichtigung des Alkoholverbotes) hin. Dazu sein Beitrag *„Anlegerschutz im islamischen Wirtschaftsrecht"* auf dem Deutschen Orientalistentag am 26.09.2013 (bislang unveröffentlichter Beitrag).

62 Der Autor dieses Beitrages hat beide Konferenzen besucht und kann bestätigen, dass das Interesse in Deutschland für diese Entwicklung groß ist.

63 Siehe dazu ausführlich: M. Casper, *„Islamische Finanztransaktionen ohne Erlaubnis nach dem KWG?"*, in: Zeitschrift für Bankrecht und Bankwirtschaft (ZBB), Köln 22. Jg., H. 5, S- 345-362, *„Ausgewählte Islamic Finance Vertragsmodelle. Erste Ansätze zur steuerlichen Beurteilung"*, in: Ernst & Young Wirtschaftsprüfungsgesellschaft, *Derivatives & Financial Instruments. Special Issue: Islamic Finance*, Amsterdam Vol. 12 - 2010 (mit entsprechenden Länderbeiträgen) Mai 2010.

Scharia-Boards hinsichtlich einer unerlaubten Weisungsbefugnis gegenüber der Geschäftsleitung der Bank u.a. dürften jedoch insgesamt lösbar sein.

Schlussbemerkungen

Die islamkonformen Bankprodukte, so wie sie heute angeboten werden, stellen sich bei näherem Hinsehen keineswegs als unmittelbar aus der Scharia abgeleitet dar, sondern sind meist von westlichen, vor allem anglo-amerikanischen, Juristen und Ökonomen gestaltet. Mithin gewinnt auch die Kautelarpraxis dieser Juristen an Bedeutung, denn die Vermeidung von rechtlichen Konflikten angesichts einer überstaatlichen und heterogenen Legitimationsbasis gehört zu den Erfordernissen in der Umsetzung solcher Normen. Dass damit bestimmte zinsbasierte Produkte „islamisiert" werden, ist sicher unverkennbar. Andererseits scheint die Kritik, wie sie T. Ahmad vorbringt, dass es sich dabei um „Mutationen des islamischen Rechts"[64] handele übertrieben, zumal bestimmte ethische Grundlagen fortbestehen. Aus dem Zusammenwirken verschiedener Faktoren und Bausteine lässt sich einerseits eine Vielzahl von Produkten gestalten, andererseits erwächst daraus auch die Möglichkeit der Veränderung und Anpassung an aktuelle finanz- und steuerrechtliche Anforderungen. Insgesamt ist davon auszugehen, dass die islamkonformen Bankprodukte in westliche Rechtsordnungen integrierbar sind und damit auch außerhalb der islamischen Welt Verbreitung finden können. Sie sind keineswegs nur für Muslime reserviert. Diese Produkte müssen sich jedoch an der zinsbasierten Konkurrenz messen lassen, was nicht auf die Rendite allein reduziert werden kann. Vielmehr spielen Sicherheit, Verantwortungsbewusstsein für Ressourcen und Umwelt sowie ethische Werte ebenso eine Rolle. Auch wenn einige Staaten in der Golfregion durch die Erdöl- und Erdgaseinnahmen Effizienzdefizite bei einzelnen Bankprodukten ausgleichen, ist der Gesamtbereich des islamkonformen Finanzwesens nur dann lebensfähig, wenn die Produkte konkurrenzfähig angeboten werden können. Es sollten freilich keine unrealistischen Erwartungen geweckt werden. Das Marktpotential des islamkonformen Finanzwesens ist zwar längst nicht ausgeschöpft, es wird jedoch den traditionellen Finanzsektor nicht verdrängen, sich aber auf lange Sicht als ein Nischenprodukt etablieren.

Die Antwort auf die Ausgangsfrage, ob bzw. inwieweit „herkömmliche" Produkte mit einem islamischen Firnis überzogen werden oder nicht, bleibt dabei jedem selbst überlassen. Und das ist auch gut so.

---

64 *Interview mit T. Ahmad*, in: Islamische Zeitung. Berlin August 2012, S. 11.

Literatur

Accounting and Auditing Organization for Islamic Financial Institutions (AAOIFI), Bahrain, URL: http://www.aaoifi.com/aaoifi/Contactus/ContactAAOIFI/tabid/92/language/en-US/Default.aspx (letzter Zugriff: 10.09.2013).

Ibn ʿĀšūr, aṭ-Ṭ., *Maqāṣid aš-šarīʿa al-islāmīya*, Tūnis [5]2012.

„Ausgewählte Ilsmaic Finance Vertragsmodelle. Erste Ansätze zur steuerlichen Beurteilung", in: Ernst & Young Wirtschaftsprüfungsgesellschaft, *Derivatives & Financial Instruments*. Special Issue: *Islamic Finance*. Amsterdam Vol. 12 - 2010, Mai 2010.

Casper, M., *„Islamische Finanztransaktionen ohne Erlaubnis nach dem KWG?"*, in: Zeitschrift für Bankrecht und Bankwirtschaft (ZBB), Köln 22. Jg., H. 5, S- 345-362.

Caspar, M., *„Islamisches und ethisches Wirtschaftsrecht – Risikoverteilung bei fehlender Vereinbarkeit mit den religiösen und ethischen Vorgaben"*, in: Rechtswissenschaft (RW). Zeitschrift für rechtswissenschaftliche Forschung, Baden-Baden 3/2011, S. 252-256.

Clarke, A., *„Wer sind die wirklichen Gelehrten?"*, in: Islamische Zeitung, Dezember 2013, S. 10.

„Die Machenschaften der ‚Islam-Holdings'", URL: http://www.vaybee.de/deutsch/channel/geld/71446.php (letzter Zugriff: 31.01.2014).

El-Diwany, T., *„Es braucht Mut, um die Wahrheit zu sagen"*, in: Islamische Zeitung, Berlin Mai 2011, S. 19.

El-Diwany, T., *The Problem with Interest*, London 2010.

Ebert, H.-G., *„Islamische Bankprodukte: Quellen, Normen und Begriffe"*, in: Ebert/Thießen u.a., *Das islamkonforme Finanzgeschäft*, S. 70-71.

Ebert, H.-G./Hefny, A., *Islamisches Zivilrecht der hanafitischen Lehre. Die zivilrechtliche Kodifikation des Qadrî Pâshâ*, Frankfurt am Main u.a. 2013.

Ebert, H.-G./Thießen, Fr., *„Islamic Finance – Facetten eines Phänomens"*, in: H.-G. Ebert, Fr. Thießen u.a., *Das islamkonforme Finanzgeschäft. Aspekte von Islamic Finance für den deutschen Privatkundenmarkt*, Stuttgart 2010.

Ethikrat bei der in Gründung befindlichen Kuveyt Türk Bank in Deutschland, vgl. URL: http://www.kuveytturk.com.tr/pages/default.aspx (letzter Zugriff: 31.01.2014).

Farhoush, A., *„Leasing als* Schariа*konformes Finanzierungsinstrument"*, in: EconStor. Leibniz-Informationszentrum Wirtschaft, auch URL: https://www.econstor.eu/dspace/bitstream/10419/60288/1/718542762.pdf (letzter Zugriff: 17.09.2013).

al-Fāsī, ʿA. ar-R., *Ḥuṭṭat al-ḥisba fi-n-naẓar wa-t-taṭbīq wa-t-tadwīn*, Dār al-Baiḍā' 1984.

FAZ, *„Markt für Islamische Anleihen wächst immer weiter"*, URL: http://www.faz.net/aktuell/finanzen/anleihen-zinsen/anleihenmarkt-markt-fuer-islamische-anleihen-waechst-immer-staerker-1114854.html (letzter Zugriff: 17.09.2013).

Ginsburg, Hans Jakob, *„Kapitalmarkt. Sturm auf islamische Geldanlagen"*, in: Wirtschaftswoche vom 07.06.2011, URL: http://www.wiwo.de/politik/ausland/kapitalmarkt-sturm-auf-islamische-geldanlagen-/4648208.html (letzter Zugriff: 10.09.2013).

Gramlich, L./Manger-Nestler, C., *„Öffentlich-rechtliche Aspekte von Islamic Finance in Deutschland“*, in: H.-G. Ebert/Fr. Thießen u.a., *Das islamkonforme Finanzgeschäft*, S. 193-225.

al-Hādī, as-S. ʻA., *Uṣūl al-muḍāraba al-islāmīya wa-madā inṭibāqihā ʻalā šarikāt tauẓīf al-amwāl: dirāsa muqārana li-aḥkām ʻaqd al-muḍāraba*, Al-Qāhira 1989.

Hardy, N., *"Sharī'a Compliance: Understanding the Contributions of Sharī'a Boards"*, in: *Beiträge zum Islamischen Recht V*, hrsg v. I. Schneider und Th. Hanstein, Frankfurt am Main u.a. 2006, S. 199-223.

Heckel, M., *„Das Kitāb al-Qirāḍ in Averroes' Bidāyat al-muǧtahid“*, in: Wiener Zeitschrift für die Kunde des Morgenlandes, Wien 2013, 103. Bd., S. 189-217.

Heckel, M., *„Integration islamischer Rechtsinstitute im Inland? – das Beispiel Muḍārabavertrag“*, in: M. Heckel (Hg.), *Rechtstransfer. Beiträge zum islamischen Recht VIII*, Frankfurt am Main u.a. 2011, S. 61-67.

Ḥusain, M. Ṣ. M., *Al-iǧtihād fi-š-šarīʻa al-islāmīya*, Dimašq 1989.

Institute of Islamic Banking and Insurance (IIBI), *Startseite*, URL: http://www.islamic-banking.com/Default.aspx (letzter Zugriff: 10.09.2013).

Institute of Islamic Banking and Finance, *Startseite*, URL: http://www.ifibaf.com (letzter Zugriff: 10.09.2013).

Interview mit T. Ahmad, in: Islamische Zeitung. Berlin August 2012, S. 11.

Islamic Financial Services Board, *"Published Standards"*, URL: http://www.ifsb.org/published.php (letzter Zugriff: 03.12.2013).

Islamic Financial Services Board (IFSB), Malaysia, URL: http://www.ifsb.org (letzter Zugriff: 10.09.2013).

Islamische Zeitung, *„Wer sind die wirklichen Gelehrten?“*, Berlin April 2012, S. 11.

Jokisch, B., *Islamisches Recht in Theorie und Praxis. Analyse einiger kaufrechtlicher Fatwas von Taqī-d-Dīn Aḥmad b. Taymiyya*, Berlin 1966.

Khomeini, Ayatollah, *Tauḍīḥ al-masā'il* (Erklärung der Probleme), Ausgabe Teheran 1979.

Krawietz, B., *Hierarchie der Rechtsquellen im tradierten sunnitischen Islam*, Berlin 2002.

Mahlknecht, M., *Chancen und Risiken islamischer Kapitalmarktprodukte*, URL: http://www.risiko-manager.com/index.php?id=162&tx_ttnews%5Bcat%5D=97&tx_ttnews%5Btt_news%5D=11254&tx_ttnews%5BbackPid%5D=161&cHash=cbc27ffa2f (letzter Zugriff: 17.09.2013).

Maḥmaṣānī, Ṣ., *Ad-da'ā'im al-ḫalqīya li-l-qawānīn aš-šar'īya*, Beirut 1973.

Mirakhor, Z. I. A., *An Introduction to Islamic Finance. Theory and Practice*, Singapore [2]2011.

Müller, R., *„Grundlagen, Dokumentation und rechtliche Einordnung islamischer Zertifikate“*, in: Zeitschrift für Wirtschafts- und Bankrecht. Wertpapiermitteilungen, Frankfurt a. M. 62(2008), S. 102-108.

Mustervertrag unter URL: http://eastlaws.blogspot.de/2010/02/blog-post_4414.html (letzter Zugriff: 17.09.2013).

Muwaṭṭa' li-l-imām Mālik. Riwāyat Yaḥyā b. Yaḥya al-Laiṯī, Beirut o.J.

Nagel, T., *Das islamische Recht. Eine Einführung*, Westhofen 2001.

Nienhaus, V., *Das islamische Zinsverbot und die Entwicklung Shari'ah-konformer Finanztechniken*, URL: http://www.wirtschaftsgilde.de/files/2012_zinsverbot_und_shari__ah-konforme_finanztechniken.pdf (letzter Zugriff: 11.09.2013).

Nienhaus, V., *„Islamische Ökonomik"*, in: *Der Nahe und Mittlere Osten. Politik, Gesellschaft, Wirtschaft, Geschichte, Kultur*, Bd. 1, hrsg. V. U. Steinbach und R. Robert unter redaktioneller Mitarbeit von M. Schmidt-Dumont, Opladen 1988.

Plagemann, G., *Von Allahs Gesetz zur Modernisierung per Gesetz. Gesetz und Gesetzgebung im Osmanischen Reicht und der Republik Türkei*, Münster u.a. 2009.

Rahman, A. R. A., *An Introduction to Islamic Accounting. Theory and Practice*, Kuala Lumpur 2010.

Rayner, S. E., *The Theory of Contracts in Islamic Law: A Comparative Analysis with Particular Reference to The Modern Legislation In Kuwait, Bahrain and The United Arab Emirates*, London/Dordrecht/Boston 1991.

Rechtsgutachten aus Malaysia unter URL: http://infad.usim.edu.my/modules.php?op=modload&name=News&file=article&sid=9353 (letzter Zugriff: 16.09.2013).

Rohe, M., *Das islamische Recht: Geschichte und Gegenwart*, München ^{3}2011.

Sacarcelik, O., *Rechtsfragen islamischer Zertifikate (Ṣukūk)*, Baden-Baden 2013.

"Shariah Advisory Council of Bank Negara Malaysia (SAC)", URL: http://www.bnm.gov.my/index.php?ch=7&pg=715&ac=802 (letzter Zugriff: 17.09.2013).

as-Saiyid, Sābiq, *Fiqh as-sunna*, Bd. 3, Beirut ^{7}1985.

Smolo, E./Hassan, M. K., *"The potentials of mushāraka mutanāqisah for Islamic housing finance"*, in: International Journal of Islamic and Middle Eastern Finance and Management, Bingley 2011, Vol. 4, No. 3, S. 237-258, auch URL: http://www.academia.edu/1144085/The_potentials_of_mušāraka_mutanaqisah_for_Islamic_housing_finance (letzter Zugriff: 14.09.2013).

Spies, O./Pritsch, W., *„Klassisches Islamisches Recht"*, in: *Handbuch der Orientalistik*, hrsg. V. B. Spuler, Erste Abteilung: Der Nahe und Mittlere Osten. Ergänzungsband III: Orientalisches Recht, Leiden/Köln 1964, S. 237-263.

Sorge, J., *„Mitglieder von Sharia Boards als Schattendirektoren"*, in: Zeitschrift für Bankrecht und Bankwirtschaft (ZBB), Köln 22. Jg., H. 5, S. 363-373.

Thabti, S., *„Anlegerschutz im islamischen Wirtschaftsrecht"*, Vortrag auf dem Deutschen Orientalistentag am 26.09.2013 (bislang unveröffentlichter Beitrag).

The Mejelle. Being an English Translation of Majallah el-Ahkam-i-Adliya and a Complete Code on Islamic Civil Law, transl. by C. R. Tyser. Kuala Lumpur/Malaysia 2001.

Verträge der Faisal Islamic Bank of Egypt, nicht direkt abrufbar: http://www.faisalbank.com.eg/FIB/homepage.jsp (letzter Zugriff: 16.09.2013).

Vikør, Kn. S., *Between God and the Sultan. A History of Islamic Law*, London 2005.

Wakala Teasury Deposit Account der Islamic Bank of Britain, URL: http://www.islamic-bank.com/personal-banking/savings-products/wakala-treasury-deposit-account/ (letzter Zugriff: 16.09.2013).

Wichard, J. Chr., *Zwischen Markt und Moschee. Wirtschaftliche Bedürfnisse und religiöse Anforderungen im frühen islamischen Vertragsrecht*, Paderborn u.a. 1995.

Muḍāraba und das deutsche Recht – Probleme, rechtliche Herausforderungen, Lösungsansätze

Martin Heckel

Das Thema „*Muḍāraba* und das deutsche Recht" ist, wie man so schön sagt, komplex und vielschichtig. Der Autor versucht sich an einer möglichst eingängigen Vermittlung. Ziel hierbei soll es sein, auf einen Kodifizierungsvorschlag für die *muḍāraba* im deutschen Recht hinzuführen. Zwei grundlegende Dinge sind daher zunächst zu unterscheiden: erstens die *muḍāraba* und zweitens das deutsche Recht.

I. Muḍāraba

1. Grundsatz

Muḍāraba – was ist das eigentlich genau? Viele werden meinen, das sei doch zumindest im Grundsatz klar. Kraft des *muḍāraba*-Vertrages übergibt eine Partei einer anderen zu treuen Händen einen bestimmten Kapitalbetrag, damit die andere damit handeln, genau genommen spekulieren, also kaufen und verkaufen kann. Ein Gewinn aus dieser Tätigkeit wird nach einem zuvor vereinbarten festen Schlüssel, zum Beispiel ⅓ zu ⅔ oder ¼ zu ¾, verteilt. Damit meint das islamische Recht, zumindest das klassische, nicht nur eine schuldrechtliche Berechtigung, sondern sieht die beiden Parteien in Ansehung des Gewinns als Miteigentümer nach Bruchteilen an.[1] Einen Kapitalverlust spürt grundsätzlich nur die eine Partei, Kapitalgeber genannt, nicht aber die andere Partei, der sogenannte Gerent. Der Gerent läuft allenfalls Gefahr, vergeblich Zeit und Arbeit aufzuwenden.

2. Einzelfragen

Welche Regelung trifft aber das islamische Recht genau für den Fall, in dem das Kapital nach Übergabe an den Gerenten, aber vor Beginn seiner Handelstätigkeit teilweise untergeht? Oder: Ist es zulässig, dass der Gerent sich mit dem übergebenen Kapitalbetrag an einer Gesellschaft beteiligt? Oder noch eine Einzelfrage: Was geschieht, wenn der Gerent verstirbt? Kann dann die *muḍāraba* mit seinen Erben fortgesetzt werden? Ferner: Was ist, wenn der Gerent dem *muḍāraba*-Vertrag zuwider Handel treibt? Das sind nur einige wenige Einzelfragen, auf die Antworten gefunden werden müssen.

---

1 Heckel, *„Islamische Finanzwirtschaft (Islamic Finance) – eine Aufgabe für die Rechtsvergleichung"*, in: Zeitschrift für Vergleichende Rechtswissenschaft 111 (2012), S. 311 (322); ders., *„Integration islamischer Rechtsinstitute im Inland? – das Beispiel Mudarabavertrag"*, in: ders. (Hg.), *Rechtstransfer – Beiträge zum islamischen Recht VIII*, Frankfurt am Main 2011, S. 61 (77).

3. Rechtsquellen

a) Klassische Handbücher

Die Frage lautet nur: Wo sollen diese Antworten gefunden werden? Oder etwas konkreter gewendet: Aus welchen Rechtsquellen soll man die Antworten auf die Fragen schöpfen? Es sei gleich zu Beginn gesagt: Die koranischen Ausgangstexte und auch die Prophetenüberlieferung sind im Bereich der *muḍāraba* kaum ergiebig. Gewiss legitimieren sie die *muḍāraba* in religiöser Hinsicht, beziehen sich also auf entsprechende Koranverse und Aussprüche des Propheten zurück. Rechtliche Detailregelungen beinhalten sie indessen nicht.[2] Das mag damit zusammenhängen, dass dieser Vertrag schon in vorislamischer Zeit bekannt war, in der wohl auch schon derartige Detailregelungen getroffen wurden.

Vor diesem Hintergrund bleiben zunächst nur die klassischen Handbücher des islamischen Rechts, etwa die *Bidāya* des Ibn Rušd, des latinisierten Averroes. In der Tat wird man dort auf viele Fragen Antworten finden – freilich auch auf viele Fragen viele Antworten.[3] Vor allem in der *Bidāya*, aber auch in anderen Handbüchern zeigt sich exemplarisch der Charakter des islamischen Rechts als Rechtsgelehrtenrecht. Bekannt ist ja das Bonmot van Ess': Das islamische Recht ist ein Juristenrecht, aber göttlichen Ursprungs.

Diese, in Caspers Worten, normative Ambiguitätstoleranz des islamischen Rechts,[4] hier im Bereich der *muḍāraba*, lässt sich bis in unsere Zeit nachverfolgen. Moderne Fatwasammlungen[5] nehmen bald auf den einen, bald auf den anderen Rechtsgelehrten Bezug, und zwar, das sei an dieser Stelle hervorgehoben, durchaus in hervorragender Weise auf die klassischen Gelehrten. Es liegt auf der Hand, dass auf diese Weise auf ein- und dieselbe Frage verschiedene Antworten gegeben werden können und auch gegeben werden. Mit anderen Worten ist Rechtssicherheit in Ansehung der *muḍāraba* ein knappes Gut.

b) Moderne Kodifikationen

Nun werden einige gewiss sofort an moderne Kodifikationen denken. Und tatsächlich, es gibt sie, auch und gerade in Ansehung der *muḍāraba*. Kodifiziert

---

2 Vgl. etwa al-Kāsānī, „*Kitāb al-Muḍāraba*", in: Badāʾiʿ aṣ-Ṣanāʾiʿ fī tartīb aš-šarāʾiʿ, Ausgabe Beirut 1997, S. 4f.; as-Sarqāwī, *at-Takyīf aš-šarʿī li-šarikat al-muḍāraba al-islāmīya*, Kairo 1991, S. 25f., 28, 30ff.

3 Vgl. Heckel, „*Das Kitāb al-Qirāḍ in Averroes' Bidāyat al-muǧtahid*", in: Wiener Zeitschrift für die Kunde des Morgenlandes 103 (2013), S. 189, 196ff.

4 Casper, „*Islamisches und ethisches Wirtschaftsrecht – Risikoverteilung bei fehlender Vereinbarkeit mit den religiösen und ethischen Vorgaben*", in: Rechtswissenschaft 2011, S. 251 (273).

5 Etwa ʿAlī Ǧumʿa Muḥammad/Muḥammad Aḥmad Sirāǧ/Aḥmad Ǧābir Badrān (Hg.), *Mausūʿat fatāwā al-muʿāmalāt al-mālīya*, Band II, al-Muḍāraba, Kairo 2009.

worden ist sie zum Beispiel in den Art. 1404-1430 der *osmanischen Mejelle*,[6] darüber hinaus in den Art. 657-675 des irakischen Zivilgesetzbuchs von 1951 (aufgehoben 1983),[7] im Nord-Jemen (Art. 813-845 des *Dritten Buchs des Zivilgesetzbuchs* betreffend gesetzliche Rechtsgeschäfte)[8] und in den Art. 693-709 des *Zivilgesetzbuchs der Vereinigten Arabischen Emirate*.[9]

An dieser Stelle soll ein kurzer Exkurs auf die Grundproblematik staatlicher Kodifikation eines – im Ausgangspunkt – religiös legitimierten Rechts unternommen werden. Bei staatlicher Kodifikation wird das islamische Recht entsprechend einer säkularen Weltanschauung aufgespalten in Dinge, die kodifiziert werden und solche, die nicht kodifiziert werden. Das zeigt die Kodifikationspraxis deutlich. Kodifiziert werden zum Beispiel die *muḍāraba*, der Kaufvertrag, die Leihe, die Treuhand, also Erscheinungen, die nach einer säkularen Auffassung, ungeachtet des religiösen Rückbezugs auf Koran und Sunna, im Kern rechtlich, nicht aber religiös zu verstehen sind. Umgekehrt nicht kodifiziert werden die Regelungen über die rituelle Reinheit, das Fasten, die Pilgerfahrt, die rituelle Bestattung usw., also Phänomene, die im Grunde nur einen religiösen Aspekt haben. Für sie bleiben die religiösen Ausgangstexte relevant.

Man muss sich also bewusst sein, dass die staatliche Kodifikation eines im Ursprung religiös verorteten Rechts dieses säkularisiert. Konsequenz dessen ist, dass seine Erforschung und Weiterbildung insoweit, das heißt, soweit die Säkularisierung reicht, nur Aufgabe der Rechtswissenschaft, nicht aber Sache der Theologie sein kann. Das gilt für die arabisch-islamische Welt, erst recht aber hier im Inland. Ganz praktisch gesprochen bedeutet das, dass zur Folgekonfe-

---

6 *Osmanische Mejelle*, englische Textausgabe von Tyser/Demetriades/Ismail Haqqi Effendi, Nicosia 1901, Neuausgabe Kuala Lumpur 2001; *Osmanische Mejelle*, arabische Ausgabe unter Federführung von Bassām ʿAbd al-Wahhāb al-Ǧābī, Beirut 2002; daneben zahlreiche Übersetzungen in andere Sprachen, dazu Krüger, *„Zum zeitlich-räumlichen Geltungsbereich der osmanischen Mejelle"*, in: Krüger/Mansel (Hg.), *Liber amicorum Kegel*, München 2002, S. 43 (49).

7 Gesetz Nr. 40/1951, Al-Waqāʾiʿ al-ʿirāqīya Nr. 3015 v. 8.9.1951; die Vorschriften wurden aufgehoben durch Gesetz Nr. 36/1983 über die Gesellschaften.

8 Gesetz Nr. 16/1983, Al-Ǧarīda ar-rasmīya Nr. 6 v. 30.6.1983, aufgeboben durch Gesetz Nr. 19/1992; zur weiteren Rechtsentwicklung im wiedervereinigten Jemen siehe Krüger, *„Zur Rezeption ägyptischen Zivilrechts in der arabischen Welt"*, in: Heckel (Hg.), *Rechtstransfer – Beiträge zum islamischen Recht VIII*, Frankfurt am Main 2011, S. 9 (16).

9 Gesetz Nr. 5/1985, Al-Ǧarīda ar-rasmīya Nr. 158 v. 29.12.1985; zu den Art. 693-709 siehe den knappen Überblick bei Klarmann, *Islamic Project Finance*, Lausanne 2003, S. 203-208.

renz[10] zum islamischen Wirtschaftsrecht zum Beispiel die Juristenfakultät der Universität Leipzig einladen kann, wenn sie denn will.

c) Auswahl

Angesichts der Vielzahl an Rechtsquellen setzt die Kodifikation darüber hinaus voraus, dass eine Auswahl getroffen wird, also entschieden wird, welcher Meinung man bezüglich einer bestimmten Einzelfrage folgt. Unter Umständen muss sogar, wenn es zu einer relevanten Frage keine Meinung gibt, neues Recht gebildet werden. Das islamische Recht steht dem nicht im Wege. Die beiden Konzepte der Auswahl (*taḫayyur*) und Erfindung (*talfīq*) sind theoretisch gut fundiert und können in der Tat zu einer behutsamen Modernisierung bestimmter Rechtsfiguren beitragen.[11] Vor allem aber können sie dem inländischen Gesetzgeber Raum geben, selbst gestaltend tätig zu werden.

4. Zusammenfassung

Bei der *muḍāraba* übergibt der Kapitalgeber dem Gerenten einen bestimmten Kapitalbetrag zu treuen Händen, damit dieser mit diesem Betrag Handel treiben kann. Ein Gewinn wird nach einem festen Schlüssel geteilt. Einen Kapitalverlust trägt grundsätzlich allein der Kapitalgeber. Der Gerent läuft im Prinzip nur Gefahr, Zeit und Arbeit vergebens aufzuwenden. Das sind freilich nur die Grundlagen, zu denen viele Einzelfragen kommen. Zu ihrer Beantwortung muss man zum Beispiel das *Kitāb al-Muḍāraba* bei al-Kāsānī konsultieren oder das *Kitāb al-Qirāḍ* (ein Synonym für *muḍāraba*) bei Ibn Rušd befragen. Darüber hinaus muss man Kodifikationen wie die *Mejelle* oder das *Zivilgesetzbuch der Vereinigten Arabischen Emirate* zu Rate ziehen. Nicht zu vergessen sind schließlich Kautelarpraxis, einschließlich der Standards von Banken und Standardisierungsorganisationen wie zum Beispiel der Accounting and Auditing Organization for Islamic Financial Institutions (AAOIFI), und das Gutachtenwesen. „Die“ *muḍāraba* gibt es so gesehen eigentlich nicht, sondern ein Bündel an Einzelmeinungen. Aus diesem Bündel muss man auswählen, was man weiterführt und was man lässt, nicht zuletzt im Hinblick auf eine inländische Kodifikation, mit anderen Worten im Hinblick auf das deutsche Recht.

---

10 Der Autor nimmt hier Bezug auf die Tagung „Islamischen Wirtschaftsrecht. Herausforderungen und Lösungswege“, die vom 24. Bis 25. Januar 2014 an der Universität Osnabrück stattfand und den Ausgangspunkt für diese Publikation darstellt.

11 Dazu Ebert, *„Tendenzen der Rechtsentwicklung“*, in: Ende/Steinbach (Hg.), *Der Islam in der Gegenwart*, München ^{5}2005, S. 199 (203).

II. Das deutsche Recht

1. Auswahl mit Bezug auf das deutsche Recht

Weiterführend folgt nun der zweite Punkt: das deutsche Recht. Wie soll man nun mit Bezug zu diesem Recht auswählen? Und: Wer soll auswählen? Auswählen soll derjenige, der eine Kodifikation der *muḍāraba* anstrebt, im Inland also die einheimische Rechtswissenschaft und – im Anschluss an einen demokratischen Willensbildungsprozess – der inländische Gesetzgeber, gegebenenfalls auch ein europäischer. Denn nur bei einem solchen Prozedere kann gewährleistet werden, dass die Auswahl auch tatsächlich mit Bezug auf das bestehende inländische Rechtssystem erfolgt.[12]

Zum „Wie" der Auswahl soll nun ein besonders anschauliches Beispiel gegeben werden: In den islamischen Ausgangstexten wird breit der Fall diskutiert, in dem der Kapitalgeber den Gerenten ausdrücklich zum Abschluss eines Kaufvertrages ermächtigt hat, der mit dem übergebenen Kapital aber nicht erfüllt werden kann. Zum Beispiel darf der Gerent für 5.000 Dinar einkaufen, obwohl das ihm zur Verfügung gestellte Kapital nur 1.000 Dinar beträgt. Nach hanafitischer Lehre, die sich so auch in der *Mejelle* findet (Art. 1418), bilden Kapitalgeber und Gerent in diesem Falle eine Kreditgesellschaft (*šarikat al-wuǧūh*). Beide erwerben die Sache zur Hälfte, beide haften auch hälftig für die Kaufpreiszahlung. Nach den anderen sunnitischen Schulen muss dagegen der Kapitalgeber den Gerenten im Innenverhältnis praktisch freistellen, das heißt, Kapital bis zur Höhe des Kaufpreises nachschießen. Es kommt also zu einer Kapitalerhöhung.[13]

Aus Sicht des deutschen Rechts erscheint es dagegen sinnvoll, weder die eine noch die andere Lösung auszuwählen, sondern im Falle der Eingehung einer kapitalübersteigenden Verbindlichkeit, den Gerenten allein mit seinem Privatvermögen zu verpflichten. Konsequent dazu müsste man überdies für den Kapitalgeber die Möglichkeit einer ausdrücklichen Ermächtigung zur Eingehung solcher Verbindlichkeiten ausschließen.

Eine Kreditgesellschaft kennt das deutsche Recht ja nicht. Und eine Nachschusspflicht wäre abhängig von dem mit einem Dritten abgeschlossenen Kaufvertrag, was sie etwa im Falle eines Sachmangels der Kaufsache fraglich erscheinen lässt. Die hier vorgeschlagene Lösung würde in etwa der bei der Testamentsvollstreckung, die so wie die *muḍāraba* ein Treuhandverhältnis ist, ent-

---

12 Dazu Heckel, *Die Mudaraba des islamischen Rechts – eine Untersuchung im Hinblick auf ihre Integration in das deutsche Recht*, Habil.-Schrift Leipzig 2013, Dritter Teil § 3 III, MS. 178ff., 180.

13 Ebd., Zweiter Teil § 3 II 2 a), MS. 79ff, insb. MS. 81f.

sprechen, wenn die Haftung des Erben auf den Nachlass beschränkt ist.[14] Dem islamischen Recht selbst wäre auch genüge getan, denn es schließt grundsätzlich die Eingehung kapitalübersteigender Verbindlichkeiten aus.

2. Leitlinie der Auswahl: rechtsvergleichende Betrachtung

Leitlinie der Auswahl ist also eine rechtsvergleichende Betrachtung. Zunächst ist die Regelung der *muḍāraba* in ihrer vollen Funktion zu verstehen und der entsprechenden deutschen Regelung gegenüberzustellen.[15] Fraglich ist also stets, *warum* im islamischen Recht eine bestimmte Regelung getroffen wurde.[16] Das kann zu ganz überraschenden Ergebnissen führen. Naheliegend ist nämlich für die *muḍāraba* nicht ein Vergleich mit den zumeist genannten Instituten Stille Gesellschaft und Kommanditgesellschaft, sondern viel eher mit den Treuhandverhältnissen Testamentsvollstreckung und Auftrag. An *diese* Verhältnisse ist die *muḍāraba* also anzugleichen.[17]

3. Zusammenfassung

Aus der Perspektive des deutschen Rechts ist aus dem Bündel an islamischen Regeln zur *muḍāraba* sinnvoll, das heißt vernünftig auszuwählen, und zwar von Rechtswissenschaft und Gesetzgeber, letztlich mit dem Ziel der Kodifikation der *muḍāraba* im Inland. Das „Wie" der Auswahl muss sich dabei von den Gedanken der funktionalen Vergleichbarkeit und der Angleichung leiten lassen.[18]

III. Kodifikationsbedarf

Dem aufmerksamen Leser drängt sich eine Frage auf: Warum? Warum überhaupt soll man aus dem Bündel islamrechtlicher Regelungen der *muḍāraba* mit dem Ziel einer inländischen Kodifikation der *muḍāraba* auswählen? Gibt es nicht einfachere Lösungen? Besteht überhaupt Bedarf an so einer Lösung? Alle diese Fragen sind berechtigt. Nach dem Dafürhalten des Autors können sie indessen alle befriedigend beantwortet werden.

1. *Muḍāraba* als Inlandsphänomen

Erstens ist die *muḍāraba* nicht nur ein Phänomen in der arabisch-islamischen Welt und auch nicht nur ein globales Phänomen. Sie kann, in der einen oder an-

---

14 § 2206 Abs. 2 BGB; Heckel, *Die Muḍāraba des islamischen Rechts*, Dritter Teil § 8 I 2 d) dd), MS. 211ff.

15 Ebd., Dritter Teil § 7 III, MS. 190ff.

16 Heckel, ZVglRWiss 111 (2012), 311 (320); allgemein Zweigert/Kötz, *Einführung in die Rechtsvergleichung*, Tübingen ³1996, S. 42f.

17 Eingehend dazu Heckel, *Die Muḍāraba des islamischen Rechts*, Dritter Teil § 7 IV, MS. 196ff.

18 Weiterführend ebd., Dritter Teil § 5, MS. 182ff.

deren Form, auch im inländischen Alltag zum Zuge kommen, zumindest kann das dem Willen inländischer, das heißt im Inland wohnhafter Parteien entsprechen. Denn die *muḍāraba* ist, anders als es manche Werbung vielleicht vermuten lässt, nicht nur ein Geschäft großer Banken, sondern zunächst einmal ein gewöhnlicher Vertrag zwischen zwei Parteien.[19] Besteht insoweit im Inland Rechtsunsicherheit, die medialen Schlagworte lauten „Grauer Markt“[20] und „Paralleljustiz“,[21] so ist es geradezu klassische Aufgabe des Gesetzgebers, hier regelnd einzugreifen.

Und zumal in deutschen Landen ist es sehr gebräuchlich, Rechtsunsicherheit auf materiellem Wege, also nicht durch besondere prozessuale Verfahren, etwa Schiedsverfahren,[22] zu erreichen. Für den Bereich der islamischen Finanzwirtschaft (*Islamic Finance*), zu dem man die *muḍāraba* zählen kann, mag das nicht jedem sofort einleuchten. Denn hier dominiert, wie in der übrigen Finanzwelt, englisches Fallrechtsdenken, also die Idee einer Leitentscheidung (*leading case*), der zu folgen ist (*rule of precedent*).[23] Im Inland warten nicht zuletzt aber Aufsichtsbehörden wie die Bundesanstalt für Finanzdienstleistungsaufsicht auf eine klare zivilrechtliche Fassung dessen, was sie beaufsichtigen sollen bzw. müssen oder vielleicht auch nicht müssen, weil es nicht in ihren Aufgabenbereich fällt.[24]

2. Internationales Privatrecht

Und was ist mit dem internationalen Privatrecht (IPR)? Kann man nicht in einem dem deutschen Recht unterliegenden Vertrag auf die Scharia, einen bestimmten Rechtsgelehrten, die Art. 1404ff. *Mejelle* oder die Art. 693ff. des *Zivilgesetzbuchs der Vereinigten Arabischen Emirate* Bezug nehmen und zwar unter dem Stichwort materielle Verweisung? Aber warum sollte man das tun? Hier hätte man es doch gerade mit dem ungeordneten Bündel zu tun, das eine inländische Kodifikation aufdröseln könnte. Ja, und wo ist eigentlich der Sach-

---

19 Heckel, ZVglRWiss 111 (2012), S. 311 (321ff.).

20 So von Hein, „„Islamic Finance‘ auf dem Grauen Markt – internationale Zuständigkeit und anwendbares Recht bei dem Erwerb nicht börsengehandelter türkischer Anteilsscheine“, in: Neue Zeitschrift für Gesellschaftsrecht 2010, S. 1015ff.

21 So der etwas reißerische Titel des ansonsten recht nüchternen Buches von Wagner, *Richter ohne Gesetz – islamische Paralleljustiz gefährdet unseren Rechtsstaat*, Berlin 2011.

22 Dazu Adolphsen/Schmalenberg, *„Islamisches Recht als materielles Recht in der Schiedsgerichtsbarkeit?“*, in: Zeitschrift für Schiedsverfahren – German Arbitration Journal 2007, S. 57ff.

23 Grundlegend dazu Williams, *Learning the Law*, London[15]2013, S. 95ff. m.w.N.

24 Ähnlich der Ansatz bei Sacarcelik, *Rechtsfragen islamischer Zertifikate (Sukuk)*, Baden-Baden 2013, S. 236, wo er nach zivilrechtlicher Einordnung der *mudaraba* als partiarisches Darlehen, die nach Erachten des Autors freilich nicht zutreffend ist, gleichwohl zu Recht die Frage der Erlaubnispflicht nach dem Kreditwesengesetz aufwirft.

verhalt mit Bezug zum Recht eines ausländischen Staates (so die Legaldefinition des IPR in Art. 3 EGBGB a.F.), wenn deutsche Staatsangehörige im Inland einen Vertrag abschließen wollen, für den sie sich von einer Rechtsfigur des islamischen Rechts, *nota bene* eines im Ursprung religiösen Rechts, inspirieren lassen wollen?[25] Und selbst mit Bezug auf islamisch inspirierte staatliche Rechte ist fraglich, warum inländische Parteien, zum Beispiel deutsche Staatsangehörige tunesischer Herkunft, ein staatliches Recht, etwa das der Vereinigten Arabischen Emirate, wählen sollten, mit dem sie sonst nichts zu tun haben. Im Gegenteil: Hier wird die Lücke im inländischen Recht besonders augenfällig, mit anderen Worten der Kodifikationsbedarf.[26]

So gesehen besteht kein Bedarf an dieser Stelle vertieft auf die Probleme einzugehen, die eine Einbettung der *muḍāraba* in einen dem deutschen Recht unterliegenden Vertrag, ein in der Praxis gängiges Verfahren, mit sich bringt.[27] Nur als Schlagworte seien genannt: erstens die mangelnde Bestimmtheit der materiellen Verweisung (islamisches Recht als Ganzes, eine bestimmte Rechtsschule oder nur ein bestimmter Gelehrter?), damit verknüpft zweitens das Risiko, dass der Vertrag tatsächlich nicht islamkonform ist (Stichwort Schariarisiko), drittens die Abgrenzung zwischen islamischem Rechtsprinzip und deutscher Rechtsregel, insbesondere bei ergänzender Vertragsauslegung, viertens die Grundproblematik der Vertragsfreiheit (Typenvertrag im islamischen Recht, Vertragsfreiheit im deutschen Recht), fünftens indessen umgekehrt die Schranken der Vertragsfreiheit im deutschen Recht (Typenzwang im Sachen- und Gesellschaftsrecht), schließlich sechstens der *Ordre public*, also die Grenzen der Einbettung. Fazit: Nach Auffassung des Autors würde ein Abstellen auf das IPR mehr Fragen aufwerfen als beantworten.

3. Vorrat an Lösungen

Warum aber sollte man die *muḍāraba* überhaupt kodifizieren? Besteht überhaupt Bedarf? Grundlage jedweder Rechtsvergleichung ist ja die Frage, ob sich im fremden Recht eine Lösung für ein einheimisches Rechtsproblem findet; es geht also darum, in fremden Rechten nach einem „Vorrat an Lösungen" (so Zitelmanns berühmte Worte) zu suchen. Zunächst bedarf es also eines einheimischen Rechtsproblems. Was genau ist das Rechtsproblem, warum werden die Ergebnisse der Konferenz „Islamisches Wirtschaftsrecht. Herausforderungen und Lösungswege"[28] in diesem Band gesammelt? – Es geht gerade darum, Regelungen für das islamische Wirtschaftsrecht zu finden, eben weil es sich im In-

25 Ähnlich Heckel, ZVglRWiss 111 (2012), S. 311 (324f.).

26 Heckel, *Die Mudaraba des islamischen Rechts*, Dritter Teil § 1 II 2, MS. 163.

27 Eingehend dazu ebd., Dritter Teil § 1 IV, MS. 165ff.

28 Siehe Anm. 10.

land erhöhter Nachfrage erfreut, wie gerade die stattliche Teilnehmerzahl an dieser Konferenz zeigte. Was liegt da näher als im islamischen Recht selbst nachzusehen, ob es Lösungen vorhält?[29] Dieser Vorschlag ist nicht so banal, wie er scheint. Er passt in ähnlicher Weise auch auf die Brautgabe, wo wir ebenfalls ein Regelungsproblem im Inland haben, dagegen eher nicht auf die koranische Erbfolge, die schon heute durch Verfügung von Todes wegen umgesetzt werden kann, zumindest im Grundsatz.[30]

4. *Muḍāraba* als vertypte Regelung einer Eigenkapitalfinanzierung

Es kommt ein weiteres Argument hinzu: Oft, vor allem im *Islamic Finance*, wird die *muḍāraba* als Ersatz für verzinsliche Darlehen propagiert.[31] Das ist Unsinn. Das Darlehen ist eine Fremdkapitalfinanzierung, während bei der *muḍāraba* das Kapital als Eigenkapital, das heißt Haftungskapital gegeben wird.[32] Wenn es am Ende des Handeltreibens des Gerenten weg ist, dann ist es weg. Beim Darlehen hat man immerhin noch einen Rückzahlungsanspruch, der indessen *in praxi* ausfallen kann, man denke nur an den – in Anführungszeichen – „Schuldenschnitt" im Falle Griechenlands oder Argentiniens.

Aber gerade weil die *muḍāraba* eine vertypte Regelung einer Eigenkapitalfinanzierung darstellt, kann sie möglicherweise *neben* Darlehen zum Einsatz kommen, zumal dann, wenn man in den Chor einstimmt, der eine – angeblich – zu geringe Wagniskapitalvergabe in Deutschland bedauert. Folgt man dem, könnte der Grund dafür nicht so sehr in der oft als hasenfüßig kritisierten Mentalität der Deutschen liegen, sondern vielmehr darin, dass es an einer transparenten Regelung dieser Problematik fehlt, die sofort aus dem Bürgerlichen Recht oder dem Handelsrecht ersichtlich ist. Die *muḍāraba* würde eine solche Regelung anbieten, eine Regelung, die sich seit mindestens eintausendvierhundert Jahren bewährt hat und aus einem Hochrisikogeschäft stammt: dem Karawanenfernhandel.[33]

IV. Kodifizierungsvorschlag für die *muḍāraba* im deutschen Recht

Eine solche Regelung könnte im Ergebnis in eine Kodifikation der *muḍāraba* im deutschen Recht münden. Einen entsprechenden Vorschlag hat der Autor in sei-

29 Heckel, ZVglRWiss 111 (2012), S. 311 (324).

30 S. Kropholler, *Internationales Privatrecht*, Tübingen [6]2006, § 36 IV 3 (S. 254) mit Verweis auf OLG Hamm, FamRZ 2005, 1705 (1709ff.).

31 So z.B. bei aš-Šarqāwī, *at-Takyīf aš-šar'ī li-šarikat al-muḍāraba al-islāmīyya*, S. 32ff.

32 Vgl. nur Gassner/Wackerbeck, *Islamic Finance – Islam-gerechte Finanzanlagen und Finanzierungen*, Köln 2007, S. 63.

33 Vgl. Udovitch, *Partnership and Profit in Medieval Islam*, Princeton 1970, S. 172.

ner Habilitationsschrift gemacht,[34] die am 13.11.2013 von der Juristenfakultät der Universität Leipzig als schriftliche Habilitationsleistung angenommen worden ist. Er stellt diese Modellregelung hiermit der Fachöffentlichkeit erstmals vor und hofft auf eine anregende Diskussion. Sein Kodifizierungsvorschlag, der im Besonderen Schuldrecht des BGB Aufnahme finden könnte, lautet wie folgt:

> **§ 1.** (1) [1]Durch den mudaraba-Vertrag wird der Kapitalgeber verpflichtet, dem Geranten einen bestimmten Geldbetrag als mudaraba-Kapital zu treuen Händen zu übergeben. [2]Die Übergabe kann nicht dadurch ersetzt werden, dass ein zuvor vom Kapitalgeber als Darlehen gewährter Geldbetrag in mudaraba-Kapital umgewandelt wird; eine entsprechende Vereinbarung ist unwirksam.
> (2) [1]Der Gerent ist verpflichtet, zum Zwecke der Gewinnerzielung über den übergebenen Geldbetrag und über die für den Kapitalgeber erworbenen Gegenstände nach Maßgabe des Vertrages und unter Beachtung des Gebots von Treu und Glauben mit Rücksicht auf die Verkehrssitte zu verfügen. [2]Zur mudaraba-weisen Übergabe des mudaraba-Kapitals an einen Dritten, zur Vermischung des mudaraba-Kapitals mit anderem Kapital und zur Beitragung des mudaraba-Kapitals zu einer Gesellschaft ist der Gerent nur berechtigt, soweit der Kapitalgeber ihn hierzu allgemein ermächtigt hat. [3]Zu unentgeltlichen Verfügungen ist der Gerent nur berechtigt, soweit der Kapitalgeber ihn hierzu ausdrücklich ermächtigt hat.
>
> **§ 2.** Der mudaraba-Vertrag bedarf der schriftlichen Form.

Kommentar: §§ 1 und 2 regeln die Grundlagen des *muḍāraba*-Vertrags, insbesondere sein Zustandekommen und die grundlegenden Rechte und Pflichten der Parteien. Deutlich wird vor allem der Treuhandcharakter dieses Vertrags. Der Geldbetrag wird nicht übereignet, sondern treuhänderisch übergeben. Demgemäß muss er als Treuhandvermögen grundsätzlich gesondert verwaltet werden. Die bloße Übergabe bei der *muḍāraba* ist der Kernunterschied zur Übereignung beim Darlehen oder bei der stillen Gesellschaft. In Fortführung des islamischen Rechts, das im Vertragsrecht die Dreiteilung in Nichtigkeit, Vollwirksamkeit und Fehlerhaftigkeit (mindere Wirksamkeit) eines Vertrages kennt, sieht die in § 1 vorgeschlagene Regelung die dem deutschen Schuldrecht geläufige Zweiteilung in Wirksamkeit und Unwirksamkeit vor.[35] Schriftform ist angezeigt wegen der nicht unbeträchtlichen Risiken des Geschäfts, insbesondere des drohenden gänzlichen Kapitalverlusts.

> **§ 3.** (1) [1]Der Gerent ist berechtigt, Verbindlichkeiten für sich einzugehen. [2]Zu ihrer Erfüllung darf er auf das mudaraba-Kapital zugreifen, soweit das zur ordnungsgemäßen Erfüllung seiner Aufgabe erforderlich ist. [3]Der Kapitalgeber ist verpflichtet, einen solchen Zugriff auf das mudaraba-Kapital zu dulden, unbeschadet des Rechts,

34 Heckel, *Die Mudaraba des islamischen Rechts*, Vierter Teil, MS. 252f.

35 Näher Heckel, *Die Mudaraba des islamischen Rechts*, Dritter Teil § 8 I 1 c), MS. 200ff.

für die Verbindlichkeiten des Gerenten die Beschränkung seiner Haftung auf das mudaraba-Kapital geltend zu machen.
(2) [1]Geht der Gerent mit einem Dritten eine Verbindlichkeit über den Betrag des mudaraba-Kapitals hinaus ein oder kontrahiert er mit diesem unter Verletzung der ihm obliegenden Verpflichtungen, so wird er diesem gegenüber nur mit seinem persönlichen Vermögen verpflichtet; ein Zugriff auf das mudaraba-Kapital ist ausgeschlossen. [2]Ein Gewinn gebührt dem Gerenten in diesem Fall allein. [3]Eigentümer erworbener Gegenstände wird allein der Gerent.

§ 4. (1) Über das mudaraba-Kapital kann der Kapitalgeber nicht verfügen.
(2) Die Vorschriften zugunsten derjenigen, welche Rechte von einem Nichtberechtigten herleiten, finden entsprechende Anwendung.

Kommentar: §§ 3 und 4 regeln die schwierigen Rechtsverhältnisse in Ansehung des *muḍāraba*-Kapitals. Es steht zwar (ebenso wie die vom Gerenten für den Kapitalgeber mit dem Kapital erworbenen Gegenstände) im Eigentum des Kapitalgebers. Dieser kann aber nicht darüber verfügen, denn dazu ist kraft des *muḍāraba*-Vertrages allein der Gerent berechtigt. Es erscheint daher angezeigt, das *muḍāraba*-Kapital als Sondervermögen zu begreifen, ganz ähnlich wie den unter Testamentsvollstreckung stehenden Nachlass, allerdings mit einem wesentlichen Unterschied. Bei der Testamentsvollstreckung geht der Testamentsvollstrecker Verbindlichkeiten *für den Nachlass* ein. Bei der *muḍāraba* ist dagegen stets der Gerent selbst aus den von ihm abgeschlossenen Verträgen berechtigt und verpflichtet, nicht der „stille" Kapitalgeber und auch nicht das *muḍāraba*-Kapital als solches. So gesehen kann das *muḍāraba*-Kapital nur Zugriffsobjekt zur Erfüllung der Verbindlichkeiten des Gerenten sein.[36] Bewegt sich der Gerent außerhalb der Grenzen des *muḍāraba*-Kapitals, ist daher sein Zugriff ausgeschlossen, die Haftung des Kapitalgebers also auf das übergebene Kapital beschränkt. Der Gerent muss mit seinem Privatvermögen einstehen. Auch dinglich wirken die Verfügungen nur für und gegen ihn.

Oft ist die Tätigkeit des Gerenten mit Kosten verbunden. Das islamische Recht beantwortet die Frage, ob der Gerent für die Kosten seiner Tätigkeit (insbesondere für seinen Unterhalt) auf das *muḍāraba*-Kapital zugreifen darf, nicht eindeutig.[37] Die in § 3 Abs. 1 vorgeschlagene Lösung gestattet ihm diesen Zugriff, soweit diese Kosten zur ordnungsgemäßen Erfüllung seiner Aufgabe, das heißt dem Handel zur Gewinnerzielung, erforderlich sind. Erfasst ist in § 3 Abs. 1 zudem der Fall, in dem die Kosten das *muḍāraba*-Kapital übersteigen, wenn also z.B. Transportkosten von 5.000 Euro anfallen, das *muḍāraba*-Kapital aber nur 1.000 Euro beträgt. Hier muss der Gerent diejenigen Kosten, die das

36 Näher ebd., Dritter Teil § 8 I 2 d), MS. 209ff.
37 Vgl. Heckel, *„Das Kitāb al-Qirāḍ in Averroes' Bidāyat al-muğtahid"*, S. 189, 206f.

Kapital übersteigen, von seinem Privatvermögen begleichen.[38] Eine Nachschusspflicht des Kapitalgebers besteht nicht. Seine Haftung ist auf das einmal eingebrachte *muḍāraba*-Kapital beschränkt.

Dabei ist auf einen wichtigen Unterschied hinzuweisen. Schließt der Gerent als Teil seiner Handelstätigkeit einen Kaufvertrag ab, den er mit dem vorhandenen *muḍāraba*-Kapital nicht erfüllen kann, so ist sein Zugriff auf das *muḍāraba*-Kapital *insgesamt* ausgeschlossen (§ 3 Abs. 2). Entstehen dem Geренten dagegen im Rahmen seiner Handelstätigkeit Kosten, die das *muḍāraba*-Kapital übersteigen, so kann er zu deren Begleichung auf das *muḍāraba*-Kapital zugreifen, *soweit* dieses reicht (§ 3 Abs. 1). Der Grund für die Unterscheidung liegt darin, dass der Kaufvertrag auf eine dingliche Übereignung als Ersatz für den Kaufpreis, also das *muḍāraba*-Kapital, abzielt, es also einer klaren Güterzuordnung bedarf. Diese Komponente fehlt bei anderen Tätigkeiten des Gerenten.

§ 5. (1) [1]Der Gerent ist verpflichtet, dem Kapitalgeber alles, was er zur Ausführung des mudaraba-Vertrages erhält (Kapital), herauszugeben, soweit es noch vorhanden ist. [2]Alles, was der Gerent aus der Verfügung über das mudaraba-Kapital erlangt (Gewinn), steht nach einem im Vertrag allgemein bestimmten Schlüssel Kapitalgeber und Gerent als Eigentum nach Bruchteilen zu. [3]Dementsprechend ist er zu verteilen; die Gewinnteilung kann durch Vereinbarung nicht ausgeschlossen werden.

(2) Die §§ 664 und 666 finden entsprechende Anwendung.

(3) Der Kapitalgeber kann vom Gerenten mindestens jährlich Rechnungslegung verlangen, soweit nichts anderes vereinbart ist.

Kommentar: § 5 beinhaltet den Kern der *muḍāraba*, die dinglich zu verstehende Gewinnberechtigung der Parteien. Am Gewinn entsteht Miteigentum nach Bruchteilen, also ein Aussonderungsrecht in der Insolvenz, was eine deutliche Privilegierung gegenüber gewöhnlichen Gläubigern des Gemeinschuldners bedeutet. Dem deutschen Gesellschaftsrecht ist eine entsprechende Regelung bislang fremd. Sie kann angesichts des im Gesellschaftsrecht wirkenden Typenzwangs auch nicht vertraglich vereinbart werden, etwa indem man ein Vertragsformular für eine stille Gesellschaft in eine *muḍāraba* umdeutet. Daher bedarf es einer gesetzlichen Regelung.[39] Nicht eigens gesetzlich geregelt zu werden braucht dagegen der Fall, in dem mehrere Kapitalgeber Geldbeträge an den Gerenten übergeben, es also einen Kapitalpool gibt. Die Gewinnverteilung erfolgt dann entsprechend der Beiträge.[40]

38 So bereits die unumstrittene Lösung im klassischen Recht, siebe ebd., S. 189, 209.

39 Näher Heckel, *Die Mudaraba des islamischen Rechts*, Dritter Teil § 8 II 5, MS. 233ff.

40 Näher ebd., Zweiter Teil § 12 II 1 (MS. 135) mit Bezug zu einer Investmentgesellschaft; allgemein Šaraf ad-Dīn, *ʿaqd al-muḍāraba baina š-šarīʿa wa-l-qānūn*, Kairo 1974, S. 88.

§ 6. (1) Der Kapitalgeber trägt die Gefahr des zufälligen Untergangs und der zufälligen Verschlechterung des mudaraba-Kapitals allein; eine zum Nachteil des Gerenten abweichende Vereinbarung ist unwirksam.
(2) Der Gerent trägt die Gefahr vergeblicher Aufwendungen allein.

§ 7. Verletzt der Gerent vorsätzlich oder grob fahrlässig die ihm obliegenden Verpflichtungen, so ist er dem Kapitalgeber zum Schadensersatz verpflichtet, auch wenn ihm ein sonstiges Verschulden nicht zur Last fällt.

Kommentar: §§ 6 und 7 betreffen Leistungsstörungen. § 6 stellt die grundlegende Gefahrtragungsregel auf, die indessen nur Ausprägung des allgemeinen Prinzips ist, wonach der Eigentümer allein einen zufälligen Untergang seines Eigentums, in diesem Falle des *muḍāraba*-Kapitals, spürt (*casum sentit dominus*), er also in diesem Falle nicht von einem anderen Ersatz verlangen kann, weil diesen kein Verschulden trifft. Eben darum geht es bei der Regelung in § 7. Sie beinhaltet eine Regel, die an § 2219 Abs. 1 BGB, also die Haftung des Testamentsvollstreckers, angelehnt ist. Berücksichtigt ist außerdem, dass der Gerent, der gegen seine Verpflichtungen verstößt, für alle sich daraus ergebenden Folgen einstehen muss. Darf der Gerent also zum Beispiel nicht in Bremen handeln, aber tut er das doch, so haftet er für einen Kapitaluntergang, ist also zum Schadensersatz verpflichtet, selbst wenn der Kapitaluntergang unmittelbar auf Zufall, etwa einer Überschwemmung, beruht. Das deutsche Recht kennt diese strenge Haftung desjenigen, der sich schuldhaft in einen rechtswidrigen Zustand begibt (*versari in re illicita*) in §§ 287 Satz 2, 678 und 848 BGB.[41] Zugunsten des Gerenten ist entsprechend der Vorgaben des islamischen Rechts und wie bei 690, 708, 1664 BGB ein Haftungsprivileg aufzunehmen, das indessen nicht von der Haftung für grobe Fahrlässigkeit befreit.

§ 8. (1) [1]Ist die Laufzeit des Vertrages nicht bestimmt, so kann er vom Kapitalgeber jederzeit widerrufen und von dem Gerenten jederzeit gekündigt werden. [2]Der Gerent darf den Vertrag nur in der Art kündigen, dass der Kapitalgeber für die Besorgung des Geschäfts anderweit Vorsorge treffen kann, es sei denn, dass ein wichtiger Grund für die unzeitige Kündigung vorliegt. [3]Kündigt er ohne solchen Grund zur Unzeit, so hat er dem Kapitalgeber den daraus entstehenden Schaden zu ersetzen.
(2) Ein Vertrag, der auf unbestimmte Zeit eingegangen ist, endet mit dem Ablauf dieser Zeit, sofern er nicht
1. aus wichtigem Grund außerordentlich widerrufen bzw. gekündigt oder
2. verlängert wird.
(3) Wird der Vertrag beendet, so gilt der Gerent gleichwohl als berechtigt, die in seinem Besitz befindlichen Gegenstände zu veräußern und die schwebenden Geschäfte zu beenden.

41 Medicus/Petersen, *Bürgerliches Recht*, München [24]2013, Rn. 432.

(4) [1]Auf den Kapitalgeber findet § 672 entsprechende Anwendung. [2]Auf den Gerenten finden die §§ 673 und 674 sowie die §§ 2225 und 2201 entsprechende Anwendung.

Kommentar: § 8 entspricht in etwa den Regelungen, die das deutsche Recht für die Beendigung von Auftrag und Miete vorsehen. Wichtig ist, dass der Gerent auch nach Beendigung als berechtigt gilt, die in seinem Besitz befindlichen Gegenstände zu veräußern und die schwebenden Geschäfte zu beenden, mit anderen Worten die *muḍāraba* zu liquidieren. Die Regelung weist Bezüge zu den §§ 729, 730 BGB auf.

§ 9. Ist nicht bekannt, was der Gerent zu Lebzeiten mit dem als mudaraba-Kapital übergebenen Geldbetrag und den erworbenen Gegenständen gemacht hat, so ist der Erbe des Gerenten verpflichtet, dem Kapitalgeber einen dem übergebenen Geldbetrag entsprechenden Betrag herauszugeben, unbeschadet des Rechts, die Beschränkung seiner Haftung für die Nachlassverbindlichkeiten geltend zu machen.

Kommentar: § 9 hat keinerlei Entsprechung im deutschen Recht. Die Regelung entspricht in etwa Art. 1430 *Mejelle* bzw. 673 Nr. 2 a.F. des *irakischen Zivilgesetzbuchs* und weist überdies Ähnlichkeiten mit Art. 707 des *Zivilgesetzbuchs der Vereinigten Arabischen Emirate* auf.

V. Schlusszusammenfassung und Ausblick

Dieser Artikel beinhaltete die *muḍāraba* und das deutsche Recht, Probleme, rechtliche Herausforderungen und Lösungsansätze. Wirkliche Probleme, das heißt unüberwindbare Probleme, sieht der Autor nicht. Die rechtlichen Herausforderungen gehen nicht wesentlich über das hinaus, was im Rahmen von Rechtsvergleichung und Rechtsvereinheitlichung auch sonst zu bewältigen ist. Mit Fallrechtsdenken und Entscheidungen berühmter Richter anstelle einer kodifizierten Regelung haben wir es auch im englischen Recht zu tun. Allenfalls die arabische Ausgangssprache bereitet zu Beginn Schwierigkeiten, aber die kann man lernen. Und auch der vorgestellte Lösungsansatz – Kodifikation einer fremden Rechtsfigur – mutet alles andere als spektakulär an, ja er ist geradezu banal nüchtern und könnte etwa auch bezüglich des anglo-amerikanischen Trusts zum Zuge kommen. Man sollte daher diesen Weg der Kodifikation auch in Ansehung anderer Rechtsinstitute des islamischen Rechts, allen voran der Brautgabe, beschreiten. Dann wird deutlich werden, dass sie in der Tat das deutsche Recht um Lösungen bereichern können. Dass bei alledem die Grundrechte des Grundgesetzes zu wahren sind, bedarf keiner besonderen Erwähnung.

Literatur

Adolphsen/Schmalenberg, „*Islamisches Recht als materielles Recht in der Schiedsgerichtsbarkeit?*“, in: Zeitschrift für Schiedsverfahren – German Arbitration Journal 2007, S. 57-64.

Casper, „*Islamisches und ethisches Wirtschaftsrecht – Risikoverteilung bei fehlender Vereinbarkeit mit den religiösen und ethischen Vorgaben*“, in: Rechtswissenschaft 2011, S. 251-273.

Ebert, „*Tendenzen der Rechtsentwicklung*“, in: Ende/Steinbach (Hg.), *Der Islam in der Gegenwart*, München [5]2005, S. 199-228.

Gassner/Wackerbeck, *Islamic Finance – Islam-gerechte Finanzanlagen und Finanzierungen*, Köln 2007.

Heckel, „*Das Kitāb al-Qirāḍ in Averroes' Bidāyat al-muǧtahid*“, in: Wiener Zeitschrift für die Kunde des Morgenlandes 103 (2013), S. 189-217.

Heckel, *Die Mudaraba des islamischen Rechts – eine Untersuchung im Hinblick auf ihre Integration in das deutsche Recht*, Habil.-Schrift Leipzig 2013.

Heckel, „*Islamische Finanzwirtschaft (Islamic Finance) – eine Aufgabe für die Rechtsvergleichung*“, in: Zeitschrift für Vergleichende Rechtswissenschaft 111 (2012), S. 311-329.

Heckel, „*Integration islamischer Rechtsinstitute im Inland? – das Beispiel Mudarabavertrag*“, in: ders. (Hg.), *Rechtstransfer – Beiträge zum islamischen Recht VIII*, Frankfurt am Main 2011, S. 61-85.

Hein, „*‚Islamic Finance' auf dem Grauen Markt – internationale Zuständigkeit und anwendbares Recht bei dem Erwerb nicht börsengehandelter türkischer Anteilsscheine*“, in: Neue Zeitschrift für Gesellschaftsrecht 2010, S. 1015-1017.

al-Kāsānī, „*Kitāb al-Muḍāraba*“, in: *Badāʾiʿ aṣ-Ṣanāʾiʿ fī tartīb aš-šarāʾiʿ*, Ausgabe Beirut 1997, S. 4f.

Klarmann, *Islamic Project Finance*, Lausanne 2003.

Kropholler, *Internationales Privatrecht*, Tübingen [6]2006.

Krüger, „*Zum zeitlich-räumlichen Geltungsbereich der osmanischen Mejelle*“, in: Krüger/ Mansel (Hg.), *Liber amicorum Kegel*, München 2002, S. 321-344.

Krüger, „*Zur Rezeption ägyptischen Zivilrechts in der arabischen Welt*“, in: Heckel (Hg.), *Rechtstransfer – Beiträge zum islamischen Recht VIII*, Frankfurt am Main 2011, S. 9-23.

ʿAlī Ǧumʿa Muḥammad/Muḥammad Aḥmad Sirāǧ/Aḥmad Ǧābir Badrān (Hg.), *Mausūʿat fatāwā al-muʿāmalāt al-mālīya*, Band II, al-Muḍāraba, Kairo 2009.

Sacarcelik, *Rechtsfragen islamischer Zertifikate (Ṣukūk)*, Baden-Baden 2013.

Šaraf ad-Dīn, *ʿaqd al-muḍāraba baina 'š-šarīʿa wa-'l-qānūn*, Kairo 1974.

aš-Šarqāwī, *at-Takyīf aš-šarʿī li-šarikat al-muḍāraba al-islāmīyya*, Kairo 1991,

Udovitch, *Partnership and Profit in Medieval Islam*, Princeton 1970.

Wagner, *Richter ohne Gesetz – islamische Paralleljustiz gefährdet unseren Rechtsstaat*, Berlin 2011.

Williams, *Learning the Law*, London [15]2013, S. 95ff.

Zweigert/Kötz, *Einführung in die Rechtsvergleichung*, Tübingen [3]1996.

Sharia-Compliance und Scharia-Risiko[1]

Kilian Bälz

1. Einleitung

Unter *Sharia-Compliance* versteht man im Islamic Banking die *Einhaltung der Vorschriften der islamischen* Scharia. *Sharia-Compliance* ist die ethische und wirtschaftliche Grundlage des Islamic Bankings. In *ethischer* Hinsicht ist die Einhaltung islamischer Vorschriften das, was das islamische vom konventionellen Banking unterscheidet. Islamische Banken und Bankgeschäfte unterscheiden sich insofern, als ihre Geschäfte den Vorgaben der islamischen Scharia entsprechen. Viele Kunden werden einer islamischen Bank deshalb den Vorzug gewähren, weil sie ihnen verspricht, islamkonforme Geschäfte anzubieten. In *wirtschaftlicher* Hinsicht umreißt die *Sharia-Compliance* zugleich den Sondermarkt für Scharia-konforme Produkte. Soll eine islamische *ṣukūk*-Anleihe oder ein Fondsanteil auf einem Sekundärmarkt gehandelt werden, oder möchte eine Bank eine islamische Projektfinanzierung syndizieren, so bestimmt die Einhaltung der islamischen Vorschriften den Kreis der potentiellen Transaktionspartner. *Sharia-Compliance* kann bei Finanzprodukten ein wertbildender Faktor sein. Denn für den Markt für islamische Produkte qualifizieren sich nur solche, die den Vorschriften der Scharia entsprechen. Der *Sharia-Compliance* und ihrer Gewährleistung kommt so im Islamic Banking eine ganz zentrale Rolle zu.

2. Die Scharia als Juristenrecht

Was aber ist die Scharia, deren Vorschriften die Bankprodukte entsprechen sollen? Scharia[2] ist die Summe der Regeln, welche die islamischen Juristen aus den Quellen des islamischen Rechts – das sind in erster Linie der Koran und die Sunna – abgeleitet haben. Das islamische Recht ist eine *diskursive Tradition*, gekennzeichnet vom menschlichen Bemühen um das richtige Verständnis göttlicher Vorschriften. Während die göttlichen Prinzipien unveränderlich sind, ist deren weltliche Interpretation durch die Juristen abhängig von Zeit und Ort. Es gibt weder eine Kodifikation, die Regeln verbindlich festschreibt, noch eine

1 Die Vortragsform wurde beibehalten und vereinzelt mit weiterführenden Anmerkungen versehen. Auf einen vollständigen Nachweis der Literatur wurde bewusst verzichtet.

2 Strenggenommen handelt es sich hierbei um Regeln des *fiqh* (Rechtswissenschaft), denn sie beruhen auf dem menschlichen Bemühen um das Verständnis des göttlichen Ideals (Letzteres als „Scharia" bezeichnet). Weil sich aber in der Praxis des Islamic Banking hierfür die Begriffe „Scharia" und *"Sharia-Compliance"* eingebürgert haben, ist im Folgenden von Scharia die Rede.

oberste Autorität, welche die Interpretation der juristischen Tradition bestimmt. Recht ist vielmehr das, was die Juristen aus den religiösen Quellen machen.[3]

Das hat zur Folge, dass es – abgesehen von einigen allgemeinen Grundsätzen – im Islamic Banking oft schwierig ist, allgemeingültige Vorschriften zu formulieren. Zwar sind sich die Juristen insoweit einig, dass sie Zinsen, spekulative Geschäfte und den Handel mit Forderungen ablehnen. In Einzelfragen gibt es aber ein weites Spektrum an divergierenden Meinungen. Ein Rückgriff auf die historischen Rechtskommentare hilft hier nicht weiter: Denn mit Asset Backed Securities, Optionen oder Swaps haben sich die islamischen Juristen der klassischen Periode nicht befasst. Das Islamic Banking erfordert es also, islamische Regeln für die heutige Bankenpraxis zu definieren. Ausgehend von den religiösen Quellen des islamischen Rechts und in Auseinandersetzung mit der jahrhundertealten Tradition der islamischen Rechtswissenschaft gilt es, Prinzipien für die heutigen Finanz- und Kapitalmärkte zu entwickeln.[4]

3. Scharia in der Bankenpraxis

Das Bankwesen lebt von der Standardisierung: Erst die Standardisierung erlaubt es, verschiedene Anlageprodukte miteinander zu vergleichen. Die diskursive Tradition des islamischen Rechts und der Interpretationspluralismus der Scharia vertragen sich daher schlecht mit der Funktionsweise der heutigen Finanz- und Kapitalmärkte. Hinzu kommen Risiken, die aus der fehlenden Sharia-Compliance folgen: Fehlt einem als Scharia-konform verkauften Produkt diese Eigenschaft, kann das die Wirksamkeit des Geschäfts in Frage stellen oder auch Haftungsansprüche gegen die Bank begründen. Dieses Risiko wird auch als „Scharia-Risiko“[5] bezeichnet und es besteht darin, dass ein als Scharia-konform beworbenes Produkt nicht Scharia-konform ist. Im Islamic Banking haben die Vorschriften der Scharia nicht nur die Funktion, die Erwartungen der Transaktionsbeteiligten zu stabilisieren. Die Bezugnahme auf Scharia-Vorschriften kann auch zur Folge haben, dass die Wirksamkeit des Geschäfts in Frage gestellt werden kann.

Mit der Frage, wie die Scharia-Konformität garantiert und das Scharia-Risiko vermieden wird, befasst sich dieser Beitrag. Es handelt sich um Techniken, die diskursive Tradition des islamischen Rechts für die Bankpraxis opera-

3 Zur diskursiven Tradition des islamischen Rechtes etwa Bauer, *Die Kultur der Ambiguität: Eine andere Geschichte des Islams*, Berlin 2011, S. 157ff.

4 Ausführlicher zur Normbildung im Islamic Banking Bälz, *Islamisches Kreditwesen – Religion, Wirtschaft und Recht im Islam*, ZvglRWiss 109, 2010, S. 272, 275ff.

5 Auch als „Scharia-Falle“ bezeichnet, vgl. Casper, Islamisches und ethisches Wirtschaftsrecht - Risikoverteilung bei fehlender Vereinbarkeit mit den religiösen oder ethischen Vorgaben, Rechtswissenschaft 2011, S. 251, 267.

bel zu machen und die Risiken zu managen, die sich aus dem Meinungspluralismus des islamischen Rechts ergeben.

4. Das Zertifizierungsmodell

Die verbreitetste Methode, die Einhaltung von Scharia-Vorschriften sicher zu stellen, ist die Zertifizierung der Produkte durch ein Scharia-Board (im Folgenden „Zertifizierungsmodell"). Das Zertifizierungsmodell ist der Marktstandard im Islamic Banking.

Beim Zertifizierungsmodell prüft ein Gremium islamischer Gelehrter (sog. „Scharia-Board") die Transaktion auf die Übereinstimmung mit den Vorschriften der islamischen Scharia. Auf Anfrage der Bank erstellt das Scharia-Board einen Prüfvermerk, der in Anlehnung an das Gutachtenwesen im historischen islamischen Recht als „Fatwa" bezeichnet wird. Zugrunde liegen der Prüfung die Transaktionsstruktur und die wesentlichen Transaktionsdokumente. Der Prüfvermerkt wird teilweise, aber nicht immer, mit einer (knappen) Begründung versehen. Gerade bei Kapitalmarktprodukten nimmt oft der Verkaufsprospekt Bezug auf den Prüfvermerk des Scharia-Boards. Auch sonst verweisen Transaktionsdokumente oft auf die Zertifizierung durch das Scharia-Board.[6]

Die meisten islamischen Banken haben ein eigenes permanentes Scharia-Board, das in der Regel (aber nicht zwingend) aus drei Mitgliedern besteht, die in der islamischen Jurisprudenz ausgebildete Gelehrte sind (sog. „*Sharia-Scholars*"). Das Scharia-Board berät bei der Produktentwicklung und zertifiziert Neuprodukte. Zugleich überwacht es den allgemeinen Geschäftsverlauf der Bank auf die Einhaltung von Scharia-Vorschriften. In gesellschaftsrechtlicher Hinsicht ist ein solches internes Scharia-Board in der Regel als eine Art *Beirat* zu qualifizieren.[7] Geschäftsleiteraufgaben kommen den Mitgliedern des Scharia-Boards in der Regel *nicht* zu. Sie sind nicht Mitglieder des Vorstands und in der Regel auch nicht Mitglieder des Aufsichtsrates (soweit ein dualistisches System der Corporate Governance besteht). Bankaufsichtsrechtlich wäre das auch nicht zulässig: Der Geschäftsleiter einer Bank unterliegt besonderen, von der Bankenaufsicht kontrollierten Anforderungen.[8] Nur selten wird es vorkommen, dass ein *Sharia-Scholar* zugleich den Anforderungen des Geschäftsleiters entspricht.

---

6 Beispiele aus der Vertragspraxis siehe 8.6.

7 Zu den verschiedenen Gestaltungsmöglichkeiten nach deutschem Gesellschaftsrecht Casper, *„Sharia Boards und Corporate Governance"*, in: FS Klaus Hopt, Berlin, 2010, S. 457, 470ff.

8 Im deutschen Recht Art. 33 (3) KWG.

Weil sich die Aufgabe des Scharia-Boards aber typischerweise beratend und nicht verwaltend gestaltet, entsteht hier in der Praxis kein Problem.[9]

Konventionelle Banken können aber auch auf Ad-hoc-Scharia-Boards zurückgreifen, die für eine bestimmte Transaktion gebildet werden. Davon machen etwa Fondsanbieter Gebrauch, die neben konventionellen Produkten auch Scharia-konforme Anlagen im Angebot haben. In Deutschland bietet zudem der Zentralrat der Muslime seit einigen Jahren einen entsprechenden Zertifizierungsservice an,[10] der bislang allerdings wenig genutzt wurde.

5. Kritik am Zertifizierungsmodell

Das Zertifizierungsmodell steht in der Kritik, und zwar aus ganz unterschiedlichen Gründen:

Ca. 20 bis 50 Gelehrte weltweit monopolisieren das Zertifizierungsgeschäft.[11] Die Ausbildung der Scharia-Gelehrten und der Zugang zu der – mitunter recht einträglichen – Tätigkeit entbehrt einer einheitlichen Regelung. Die Tatsache, dass die meisten Fatwas nicht (oder jedenfalls nicht ausführlich) begründet werden, trägt weiter dazu bei, dass die Zertifizierungspraxis als intransparent empfunden wird. Für Außenstehende sind die Entscheidungen der Scharia-Boards oft schwer nachvollziehbar. Bankpraktiker kritisieren das Zertifizie-

9 Aus praktischer Sicht ist das – jedenfalls in Deutschland – bislang kein Problem. So gibt es bislang keine in Deutschland ansässige islamische Bank, die gesellschafts- und aufsichtsrechtlich deutschem Recht unterliegen würde. Hinzu kommt, dass der Einfluss des Scharia-Boards auf die Geschäftsleitung der islamischen Bank in der Regel auf eine Vetofunktion beschränkt ist: So kann das Scharia-Board *negativ* den weiteren Vertrieb bestimmter Produkte verhindern, indem es diesen die Zertifizierung verweigert oder auch die Zertifizierung widerruft. Das Scharia-Board kann aber nicht *positiv* über die Entwicklung neuer Produkte und Märkte entscheiden. Diese Entscheidung bleibt dem Management vorbehalten. Die Funktion des Scharia-Boards ist so vergleichbar mit der der „Hauskanzlei" oder des Steuerberaters: Das Votum der Berater kann durchaus den Vertrieb eines bestimmten Produktes stoppen. Niemand käme aber auf die Idee, der mandatsführende Partner würde dadurch zum Bankdirektor. Dabei wird meines Erachtens die Frage, ob die Entscheidung des Scharia-Boards für den Vorstand *rechtlich* bindend ist oder nicht, überbewertet. Denn *faktisch* wird es für den Vorstand schwer (und riskant) sein, sich über ein eindeutiges Votum etablierter Berater in Compliance-Fragen hinwegzusetzen, unabhängig davon, ob es um Steuern, Bilanzierung, Recht oder Scharia geht. Zu weitgehend daher etwa Sorge, *„Mitglieder von Sharia-Boards als Schattendirektoren"*, ZBB 2010, S. 363ff.

10 ZDM, „Ausschüsse und Beauftragte", URL: http://zentralrat.de/16656 (letzter Zugriff: 30.04.2014).

11 Vgl. die Studie des Beratungsunternehmens funds@work: *The Small World of Islamic Finance*, URL: http://www.funds-at-work.com/uploads/media/Sharia-Network_by_Funds_at_Work_AG.pdf.pdf (letzter Zugriff: 30.4.2014).

rungsverfahren als „Black Box“ und verlangen mehr Transparenz und Vorhersehbarkeit.[12]

Des Weiteren kann es bei der Zertifizierungstätigkeit zu Interessenkonflikten kommen.[13] Oft beraten die Gelehrten bei der Entwicklung neuer Produkte *und* sind bei deren Zertifizierung tätigt – sie zertifizieren die Transaktion, zu der sie vorher beraten haben. Es fehlt an einheitlichen Standards, die der Zertifizierungstätigkeit zugrunde gelegt werden könnten, denn bisher definieren die Gelehrten über weite Strecken die Regeln selbst, anhand derer sie später die Produkte beurteilen. Dabei werden sie von der Bank vergütet, deren Geschäftstätigkeit sie überwachen sollen. Entsprechende Interessenkonflikte sind aus der Tätigkeit von Wirtschaftsprüfern oder Aufsichtsräten nicht unbekannt. Dort aber bestehen inzwischen allgemein anerkannte Standards und gesetzliche Regelungen, wie mit diesen Konflikten umgegangen werden soll. Und genau daran fehlt es bislang im Islamic Banking.

Schließlich hat die Zertifizierungspraxis stets nur die einzelne Transaktion im Blick. Der Grundsatz*"Hard cases make bad law."* gilt dabei auch bei Entscheidungen in Sachen *Sharia-Compliance*, und der schwierige Einzelfall verstellt den Blick für die Entwicklung von allgemeinen Prinzipien und Maximen. So kann man fragen, ob nicht die Zertifizierungspraxis einen wesentlichen Anteil daran hat, dass sich das Islamic Banking über weite Strecken auf eine formaljuristische Einhaltung islamischer Vorschriften konzentriert und dabei mitunter Gefahr läuft, die allgemeinen Grundsätze und Ziele des Islamic Bankings aus dem Blick zu verlieren.[14] Denn wenn sich ein Gelehrter stets nur mit einer einzelnen Transaktion befasst, kann das Augenmerk zwangsläufig nicht auf die Formulierung allgemeiner Grundsätze gerichtet sein. Die Konzentration auf den Einzelfall verstellt die systemischen Überlegungen und die Frage danach, ob die Rechtsentwicklung in die richtige Richtung geht.

---

12 Kritisch etwa Hegazy, *"Fatwas and the Fate of Islamic Finance: A Critique of the Practice of the Fatwa in Contemporary Islamic Financial Markets"*, in: Ali, *Islamic Finance: Current Legal and Regulatory Issues*, Cambridge MA (2005), S. 133ff.

13 Zur Gewährleistung von Unabhängigkeit und der Vermeidung von Interessenkonflikten Casper, *„Sharia Boards und Corporate Governance“*, S. 467ff.

14 In diesem Sinne etwa El Gamal, *Islamic Finance: Law, Economics, and Practice*, Cambridge etc. 2006; Bälz, *Islamic Finance in Crisis? – The financial Crisis and the Quest for Islamic Business Ethics*, GAIR Mitteilungen 2010, S. 115ff, URL: http://www.gogair.dotform.de/pdf/mitteilungen/GAIR_Mitteilungen_2010.pdf (letzter Zugriff: 05.05.2014).

6. Alternativen zum Zertifizierungsmodell

Vor diesem Hintergrund wurden in den letzten Jahren verschiedene Alternativen zum Zertifizierungsmodell entwickelt. Diese Modelle ergänzen die Zertifizierung durch Scharia-Gelehrte, ohne diese zu ersetzen.

6.1 Scharia-Standards

Die Entwicklung von Scharia-Standards wird seit einigen Jahren von Industrievereinigungen, wie z.B. der *Accounting and Auditing Organization for Islamic Financial Institutions (AAOIFI)*, voran getrieben. Die AAOIFI ist eine Nichtregierungsorganisation mit Sitz in Bahrain, die unter anderem in der Entwicklung von Scharia-Standards tätig ist (und eine Reihe von Richtlinien zu verschiedenen islamischen Bankgeschäften veröffentlicht hat).[15] Die Idee ist, der islamischen Bankenbranche Standards an die Hand zu geben, die als Grundlage für die Zertifizierungsentscheidung durch die *Sharia-Scholars* dienen können. Die Tätigkeit der AAOIFI ist erfolgreich und die AAOIFI-Standards genießen im Islamic Banking eine große Autorität. Hinzu kommt, dass teilweise auch die Aufsichtsbehörden auf die AAOIFI-Standards zurückgreifen.[16] Zentral hierbei ist, dass die betreffenden Grundsätze unabhängig von einer konkreten Transaktion entwickelt werden und so weniger den Notwendigkeiten eines einzelnen Geschäfts unterliegen. Des Weiteren entspricht die Formulierung von Standards dem Konformitätsstreben, das dem Bankwesen innewohnt. Die private Normierung durch Industrievereinigungen passt gut in die Bankenbranche.

6.2 Aufsichtsrecht

Manche Staaten sind dazu übergegangen, die *Sharia-Compliance* als Teil der Bankenaufsicht zu verstehen. Am weitesten geht hier Malaysia. Dort wird bei der Zentralbank, der auch die Bankenaufsicht obliegt, ein "*Shariah Advisory Council*" gebildet:

> „The [Central] Bank may establish a Shariah Advisory Council on Islamic Finance which shall be the authority for the ascertainment of Islamic law for the purposes of Islamic financial business"[17]

Der Shariah Advisory Council ist ein *staatliches* Gremium und die von diesem Gremium definierten Grundsätze und Richtlinien sind für alle der Aufsicht unterliegenden islamischen Banken bindend, Zuwiderhandlungen werden sanktioniert. Art. 59 Central Bank Act bestimmt:

---

15 AAOIFI, URL: www.aaoifi.com (letzter Zugriff: 07.05.2014).

16 Z. B. Bahrain. Casper, *„Sharia Boards und Corporate Governance"*, S. 462f.

17 Art. 51 (1), *Central Bank of Malaysia Act 2009*; Hervorhebungen KB.

> (1) The [Central] Bank may issue such written circulars, guidelines or notices on any Shariah matter relating to the Islamic financial business carried on by any Islamic financial institution in accordance with the advice or ruling of the Shariah Advisory Council.
>
> (2) An Islamic financial institution shall comply with any written circulars, guidelines or notices issued by the Bank under subsection (1) and within such time as may be set out in the circulars, guidelines or notices.
>
> (3) Any person who fails to comply with any circulars, guidelines or notices issued by the Bank under subsection (1) commits an offence and shall, on conviction, be liable to a fine not exceeding three million ringgit.

Sharia-Compliance wird so neben der Solvabilitäts- und Rechtsaufsicht zu einem Teil der Bankenaufsicht.

An diesem Ansatz ist konsequent, dass *Sharia-Compliance* ein wertbildender Faktor islamischer Bankprodukte ist, und der Staat so in die Pflicht genommen werden kann, den Verbraucher und Anleger zu schützen. Die Auslegung der Scharia-Vorschriften auf eine staatliche Institution zu übertragen, entspricht des Weiteren einem allgemeinen Trend in der islamischen Welt, den Interpretationspluralismus der islamischen Gelehrten abzulösen durch verbindliche Entscheidungen staatlicher Institutionen: Das zeigt sich in der Kodifizierung islamischer Vorschriften im Familienrecht ebenso wie bei der Einrichtung von „Staatsmufti"-Ämtern zur Vereinheitlichung der Auslegung der islamischen Scharia.[18] Zugleich fordert diese Entwicklung auch Kritik heraus: Denn *historisch* gesehen ist die Staatsfreiheit des juristischen Diskurses ein Charakteristikum des islamischen Rechts. Man kann sich fragen, welche Legitimität die Übertragung der entsprechenden Entscheidungen auf ein staatliches Gremium hat – und ob das den Verbraucher letzten Endes überzeugt. Hinzu kommt, dass es nicht Aufgabe der Bankenaufsicht ist, neue Bankprodukte zu entwickeln, dies aber eine wichtige Aufgabe der Scharia-Boards sein kann. In Bezug auf Deutschland ist zu beachten, dass der Staat von Verfassung wegen *religionsneutral* ist.[19] Eine staatliche Bankenaufsicht über Einhaltung religiöser Vorschriften wäre damit unverträglich.

---

18 Hierzu m.w.N. Botiveau, *Loi islamique et droit dans les sociétés arabes*, Paris/ Aix en Provence 1993; Skovgaard-Petersen, *Defining Islam for the Egpytian State: Muftis and Fatwas of the Dâr al Iftâ*, Leiden/ New York/ Köln 1997; Bälz, *„Die ‚Islamisierung' des Rechts in Ägypten und Libyen: Islamische Rechtsetzung im Nationalstaat"*, RabelsZ 62 (1998). S. 437ff.

19 Grundsatz der weltanschaulich-religiösen Neutralität des Staates, abgeleitet aus Art. 4 GG i.V.m. Art. 3 Abs. 3 S. 1 und Art. 33 Abs. 3. Jarass/ Pieroth, *GG* 11. Aufl. München (2011) Art. 4 Rn. 4.

6.3 Regulierung der Sharia-Compliance

Kann die Einhaltung der *Sharia-Compliance* selbst nicht der Bankenaufsicht übertragen werden, ist es doch möglich, die Scharia-Boards und deren Tätigkeit zu regulieren. In diese Richtung gehen etwa die Aufsichtsrechte in Bahrain und Jordanien, die auch die Tätigkeit der Scharia-Boards und die Bestellung ihrer Mitglieder regelt.[20] Ob dies auch ein Modell für Deutschland sein kann, muss sich zeigen.[21] Derzeit fehlt es noch am Bedarf, weil es keine vollumfänglich in Deutschland beaufsichtigte islamische Bank gibt. Weiter ist fraglich, inwieweit der religionsneutrale Staat dazu berechtigt ist, die Qualifikation religiöser Funktionen in der privaten Wirtschaft staatlich zu regulieren. Denkbar ist hier meines Erachtens lediglich eine Missbrauchskontrolle, die den Verbraucher vor „Scharlatanerie“ schützt und bestimmte Mindestanforderungen definiert. Nicht zulässig dürfte es sein, das Berufsbild des *Sharia-Scholars* und dessen Qualifikationen im Einzelnen gesetzlich zu regeln. Das dürfte wohl mit dem Eingriffsverbot des Staates in die von Art. 4 GG geschützte Selbstbestimmung von Religionsgemeinschaften nicht vereinbar sein[22], weil über die formalen Qualifikationen zugleich der Inhalt gesteuert würde.[23] Das soll nicht davon ablenken, dass die Tätigkeit als *Sharia-Scholar* mit wirtschaftlichem Schwerpunk für Absolventen der islamischen theologischen Studiengänge ein interessantes Feld sein kann. Hier gibt es gerade in Deutschland noch viel zu tun – in Theorie und Praxis.

7. Scharia-Risiko – Das Problem

Das Phänomen des Scharia-Risikos ist ein Produkt des globalen Erfolges islamischer Finanzprodukte. Es ist entstanden durch die Internationalisierung des Islamic Banking und dadurch, dass viele islamische Banktransaktionen in nichtislamischen Rechtsordnungen umgesetzt werden. Worum es geht, illustriert der

---

20 Casper, *„Sharia Boards und Corporate Governance“*, S. 461ff.

21 Vgl. die Diskussion bei Casper, *„Sharia Boards und Corporate Governance“*, S. 470ff., der die verschiedenen gesellschaftsrechtlichen Möglichkeiten diskutiert, das Aufsichtsrecht aber weitgehend ausklammert.

22 Ein solcher Eingriff wäre gegeben, wenn der Staat die geschützten Tätigkeiten, etwa Berufsbildung im kirchlichen Dienst, regelt. Jarass/ Pieroth, GG Art. 4, Rn. 22 und 25.

23 Das zeigt etwa die Diskussion, ob *Sharia-Scholars* in „Scharia“ oder „Recht“ oder in religiösem *und* staatlichem Recht ausgebildet sein müssen. In vielen Rechtsordnungen der islamischen Welt entscheiden ausschließlich im staatlichen Recht ausgebildete Richter auch islamisch-rechtliche Fragen, soweit das staatliche Recht auf islamischem Recht beruht (gerade im Bereich des Familien- und Erbrechts). Dabei haben (nur) im staatlichen Recht ausgebildete Richter aber auch einen anderen Zugang zu der Materie des islamischen Rechts. Nur in der Scharia ausgebildete Juristen wiederum haben selten einen Schwerpunkt im Recht der Finanzierungs- und Handelsverträge.

Fall des Londoner Court of Appeal in *Shamil Bank v. Beximco* (bekannt als „Beximco-Fall"):[24]

Die Klägerin, eine islamische Bank mit Sitz in Bahrain, hatte mit den Beklagten einen *murâbaha*-Finanzierungsvertrag geschlossen, wonach die Klägerin im Auftrag der Beklagten am 28. Dezember 1995 Waren für insgesamt USD 15 Mio. erworben und diese für einen Preis in Höhe von USD 17,58 Mio. an die Beklagten weiterveräußert hat. Der Kaufpreis war zahlbar in mehreren Raten bis zum 28. Dezember 1997. Die Beklagten gerieten in Verzug. Sie führten mit der Klägerin Umschuldungsverhandlungen, die ohne Erfolg blieben. Daraufhin erhob die Bank Klage vor dem High Court in London, den der Vertrag als Gerichtsstand bestimmte. Die Beklagten verteidigten sich unter anderem damit, der Vertrag sei nach islamischem Recht unwirksam, weil er gegen das Zinsverbot (Verbot des *ribā*) verstoße. Die streitgegenständliche Transaktion sei in Wirklichkeit ein zinstragendes Darlehen, das man lediglich als *murābaḥa* „frisiert" habe.[25]

Das Scharia-Risiko ist das Risiko, dass ein Transaktionsteilnehmer die Wirksamkeit eines islamischen Bankgeschäfts unter Berufung auf islamische Vorschriften in Frage stellt, also einen „Scharia-Einwand"[26] erhebt. Der Hintergrund ist, dass viele islamische Bankgeschäfte heute in nicht-islamischen Rechtsordnungen umgesetzt werden. Viele Verträge unterliegen kraft Rechtswahl englischem Recht und sehen als Gerichtsstand London vor. In diesen Fällen stellt sich die Frage, inwieweit ein *nicht*-islamisches Gericht dazu berufen sein kann, den Vertrag auch anhand der Vorschriften der Scharia zu prüfen, und welche Auswirkungen ein Verstoß gegen Scharia-Vorschriften hat.

---

24 All England Law Reports (D) 280 (Jan 2004).

25 Zum Hintergrund: Die *murābaḥa* gehört zu den zentralen Finanzierungsinstrumenten des Islamic Bankings. Anstatt dem Kunden ein Gelddarlehen für die Anschaffung eines bestimmten Wirtschaftsgutes zu gewähren, erwirbt die Bank das Wirtschaftsgut im Auftrag des Kunden und veräußert es an diesen weiter. Der Kaufpreis (mit Aufschlag, der die Finanzierung vergütet) wird dem Kunden gestundet und kann auch ratierlich bezahlt werden. Die Bank handelt so mit Waren und erzielt einen Handelsgewinn, statt Geld gegen Zinsen zu verleihen. Aus diesem Grund ist die Transaktion nach islamischer Vorstellung zulässig. Umstritten ist allerdings die Zulässigkeit von Abwandlungen der *murābaḥa*, insbesondere der sogenannte T*awarruq*, bei dem die Bank im Auftrag des Kunden mit börsennotierten Waren handelt (die sie im Auftrag des Kunden wieder verkauft). Hier verkauft die Bank an den Kunden eine Position börsengehandelter Waren (oft: Edelmetalle), die der Kunde sofort liquidieren kann. Auch hier stundet die Bank dem Kunden den Kaufpreis. Zur Praxis der *murābaḥa* etwa, in: Nethercott/Eisenberg-Nethercott, *Islamic Finance: Law and Practice*, Oxford 2012, Rn. 7.01ff.

26 Englisch "Sharia Defense".

8. Scharia-Risiko – Lösungsansätze

In den letzten zehn Jahren wurde eine Reihe von Ansätzen dazu entwickelt, wie mit dem Phänomen des Scharia-Risikos umzugehen ist.

8.1 Scharia als Vertragsstatut (Kollisionsrecht)

Nach einer Auffassung sollen islamische Vorschriften das (oder Teil des) Vertragsstatut(s) sein. Der Vertrag unterliegt also der Scharia, so wie er in anderen Fällen dem deutschen oder englischen Recht unterläge. Diese Sicht der Dinge drängt sich dort auf, wo der Vertrag einen Hinweis auf die Bestimmungen der islamischen Scharia enthält. Im Beximco-Fall sah der Vertrag vor: "Subject to the Principles of the Glorious Sharia, this Agreement shall be governed by and construed in accordance with the laws of England." Diese hybride Rechtswahl bringt zum einen die religiös-ethische Orientierung der Transaktion zum Ausdruck, indem sie ausdrücklich auf die Bestimmungen des islamischen Rechts Bezug nimmt. Zum anderen zeugt die Verweisung auf das englische Recht von einem Streben nach Rechtssicherheit – die Wahl englischen Rechts ist im internationalen Finanzierungsgeschäft weit verbreitet. Dessen ungeachtet hat der englische Court of Appeal hierin keine kollisionsrechtliche Rechtswahl gesehen. So ist nach der herrschenden Auffassung eine kollisionsrechtliche Verweisung auf nichtstaatliche Regelwerke – jedenfalls im Bereich der staatlichen Gerichtsbarkeit – nicht möglich. Gewählt werden kann nur eine staatliche Rechtsordnung. Und die Scharia-Vorschriften des Islamic Banking erfüllen dieses Kriterium gerade nicht: Sie bestehen aus den privaten Regeln, die staatsunabhängige *Sharia-Scholars* und Gremien (wie AAOIFI) formulieren. Um eine staatliche Rechtsordnung handelt es sich beim Recht des Islamic Banking nicht.[27]

8.2 Materiell-rechtliche Verweisung auf islamisch-rechtliche Bestimmungen

Ist eine kollisionsrechtliche Rechtswahl nicht zulässig, ist eine materiell-rechtliche Verweisung denkbar. Dann unterliegt der Vertrag einer Rechtsordnung (etwa dem deutschen oder englischen Recht) und nur zu seiner Ergänzung und Auslegung wird auf Sharia-Prinzipien Bezug genommen – so wie bei einer Verweisung auf allgemeine Geschäftsbedingungen oder andere nichtstaatlichen Standards (FIDIC-Vertragsmuster, ICC-Regularien oder UNIDROIT-Prinzipien). Der Vertrag ist demnach im Lichte der Scharia-Vorschriften auszulegen

---

27 Hierzu ausführlich Bälz, *"Islamic Financing Transactions in European Courts"*, in: Al-Harmeneh/Thielmann, *Islam and Muslims in Germany*, Leiden/ Boston 2008, S. 569, 574. Die Rechtslage hat sich durch das Inkrafttreten der Rom I VO *nicht* geändert (Palandt/Thorn, *BGB*, 12. Aufl. 2013, Rom I 4 Rn. 4 m.w.N.). Anders ist die Rechtslage bei Vereinbarung eines Schiedsgerichts. Dann können nichtstaatliche Regelwerke – und so auch Scharia-Prinzipien – als das auf den Vertrag anwendbare Recht vereinbart werden.

und bei Lücken könnte auf Scharia-Vorschriften zurückgegriffen werden in der Annahme, dass dies dem Parteiwillen entspricht. Entsprechende Ansätze finden sich im deutschen Recht etwa bei islamischen Eheverträgen, die deutschem materiellen Recht unterliegen.[28] Diese Rechtsprechung könnte auf Finanzierungsverträge übertragen werden. Ohne weiteres möglich ist das aber nicht. Denn die Vorschriften der Scharia sind im Vertragsrecht weniger klar konturiert als im Familien- und Erbrecht. So wird es für ein staatliches Gericht mitunter schwierig sein, die betreffenden Regeln zu identifizieren. Des Weiteren ist es zweifelhaft, ob man bei Finanzierungsgeschäften zutreffend einen betreffenden Parteiwillen unterstellt: Denn eine Partei beruft sich in der Regel dann auf die Bestimmungen der Scharia, wenn sie einer Zahlungspflicht entgehen will. Die Berufung auf Scharia-Vorschriften dient dazu, die Wirksamkeit des Vertrags in Frage zu stellen. Wollten die Parteien das wirklich, als sie bei Vertragsschluss auf die Vorschriften der Scharia Bezug genommen haben? Meines Erachtens ist das sehr fraglich. Denn für die finanzierende Bank steht es außer Frage, dass sie nur auf Grundlage eines wirksamen Vertrages verleiht. Und auch der Kunde weiß, dass er ohne wirksamen Vertrag keine Auszahlung erhalten wird. Damit hat die Bezugnahme auf Scharia-Vorschriften den Charakter einer *ethischen Orientierung*, die nicht selbstverständlich eine *rechtliche* Bedeutung hat.

8.3 Ultra-vires

Ein weiterer Ansatz ist, dass eine islamische Bank nur Scharia-konforme Geschäfte tätigen darf, und ein Geschäft, das nicht islamischen Vorschriften entspricht, nicht vom Unternehmensgegenstand gedeckt ist. Der Geschäftsführung wiederum fehlt für solche Geschäfte die Vertretungsmacht, weil sie nur Geschäfte abschließen kann, die vom Unternehmensgegenstand gedeckt sind („intra-vires“). Eine solche Konstellation lag dem Fall Investment Dar Company v. Blom Development Bank zu Grunde.[29] Hier hatte eine Bank bei einer islamischen Bank in Kuwait eine Anlage aufgrund eines islamischen *wakāla*-Vertrages getätigt und dem Kunden eine garantierte Rendite versprochen. Vom Kunden darauf in Anspruch genommen, argumentierte die Bank, das betreffende Versprechen sei unwirksam, weil es nicht im Einklang mit islamischen Vorschriften stehe. Und entsprechend dem Unternehmensgegenstand war die beklagte Bank beschränkt auf Scharia-konforme Geschäfte. Das Gericht räumte – überraschend – ein, dass der Zinsanspruch möglicherweise nicht durchsetzbar sei, weil der Vorstand der in der Rechtsform einer kuwaitischen Aktiengesellschaft verfassten Bank mit dem Versprechen einer festen Rendite seine Kompetenzen überschritten habe, weshalb die Vereinbarung die Bank nicht binde.

28 Bälz, *"Islamic Financing Transactions in European Courts"*, S. 578f. m.w.N.
29 London High Court [2009], EWHC 3545 (Ch).

Der Investment Dar-Fall dürfte ein Einzelfall bleiben. Denn in der Praxis wird der Ultra-vires-Einwand zwar gerne und oft erhoben. Er greift aber kaum je durch – und der Erfolg der beklagten Bank war auch den Umständen des Einzelfalls geschuldet. Der Hintergrund ist, dass es eine allgemeine Ultra-vires-Lehre nicht gibt, und vielmehr gesellschaftsrechtliche Beschränkungen im Innenverhältnis – so sie bestehen – nur in seltenen Fällen ins Außenverhältnis (auf die Vertretungsbefugnis) durchschlagen. Das gilt sowohl im deutschen Recht[30] als auch im englischen Recht.[31] Letzteres hat früher die Ultra-vires-Doktrin weitergehend anerkannt. Im Ergebnis scheitert die Ultra-vires-Doktrin deshalb meist daran, dass die staatliche Rechtsordnung, die das Gesellschaftsstatut der islamischen Bank bildet, sie nicht anerkennt.

8.4 Wegfall der Geschäftsgrundlage

Für das deutsche Recht wird mitunter vorgeschlagen, bei Fehlen oder Wegfallen der Scharia-Compliance auf die Regeln über die Geschäftsgrundlage, § 313 (1) und (2) BGB, zurückzugreifen.[32] Soweit eine Vertragsanpassung nicht möglich ist, kann der Vertragspartner nach § 313 (3) BGB vom Vertrag zurücktreten bzw. diesen kündigen. Das bedeutet, dass im Fall der fehlenden *Sharia-Compliance* zunächst zu versuchen ist, den Vertrag anzupassen. Ist das nicht möglich, kann der Vertragspartner die Investition rückabwickeln oder den Kreditvertrag kündigen.

Ob dabei die *Sharia-Compliance* zu Recht als Geschäftsgrundlage angesehen wird, ist meines Erachtens fraglich. Zwar ist zutreffend, dass die Regelung in § 313 (1) und (2) BGB außerrechtliche Vorstellungen der Partei betrifft und hierzu auch die Übereinstimmung mit Scharia-Vorschriften gehören kann, die nach der Vorstellung des BGB kein staatliches Recht sind, trotzdem aber von den Parteien zum Vertragsinhalt gemacht werden können. Gleichwohl ist die (fehlende) *Sharia-Compliance* ein Risiko, das typischerweise dem Bankkunden/Kapitalanleger/Darlehensnehmer zugewiesen ist. Die meisten islamischen Bankverträge enthalten entsprechende Risikohinweise, nach denen es Aufgabe des Kunden ist, sich von der *Sharia-Compliance* des Geschäfts selbst zu überzeugen (und professionelle Berater zu konsultieren). Es entspricht der *Marktpraxis*, dass das Risiko der *Sharia-Compliance* dem Kunden zugewiesen ist. Hinzu kommt, dass kaum ein islamischer Bankvertrag deutschem Recht unter-

30 Baumbach/Hueck-Zöllner/Noack, *GmbHG*, 19. Aufl., München 2010, § 35 Rn. 80.

31 Davies, *Gower's Principles of Modern Company Law*, [6]1997, S. 201ff.

32 Casper, *Rechtswissenschaft*, S. 260ff.; Sacarcelik, *Rechtsfragen islamischer Zertifikate (Sukuk)*, Baden-Baden 2013.

liegt und das ausländische Recht die Lehre von der Geschäftsgrundlage gar nicht oder nur in einer anderen Ausprägung kennt.[33]

Damit hilft der Rückgriff auf die Geschäftsgrundlage in erster Linie, das Problem des Scharia-Risikos im deutschen Recht dogmatisch zu fassen. In der Praxis wird die Argumentation aber kaum relevant werden, weil in der Regel eine vertragliche Risikoverteilung vorliegen und der Vertrag zudem nicht deutschem Recht unterliegen wird.

8.5 Scheingeschäft

Die neuere Rechtsprechung in den VAE greift mitunter auf die Grundsätze des Scheingeschäfts zurück. So etwa in einer Entscheidung des emiratischen Obersten Bundesgerichts vom 28. Dezember 2010[34]: Der Kunde hatte mit der Bank einen *murâbaha*-Vertrag abgeschlossen. Die Bank hatte in seinem Auftrag Waren im Wert von DH 1,5 Mio. gekauft und an den Kunden für DH 1,9 Mio. weiterverkauft. Die Waren sind dem Kunden aber nicht übergeben worden, vielmehr hatte die Bank diese in seinem Auftrag wieder verkauft.[35] Das Gericht sah hierin ein *Scheingeschäft* mit der Folge, dass die Bank lediglich die DH 1,5 Mio. Prinzipal, nicht aber den Aufschlag in Höhe von DH 400.000 verlangen durfte:

> „Das *murābaḥa*-Geschäft stellt hier nur eine pro forma Übertragung für den Betrag der Dirham 1,5 Mio. dar, ohne dass hier eine tatsächliche [Eigentums]übertragung stattfindet oder eine Übergabe der Waren, woraus folgt, dass der *murābaḥa*-Vertrag vom 14.6.2001 ein Scheingeschäft zwischen den Prozessparteien ist, das einen anderen Vertrag verdeckt, der ein Darlehensvertrag ist, auf Grund dessen der Berufungsbeklagte 1,5 Mio. Dirham als Darlehen gewährt hat. Folglich ist der *murābaḥa*-Vertrag ein Scheingeschäft und der echte Vertrag ist ein Darlehen. Und weil der Berufungskläger im Vertrag keine vertraglichen Zinsen oder Verzugszinsen für den Fall der Nichterfüllung vereinbart hat, beträgt der Betrag des Darlehens [...] 1,5 Mio. Dirham."[36]

Das Gericht kommt so zu dem Ergebnis, dass der Kunde („Darlehensnehmer") der Bank den Betrag des ursprünglichen Warenwertes (Prinzipal) zurückzahlen muss. Den Aufschlag, der die Finanzierungskosten vergütet, kann die Bank nicht verlangen. Die „unechte" *murābaḥa* wird im Ergebnis ähnlich behandelt wie ein Wucherdarlehen im deutschen Recht.[37] Allerdings ist die Begründung anders, weil nicht mit der Nichtigkeit der Zinsabrede argumentiert wird, sondern

---

33 Vgl. der Überblick bei Zweigert/Kötz, *Einführung in die Rechtsvergleichung*, Tübingen ^{3}1996, S. 516ff.

34 Urteil Nr. 790 des Gerichtsjahres 27.

35 Sog. *tawarruq*-Struktur oder „Commodity *murābaḥa*"; vgl. Nethercott/Eisenberg-Nethercott, Rn. 7.01ff.

36 Übers. K.B.

37 Palandt/Ellenberger, *BGB*, *§ 138*, Rn. 75.

schlicht damit, das Handelsgeschäft verdecke ein Kreditgeschäft, und beim Kreditgeschäft fehle es an einer Zinsabrede.

An dieser Lösung überzeugt, dass sie die bei anderen Ansätzen bestehenden Rückabwicklungsprobleme im Falle einer Gesamtnichtigkeit des Vertrages umgeht. Ob es allerdings richtig ist, die Bank für die Wahl der Rechtsform damit zu bestrafen, dass die Finanzierungskosten nicht einklagbar sind, ist fraglich. Denn der Kunde hat sich im Zweifel bewusst für die islamische Bank *und* die betreffende Finanzierungsform entschieden. Es bestand kein (und auch kein wirtschaftlicher) Zwang, gerade mit einer islamischen Bank zu kontrahieren. Seine Enttäuschung darüber, dass der angebotene Vertrag doch nicht einer Scharia-Prüfung standhält, ist so nicht identisch mit den Finanzierungskosten.

8.6 Vertragsgestaltung

Wie bereits erörtert, hat die Vertragsgestaltung das Problem des Scharia-Risikos aufgegriffen. Inzwischen entspricht es der Marktpraxis, die betreffenden Fragen im Vertrag zu regeln.

In Kreditverträgen ist es üblich, dass der Kunde die Scharia-Entscheidung des Scharia-Boards der Bank als bindend anerkennt und auf Scharia-Einwände verzichtet. Eine typische (eher knapp gehaltene) Formulierung lautet:

> The Customer has had the opportunity to seek independent advice regarding the Islamic permissibility of the transaction. The Parties have agreed to follow the view of the Sharia Board as put forth in the Fatwa pursuant to which the transaction contemplated in this Agreement is in compliance with Islamic legal principles and for the purpose of this Agreement, the Sharia Board's interpretation of Islamic legal principles shall be accepted by the Customer and the Bank as final and binding. In view hereof, the Customer irrevocably waives all and any defences derived from an alleged non-compliance of this Agreement, any of its clauses or of the transaction contemplated therein with Islamic legal principles ("Waiver of Sharia Defences").[38]

Ähnlich sind die Formulierungen in Kapitalmarktdokumenten, wo eine fehlende *Sharia-Compliance* Haftungsansprüche gegen die Bank begründen kann. Denn handelt es sich bei der *Sharia-Compliance* um einen wertbildenden Faktor, der über die Qualifikation eines bestimmten Produktes für einen Sondermarkt (Islamic Finance) entscheidet, dann kann ihr Fehlen einen Prospekthaftungsanspruch begründen.[39] Um entsprechende Ansprüche auszuschließen, wird in den Verkaufsprospekten in der Regel die Tätigkeit des Scharia-Boards erläutert und

38 Typische Vertragsklausel, anonymisiert aus Vertragsarchiv K.B.

39 Bälz, *Islamische Aktienfonds in Deutschland*, BKR 2002, 447 ff.; Casper, *„Islamische Aktienfonds – eine kapitalmarktrechtliche Herausforderung?“*, in: *FS Uwe H. Schneider*, Köln 2011, hier S. 229ff.

auf die Unsicherheiten hingewiesen, die aus den unterschiedlichen Auslegungen des islamischen Rechts folgen:

> The Islamic Sharia – literally the „way to the watering place" – is the set of religious rules and regulations applicable to Muslims, the principles of which were developed by Islamic legal scholars over the centuries based on the Koran and the Sunna (the reports about the life of the Prophet). The Sharia claims for itself to set the rules for all of the believers' areas of life. The essential principles in the economic area include the prohibition of usurious transactions. Pursuant to Sura II:275 "God allowed purchase, but prohibited usury (*ribā*)." That rule of the Koran prohibits, in the Sharia Board's opinion, capital investments in fixed-interest securities for which the issuer promises the subscriber a return, the percentage of which is determined in advance, as well as other interest-bearing capital investments. In the Sharia Board's opinion, it is also not allowed to invest in companies whose debt-equity ratio, or cash, or cash equivalents, or trade receivables are excessively high. Furthermore, the principles of the Islamic Sharia prohibit speculative transactions, and therefore it is not allowed, in the Sharia Board's opinion, to invest in derivatives or to acquire an interest in a conventional insurance company. Further limitations ensue from the principle that alcoholic drinks and pornographic material are, in the opinion of the Sharia Board, not allowed altogether. And finally, in the Sharia Board's opinion, investments in the meat-processing industry are only allowed to the extent that no pork is processed or sold and, also in other respects, all slaughtering is performed in accordance with Sharia principles (by ritual slaughtering), with the consequence that the respective meat is halâl ("allowed"). [...] The Company has set up a special investment policy committee for the Fund, which examines whether the Fund's investment policy is in accordance with the principles of the Sharia and advises the Company on issues of Islamic law ("Sharia Board"). The Sharia Board consists of 3 members who are appointed by the Company. The members of the Sharia Board shall be respected Islamic legal scholars. [...] The provisions of the Islamic Sharia allow for different interpretations. In the investment and management of the Fund, the Company follows the interpretation of the Islamic Sharia by the members of its Sharia Board. Pursuant to Section [...] of the Special Terms of Contract, the investors accept the interpretation by the Sharia Board as binding for purposes of [...]. The Company cannot exclude that other Islamic scholars support a different interpretation, according to which certain investments allowed under the investment policy of the Fund are not permissible.[40]

Vor diesem Hintergrund ist das Scharia-Risiko heute in erster Linie eine Frage der Vertragsgestaltung. Es ist Freiheit und Aufgabe der Parteien sich darauf zu einigen, was sie unter *Sharia-Compliance* in ihrem Vertrag verstehen. Der Staat und seine Gerichte mischen sich hier nicht ein. Dem Kunden wird dargelegt, was der Anbieter des Produktes unter *Sharia-Compliance* versteht und auf wel-

40 Formulierung – anonymisiert – aus Archiv K.B.

cher Grundlage die Scharia-Zertifizierung erfolgt. Das Scharia-Risiko verlagert sich so auf den Kunden, der gehalten ist, sich eine eigene Meinung zu bilden.

9. Schluss

Sharia-Compliance und Scharia-Risiko sind weiter zentrale Themen des Islamic Banking. Das Recht des Islamic Banking ist hier Teil der allgemeinen Entwicklung des islamischen Rechts, die nicht isoliert gesehen werden kann.

Das gilt gerade für die Frage, inwieweit staatliche Institutionen in den Interpretationspluralismus der islamischen Gelehrten eingreifen dürfen oder sollen. Ist es richtig, ist es sinnvoll und effizient, wenn der Interpretationspluralismus des *Juristenrechts* der staatlichen Rechtssetzung weicht? Was ist gewonnen, wenn staatliche Institutionen Regeln definieren, denen es möglicherweise an der erforderlichen Legitimität fehlt? Relevant sind diese Überlegungen gerade in einer Rechtsordnung wie Deutschland, wo es sich die religionsneutrale Rechtsordnung nicht anmaßen kann, Richtlinien in Scharia-Fragen zu setzen. Wirtschaftliche Fragen sind dabei nur ein Aspekt der Anwendung islamischer Normen in Deutschland.[41] Was die Fragen des Islamic Bankings zugleich von den „klassischen" Themen von Islam in der Schule, am Arbeitsplatz und Tierschutz unterscheidet ist, dass das bürgerliche Recht auf *Vertrag* beruht. Im bürgerlichen Recht gilt: *Contract is king*. Das bedeutet, dass es aus der Sicht des staatlichen Rechts unproblematisch, um nicht zu sagen gewünscht, ist, dass die Transaktionsparteien ihre Angelegenheiten selbst regeln. Die „Parallelrechtsordnung" ist kein Schreckgespenst, sondern entspricht dem gesetzlichen Leitbild der Vertragsfreiheit, die es dem einzelnen gestattet, im Rahmen des staatlichen Rechts selbst Recht zu setzen.

Des Weiteren entwickelt sich das von den islamischen Banken praktizierte Recht nicht losgelöst vom globalen Kontext. Auch wenn man einem staatlichen Eingriff in den Scharia-Diskurs kritisch oder ablehnend gegenübersteht, so verändern doch die Praktiken der internationalen Finanzmärkte die Vorschriften des islamischen Rechts. Statt traditionellen Gelehrten entscheiden spezialisierte *Sharia-Scholars* oder auch Consultants über die *Sharia*-Compliance einzelner Geschäfte; Vertragstypen entwickeln sich durch die internationale Kautelarpraxis, die in den Datenbanken internationaler Kanzleien verwaltet wird ("Precedents"); internationale Anwaltskanzleien, Wirtschaftsprüfer und Investmentbanken bauen „Sharia-Abteilungen" auf; staatliche Gerichte entwickeln Rechtsprechungs-

41 Für einen Überblick siehe etwa Rohe, *"Islamic Norms in Germany and Europe"*, in: Al-Harmaneh/Thielmann (29), S. 49ff.

grundsätze zu islamischen Finanzprodukten.[42] Im Islamic Banking entstehen nicht nur neue Vertragstypen und Transaktionsstrukturen. Es bildet sich auch eine neue Rechtskultur heraus, die Elemente der klassischen *Sharia*-Gelehrsamkeit verbindet mit dem heutigen Investment Banking – und die *Sharia*-Gelehrsamkeit ebenso verändert wie die Praktiken der internationalen Finanzmärkte.

Literatur

Bälz, Kilian, *„Die ‚Islamisierung' des Rechts in Ägypten und Libyen: Islamische Rechtsetzung im Nationalstaat"*, in: RabelsZ 62 (1998) S. 437-463.

Ders., *Islamic Finance in Crisis? – The financial Crisis and the Quest for Islamic Business Ethics*, GAIR Mitteilungen 2010, URL: http://www.gogair.dotform.de/pdf/mitteilungen/GAIR_Mitteilungen_2010.pdf (letzter Zugriff: 05.05.2014).

Ders., *"Islamic Financing Transactions in European Courts"*, in: Al-Harmeneh, Ala/Thielmann, Jörn, *Islam and Muslims in Germany*, Leiden/ Boston, 2008, S. 569-584.

Ders., *„Islamische Aktienfonds in Deutschland"*, in: BKR 2002, S. 447-452.

Ders., *„Islamisches Kreditwesen – Religion, Wirtschaft und Recht im Islam"*, in: ZvglRWiss 109, 2010, S. 272-292.

Ders., *Sharia Risk – How Islamic Finance Has Transformed Islamic Contract Law* (2008), URL: http://www.law.harvard.edu/programs/ilsp/publications/balz.pdf (letzter Zugriff: 16.06.14).

Bauer, Thomas, *Die Kultur der Ambiguität: Eine andere Geschichte des Islams*, Berlin, 2011.

Baumbach/Hueck, *GmbHG*, 19. Aufl., München 2010 (bearbeitet von Lorenz Faastrich u.a.)

Botiveau, Bernhard, *Loi islamique et droit dans les sociétés arabes*, Paris/Aix en Provence, 1993.

Casper, Matthias, *„Islamische Aktienfonds - eine kapitalmarktrechtliche Herausforderung?"*, in: *FS Uwe H. Schneider*, Köln 2011, S. 229-248.

Ders., *Islamisches und ethisches Wirtschaftsrecht - Risikoverteilung bei fehlender Vereinbarkeit mit den religiösen oder ethischen Vorgaben*, Rechtswissenschaft 2011, S. 251-274.

Ders., *„Sharia Boards und Corporate Governance"*, in: *FS Klaus Hopt*, Berlin 2010, S. 457-477.

Davies, Paul L., *Gower's Principles of Modern Company Law*, 6. Aufl. London,1997.

funds@work: *The Small World of Islamic Finance*, URL: http://www.funds-at-work.com/uploads/media/Sharia-Network_by_Funds_at_Work_AG.pdf.pdf (letzter Zugriff: 30.4.2014).

42 Ausführlich Bälz, *Sharia Risk – How Islamic Finance Has Transformed Islamic Contract Law* (2008), URL: http://www.law.harvard.edu/programs/ilsp/publications/balz.pdf (letzter Zugriff: 16.06.14).

Hegazy, Walid, *"Fatwas and the Fate of Islamic Finance: A Critique of the Practice of the Fatwa in Contemporary Islamic Financial Markets"*, in: Ali, Nazim, *Islamic Finance: Current Legal and Regulatory Issues*, Cambridge MA 2005, S. 133-149.

El Gamal, Mahmoud A., *Islamic Finance: Law, Economics, and Practice*, Cambridge etc. 2006.

Jarass, Hans D./Pieroth, Bodo, *Grundgesetz für die Bundesrepublik Deutschland*, 11. Aufl., München (2011).

Palandt, Bürgerliches Gesetzbuch, 72. Auflage 2013 (bearb. von Peter Bassenge u.a.).

Rohe, Mathias, *"Islamic Norms in Germany and Europe"*, in: Al-Harmaneh, Ala/Thielmann, Jörn, Islam und Muslims in Germany, Leiden/ Boston (2008), S. 49-81.

Sacarcelik, Osman, *Rechtsfragen islamischer Zertifikate (Ṣukūk)*, Baden-Baden, 2013.

Skovgaard-Petersen, Jakob, *Defining Islam for the Egpytian State: Muftis and Fatwas of the Dār al Iftā*, Leiden/ New York/ Köln.1997.

Sorge, Jan, *„Mitglieder von Sharia-Boards als Schattendirektoren"*, in: ZBB 2010, S. 363 ff.

Zweigert, Konrad/Kötz, Hein, *Einführung in die Rechtsvergleichung*, 3. Aufl. Tübingen1996

Islamische Aktienfonds – Risikoverteilung und Änderungen durch das neue KAGB[*]

Matthias Casper

I. Einleitung

Der nachfolgende Beitrag beschäftigt sich mit der rechtlichen Behandlung von islamischen Aktienfonds nach deutschem Recht. Nach einem Überblick über die wesentlichen Kennzeichen und Charakteristika islamischer Aktienfonds und der Grundstruktur von Aktienfonds im Allgemeinen sollen zunächst kurz die Auswirkungen des am 22. Juli 2013 verabschiedeten KAGB[1] auf Fonds im Vordergrund stehen (sub II und III), welches das deutsche Investmentrecht regulatorisch auf neue Beine gestellt hat. Ein erster Schwerpunkt wird sodann auf die der Bestimmung und Offenlegung der Anlagegrundsätze gelegt (siehe unter IV), wobei die Mitwirkung des Scharia-Boards auch unter dem Aspekt der Fonds-*Governance* bzw. in einem allgemeineren Kontext der *Corporate Governance* mit in den Blick genommen werden soll (sub V). Schließlich wird der Aspekt der Risikoverteilung im Vordergrund stehen. Dabei geht es vorrangig um die

---

* Dieser Beitrag geht auf einen Vortrag zurück, den der Verfasser im Januar 2014 an der Universität Osnabrück im Rahmen einer Tagung zum islamischen Wirtschaftsrecht gehalten hat. Er beruht in kleineren Teilen auf einem Mitschnitt dieses Vortrages, weshalb der Vortagsstil beibehalten wurde und die Nachweise exemplarischen Charakter haben. Der Beitrag basiert zudem auf drei thematisch einschlägigen Vorveröffentlichungen des Verfassers, die hier erneut zur Diskussion gestellt und in Teilen fortgeführt werden; vgl. Casper, *„Islamische Aktienfonds – eine kapitalmarktrechtliche Herausforderung?"*, in: Burgard/Hadding/Mülbert/Nietsch/Welter (Hg.), Festschrift für Uwe H. Schneider, Köln 2011, S. 229-246; ders., „Islamic Finance – ein sicherer Hafen?", in: Corporate Finance Law (CLF), 3. Jg., H. 4, 2012, S. 170-177; zu weiteren Vorarbeiten vgl. dens., *„Islamisches und ethisches Wirtschaftsrecht – Risikoverteilung bei fehlender Vereinbarkeit mit den religiösen oder ethischen Vorgaben"*, in: Die Rechtswissenschaft (RW), 2. Jg., H. 3, 2011, S. 251-274; ders., *"Three Topics at the Periphery of Corporate Governance: Business Rescues and Wrongful Trading, Supervisory Law for Financial Institutions and the Perspective on Islamic Financial Institutions"*, in: EBLR, Jg. 26, H. 1, 2015, S. 203-227; ders., *"Sharia Boards and Sharia Compliance in the Context of European Corporate Governance"*, in: Blaurock (Hg.), *The Influence of Islam on Banking and Finance*, Schriftenreihe der Ernst von Caemmerer-Stiftung, 2014, S. 41-58, URL: *Preprints and Working Papers of the Center for Religion and Modernity*, 2012, verfügbar unter: http://ssrn.com/abstract=2179412 (letzter Zugriff: 16.12.2014). Der Verfasser dankt im Übrigen Herrn Dr. Osman Sacarcelik für wertvolle Vorüberlegungen bei der Vorbereitung des Vortrages.

1 Kapitalanlagegesetzbuch vom 4. Juli 2013 (BGBl. I S. 1981), das zuletzt durch Artikel 2 des Gesetzes vom 15. Juli 2014 (BGBl. I S. 934) geändert worden ist.

Frage, ob der Emittent des Aktienfonds, also die Fondsgesellschaft, oder der Anleger das Risiko dafür trägt, dass sich nach Auflegung des Fonds herausstellt, dass der Fonds nicht mehr Schariakonform ist und somit eine Wertminderung der Fondsanteile eintritt, und ob es eine Prospekthaftung gibt, wenn bereits bei der Auflegung des Fonds klar ist, dass der Schariakonform vertriebene Fonds in Wirklichkeit überhaupt nicht mit den Vorgaben des islamischen Rechts im Einklang steht (sub VI).

II. Charakteristika und Kennzeichen islamischer Aktienfonds

Für jeden Aktienfonds ist eine Vier-Personen-Beziehung kennzeichnend.[2] Der Anleger schließt mit einer Kapitalverwaltungsgesellschaft (§§ 1 Abs. 14, 17 ff. KAGB) einen Vertrag, durch den diese zur kollektiven Vermögensanlage betraut wird. Die Kapitalverwaltungsgesellschaft bildet bei Aktienfonds fast durchweg ein Sondervermögen iSd. §§ 92 I 1 1 Var., 93 KAGB, indem diese die gekauften Aktien für den Anleger treuhänderisch verwaltet. Denkbar ist es auch, dass die Anleger Miteigentümer dieses Sondervermögens sind und die Verwaltungsgesellschaft nur als Fondsmanager auftritt (§§ 92 I 1 2 Var. KAGB). Außer Betracht bleiben in diesem Beitrag Konstruktionen, in denen der Fonds als eigene Gesellschaft (Investmentaktiengesellschaft, Investmentkommanditgesellschaft[3] oder herkömmliche Publikumsgesellschaft) aufgelegt wird, da diese Form bei Aktienfonds kaum vorkommt. Viertes Glied im Bunde von Anleger, Kapitalverwaltungsgesellschaft und dem Fonds ist die Verwahrstelle iSd. §§ 68 ff. KAGB (früher als Depotbank bezeichnet). Sie führt die Kauf- und Verkaufsaufträge des Fondsmanagements durch und verwahrt die Aktien; damit wird ein Vier-Augen-Prinzip erreicht.

Für einen islamkonformen Aktienfonds kommt es entscheidend darauf an, dass die Anlagegrundsätze den Anforderungen der Scharia genügen. Außer der Beachtung des *ribā-Verbots*, also des islamischen Zinsverbotes, kennzeichnet *Islamic Banking* weiterhin auch noch die Einhaltung des Spekulationsverbots (*ġarar*), des Verbots des Glückspiels (*maisir* oder *qimār*) – eine Grenze, die bei manchen Derivaten schnell überschritten ist. Hinzu kommt das Erfordernis, nicht in Unternehmen zu investieren, die einen nicht-Schariakonformen Unternehmensgegenstand verfolgen (*ḥarām*). Das Verbot des *ḥarām* (arab. Tabu, Verbot) geht deutlich über den finanziellen Bereich hinaus und verbietet gläubi-

2 Sofern man Fonds und Verwaltungsgesellschaft als Einheit betrachtet, kann man auch von einer Drei-Personen-Beziehung oder dem sog. Investmentdreieck sprechen, vgl. statt aller Machhausen, *Scharia-konforme Investmentfonds*, Frankfurt 2012, S. 37.

3 Zu ihr eingehend demnächst Casper, *„Die Investmentkommanditgesellschaft: große Schwester der Publikums-KG oder Kuckuckskind?"*, in: ZHR 179 (2015), Heft 1, im Erscheinen.

gen Muslimen sämtliche Handlungen, die mit der Lehre des Islam nicht im Einklang stehen. Zwar sind wirtschaftliche Handlungen nach islamischem Recht grundsätzlich erlaubt (*ḥalāl*), doch gilt dies nur dort, wo sich nicht im Einzelnen Verbote aus den Rechtsquellen des islamischen Rechts ergeben.[4] Nach einhelligem oder zumindest ganz überwiegendem Verständnis zählen hierzu z.B. die Herstellung von oder der Handel mit Schweinefleisch oder Alkohol, Investitionen in Unternehmen, die konventionelle Finanzdienstleistungen anbieten, also das *ribā*-Verbot nicht beachten. Entsprechendes gilt für Unternehmen, die die Pornographie oder gar Prostitution fördern oder begünstigen, wozu auch bei weiter Auslegung die Kino- und Filmbranche zählt oder Unternehmen, die dem Glücksspiel oder Wettgeschäften nachgehen. Zu Letzteren zählt nach islamischem Verständnis auch das konventionelle Versicherungsgeschäft, da dieses gegen das islamische Spekulationsverbot verstößt.[5] Zu den zwar nicht verbotenen, aber zumindest unerwünschten Branchen wird auch die Herstellung von Waffen oder anderen Rüstungsgütern gezählt. Umstritten ist die Herstellung oder der Vertrieb von Tabak.

Uneinigkeit besteht darüber, in welcher Strenge die wirtschaftlichen Handlungen an den zuvor genannten Verboten zu messen sind. Genügt es demnach bereits, dass das jeweilige Unternehmen in den vorstehend exemplarisch genannten Bereichen eine geringfügige Aktivität aufweist, um eine Investition unzulässig werden zu lassen? Überwiegend plädieren die islamischen Rechtsgelehrten heute wohl dafür, ein Investment zu erlauben, wenn der Umsatz aus unzulässigen Geschäften nicht mehr als 5% des Gesamtumsatzes beträgt.[6] Exemplarisch mag man an ein Hotel denken, in dem auch durch Alkoholausschank Umsatz erwirtschaftet wird. Oftmals verpflichtet sich der Fonds dann aber quasi als Ausgleich für sein „sündhaftes Verhalten“ dazu, einen entsprechenden Prozentsatz der Dividende, die er von diesem Unternehmen erhält, zu „Reinigungszwecken“ an wohltätige Einrichtungen zu spenden.[7]

Neben dieser eher branchenspezifischen Bestimmung der Anlagegrundsätze, die sich am Unternehmensgegenstand orientiert, werden auch finanzwissenschaftliche Kennzahlen herangezogen, die ein Ausschlusskriterium für eine is-

---

4 Vgl. näher zum Ganzen, auch zu der dazwischen befindlichen Grauzone (*makrūh*) sowie zu jenseitsbezogenen Geboten, Rohe, *Islamisches Recht*, München 2009, S. 10 f.

5 Vgl. dazu weiterhin grundlegend Bälz, *Versicherungsvertragsrecht in den arabischen Staaten*, Berlin 1997, S. 50 ff. einschließlich der Folgerungen für ein islamkonformes Versicherungswesens (*takāful*).

6 Gassner/Wackerbeck, *Islamic Finance*, Köln ^{2}2010, S. 163 f.

7 Vgl. exemplarisch der *Verkaufsprospekt des Meridio Islamic Funds - Meridio Global Islamic Multi Asset* vom Januar 2010, S. 9; vgl. *vereinfachter Verkaufsprospekt des Allianz Global Investors Islamic Fund* v. 17.1.2009, S. 33.

lamkonforme Anlage enthalten. So darf zum Beispiel der Fremdkapitalanteil der Aktiengesellschaft, in die investiert werden soll, nicht mehr als 33% betragen.[8] Damit dürfte zum einen die Vorstellung verbunden sein, dass anderenfalls zu viele (verzinsliche) Darlehen in Anspruch genommen werden,[9] zum anderen aber vor allem, dass nur bei einer hinreichenden Eigenkapitalquote durch den Fonds ein wirkliches unternehmerisches Risiko übernommen wird.

Abgesehen von den Fragen um das richtige Anlageobjekt bei islamkonformen Aktienfonds bestehen auch Besonderheiten bei der Ausgestaltung der vertraglichen Beziehung zwischen dem Anleger und dem Fonds. Islamkonforme Fonds können unter Zuhilfenahme verschiedener Vertragskonstruktionen aufgelegt werden.[10] Im Wesentlichen werden dabei zwei Grundtypen gewählt, nämlich solche Fonds, die – zumindest auch – auf einer *iǧāra*-Konstruktion (Leasing-Konstruktion) basieren, und Fonds, denen eine *murābaḥa* (Partnerschaft) bzw. eine *wakāla* (Geschäftsbesorgungsvertrag) zugrunde liegt. *iǧāra*-Gestaltungen bieten den Vorteil, dass dem Anleger im Wesentlichen gleichbleibende Erträge in Aussicht gestellt werden können; sie sind am ehesten einem Rentenfonds vergleichbar. Mittels einer islamischen Zweckgesellschaft, die von der islamischen Fondsgesellschaft[11] gegründet wird und die Vermögensgegenstände von einem Dritten least und sodann an den eigentlichen Leasingnehmer weiterverleast, kann die Zweckgesellschaft feste Erträge generieren, die sich aus der Differenz zwischen den beiden Leasingraten ergeben. In komplexeren Struktu-

---

8 So z.B. *vereinfachter Verkaufsprospekt des Allianz Global Investors Islamic Fund* v. 17.1.2009, S. 32; vgl. Gassner/Wackerbeck, Islamic Finance, S. 163.

9 Dies zeigt sich auch an einer weiteren Kennzahl. Die Quote aus der Summe der Barmittel plus das zinstragende Fremdkapital und dem Eigenkapital soll ebenfalls nicht mehr als 33% Prozent betragen.

10 Vgl. die überblicksartigen Darstellungen bei Schoon, *Islamic Banking and Finance*, London 2009, S. 117 ff. (Assetfonds); Elfakhani/Hassan/Sidani, *"Islamic mutual funds"*, in: Hassan/Lewis (eds.), *Handbook of Islamic Banking*, Cheltenham 2007, S. 256 ff.; vgl. El-Gamal, *Islamic Finance*, New York 2006, S. 123 ff.; vgl. Al-Rifai, *"Trends and performance monitoring of Islamic equity funds"*, in: Jaffer (ed.), *Islamic Retail Banking and Finance*, London 2006, S. 156 ff.; vgl. mit graphischen Verdeutlichungen auch Shah, *"Overview of Islamic Asset Management"*, in: *Islamic Finance: A Practical Guide*, London 2008, S. 15 ff., vgl. ferner die deutschsprachigen Beiträge von Mahlknecht, *Islamic Finance: Einführung in Theorie und Praxis*, Weinheim 2009, S. 125 ff. und Machhausen, *Schari'a-konforme Investmentfonds*, Frankfurt 2012, S. 37 ff. mit vielen rechtstatsächlichen Details.

11 Mit den Begriffen „islamische Zweckgesellschaft" bzw. „islamische Fondsgesellschaft" ist gemeint, dass sich die Gesellschaften schariakonform verhalten, ihre Binnenstruktur sich hingegen nicht nach dem religiösen, islamischen Recht, sondern nach dem meist säkularen, staatlichen Recht des Sitzstaates richtet.

ren kauft eine weitere, konventionelle Zweckgesellschaft – meist unter Aufnahme verzinslicher Kredite – Vermögensgegenstände an, die sie sodann gegen eine Beteiligung an die islamische Zweckgesellschaft verleast, die wiederum den Leasingvertrag mit dem eigentlichen Leasingnehmer schließt.[12] Die Fondsgesellschaft stattet die Zweckgesellschaft mit Kapital aus und erhält dafür die Erträge weitergereicht, die schlussendlich an die Anleger der Fondsgesellschaft ausgeschüttet werden. Beide Konstruktionen stellen nach ganz überwiegender Ansicht keine Umgehung des *ribâ*-Verbots dar. Da sich dieser Beitrag auf Aktienfonds fokussiert, braucht diese Konstruktion im Folgenden nicht weiterverfolgt zu werden.

Demgegenüber liegt den hier interessierenden Aktien- oder Mischfonds meist eine – oft mehrstöckige – *muḍāraba*-Konstruktion zugrunde.[13] Unter einer *muḍāraba* versteht man im klassischen islamischen Recht die Einlage eines Anlegers (*rabb al-māl*) in ein Unternehmen (*muḍārib*). Diese Konstruktion ist am ehesten mit einer Kommanditbeteiligung oder mit der Einlage eines stillen Gesellschafters vergleichbar.[14] Der Anleger erhält einen Anspruch auf einen Anteil des Gewinns. Da sich der Anleger dadurch gerade an dem unternehmerischen Risiko beteiligt und nicht nur zeitweise sein Geld bereitstellt, steht eine *muḍāraba* nicht im Verdacht, mit dem *ribā*-Verbot zu kollidieren. Während der klassische Darlehensgeber also nur das allgemeine Ausfall- bzw. Insolvenzrisiko des Darlehensnehmers trägt, ist es gerade diese Partizipation am unternehmerischen Risiko, die die Anlage aus Sicht des islamischen Rechts religiös legitimiert. Bei einem Investmentfonds, der nach dem *muḍāraba*-Konzept strukturiert ist, erbringen die Anleger Einlagen in die *muḍāraba* (im traditionellen Verständnis in den Fonds bzw. das Sondervermögen) ein und erhalten dafür Kapitalanteile, während die Fondsgesellschaft die Verwaltung des Fondsvermögens und die Auswahl der Unternehmen, in die das Fondsvermögen investiert werden

---

12 Anschaulicher Überblick auch zu weiteren Strukturen, bei denen die Vermögensgegenstände im Wege einer *mušāraka* (islamische Form des Joint-Ventures), einer *muḍāraba* (Partnerschaft) oder *murābaḥa* (Kombination von Kauf- und Wiederverkaufsrecht) angeschafft, dann aber von der islamischen Zweckgesellschaft stets weiterverleast werden, bei Shah, *"Overview of Islamic asset management"*, in: *Islamic Finance: A Practical Guide*, London 2008, S. 15, 18 ff.

13 Vgl. dazu bereits Bälz, *„Das internationale Vertragsrecht der islamischen Banken"*, in: WM 1999, 2443 (2449); Wegen/Wichard, *Islamische Bankgeschäfte*, in: RIW 1995, 826 (827); speziell zur doppelstöckigen *muḍāraba* siehe auch Machhausen, *Schari'a-konforme Investmentfonds*, Frankfurt, 2012, S. 48 f.

14 Allg. zu *mudâraba* vgl. nur Vogel/Hayes, *"Islamic Law and Finance"*, Den Haag 2006, S. 109 f.

soll, übernimmt.[15] Dabei wird sie durch ein Scharia-Board überwacht und beraten. Daneben ist auch ein *wakāla* denkbar.[16] Hierunter versteht man eine vertragliche Konstruktion, bei der der Geschäftsherr nicht selbst, sondern mittels eines Beauftragten, Stellvertreters, Agenten oder Kommissionärs handelt.[17] Es werden zwar auch Formen der offenen Stellvertretung erfasst, typischerweise handelt es sich aber um eine verdeckte oder mittelbare Stellvertretung. Aus Sicht des deutschen Rechts ist diese Konstruktion am ehesten mit einem Geschäftsbesorgungsvertrag iSd. § 675 Abs. 1 BGB vergleichbar. Von der AAOIFI (Accounting and Auditing Organization for Islamic Financial Institutions) werden beide Formen als gleichwertig anerkannt.[18]

III. Was ändert das neue Kapitalanlagegesetzbuch (KAGB)?

In Deutschland gilt seit Juli letzten Jahres das Kapitalanlagegesetzbuch, kurz KAGB, das eine Richtlinie, die so genannte AIFM-Richtlinie (Richtlinie über Verwalter alternativer Investmentfonds)[19], aus dem Jahre 2011 umsetzt, die ihrerseits eine der Reaktionen der Europäischen Union auf die Finanzkrise darstellt. Das KAGB trat an die Stelle des alten Investmentgesetzes. Das neue KAGB setzt neben der AIFM-Richtlinie auch die für Aktienfonds wichtigere OGAW-Richtlinie[20] um. Eine der wichtigsten Neuregelungen im KAGB ist die Abkehr vom formalen Fondsbegriff, der vor allem an die Organisationsform anknüpfte. Demgegenüber steht im neuen Fondsrecht ein materieller Fondsbegriff im Vordergrund (§ 1 KAGB).[21] Diesem zufolge ist ein Investmentvermögen jeder Organismus für gemeinsame Anlagen, der von einer Anzahl von Anlegern Kapital einsammelt, um es gemäß einer festgelegten Anlagestrategie zum Nutzen dieser Anleger zu investieren und der kein operatives tätiges Unternehmen außerhalb des Finanzsektors ist. Unter diesen weiten Begriff lassen sich auch problemlos islamkonforme Aktienfonds subsumieren, denn bei ihnen wird lediglich die Auswahl der Unternehmen, in die investiert werden darf, beschränkt; im Übrigen unterscheiden sie sich aber nicht von herkömmlichen Aktienfonds.

---

15 Vgl. statt Vieler Gassner/Wackerbeck, *Islamic Finance*, S. 171 f. mit graphischer Verdeutlichung.

16 Eingehend dazu etwa Machhausen, *Schari'a-konforme Investmentfonds*, Frankfurt 2012, S. 50 f.

17 Zur *wakala* vgl. etwa Ayub, *Understanding Islamic Finance*, Hoboken (N.J.) 2009, S. 347 ff.; Ebert/Theissen, *Das islamkonforme Finanzgeschäft*, Stuttgart 2010, S. 79 f.; Machhausen, *Schari'a-konforme Investmentfonds*, Frankfurt 2012 S. 50.

18 AAOIFI, *"Financial Accouting Standards No. 14"*, nicht veröffentlicht (n.V.).

19 *Richtlinie 2011/61/EU*, ABl. L 174/1 vom 1.7.2011.

20 *Richtlinie 2009/65/EG*, ABl. L 303/32 vom 17.11.2009; zuletzt geändert durch die *Richtlinie 2014/91/EU*, ABl. L 257/186 vom 28.8.2014.

21 Volhard/Jang in: Weitnauer/Boxberger/Anders, KAGB, München 2014, § 1 Rn. 2.

Damit lässt sich als Ergebnis festhalten, dass das neue KAGB zwar eine Vielzahl von neuen Vorschriften und Pflichten mit sich bringt, ein islamkonformer Aktienfonds sich aber auch unter der Ägide des neuen Rechts gründen lässt. Zwei Besonderheiten, die sich auch schon im alten Recht gestellt haben, sind aber nachfolgend zu beachten.

IV. Bestimmung und Offenlegung der Anlagegrundsätze

Nach § 162 KAGB müssen die Anlagebedingungen von offenen Publikumsinvestmentvermögen u.a. die Angabe enthalten, nach welchen Grundsätzen die Auswahl der zu beschaffenden Vermögensgegenstände erfolgt, insbesondere welche Vermögensgegenstände in welchem Umfang erworben werden dürfen. Außerdem ist mitzuteilen, nach welchen Grundsätzen die Auswahl der zu beschaffenden Vermögensgegenstände erfolgt. Die Vertragsbedingungen sind trotz ihrer gesetzlichen Ausgestaltung durch das KAGB Bestandteil des Investmentvertrages zwischen der Kapitalanlagegesellschaft und dem Anleger, der als besondere Ausprägung des Geschäftsbesorgungsvertrages[22] oder als Vertrag *sui generis* mit geschäftsbesorgungsrechtlichen Elementen verstanden wird.[23] Nach überwiegender Ansicht handelt es sich bei den Vertragsbedingungen um Allgemeine Geschäftsbedingungen, die der Einbeziehung in den Anlagevertrag bedürfen.[24] Vor dem Hintergrund der hier zu untersuchenden Fragestellung, inwieweit die Schariakonformität des Fonds einer Präzisierung in den Anlagegrundsätzen bedarf, ist vor allem der Normzweck des § 162 KAGB von Interesse. In den wenigen Stellungnahmen besteht weitgehend Einigkeit darüber, dass die Anlagegrundsätze in den Vertragsbedingungen wie der Verkaufsprospekt der Information des Anlegers dient.[25] Darüber hinaus ist es aber gerade auch veranlasst, den Fonds im Verhältnis zum Anleger an diese Anlagegrundsätze zu binden.

In der Diskussion um sog. Ethik- und Ökofonds wird darauf verwiesen, dass objektive und jederzeit nachprüfbare Auswahlkriterien und -verfahren in die

---

22 In diesem Sinne etwa Beckmann in Beckmann/Scholtz (Hg), *Investment – Ergänzbares Handbuch für das gesamte Investmentwesen*, Bd. 2, Loseblattsammlung Stand 4/2008, § 43 InvG Rn. 4.; *Canaris „Bankvertragsrecht“,* in: *Großkommentar zum HGB*[3],1981, Rn. 2352.

23 Köndgen/Schmies „§ 113. Investmentgeschäft“, in: Schimaski/Bunte/Lwowski, *Bankrechts-Handbuch*, [4]2011, § 113 Rn. 115.

24 *Polifke* in: Weitnauer/Boxberger/Anders KAGB § 162 Rn. 5; Köndgen/Schmies, „§ 113. Investmentgeschäft“, § 113 Rn. 116, 118; Beckmann in: Beckmann/Scholtz, Investment § 43 InvG Rn. 16 f.

25 Zum Verkaufsprospekt *Polifke* in: Weitnauer/Boxberger/Anders KAGB § 165 Rn. 8; so zum alten Recht ähnlich Beckmann in: Beckmann/Scholtz, Investment § 43 InvG Rn. 15, 17; im Ergeb. wohl auch Köndgen/Schmies, „§ 113. Investmentgeschäft“, in: Schimaski/Bunte/Lwowski, *Bankrechts-Handbuch*, § 113 Rn. 116 f.

Vertragsbedingungen aufgenommen werden müssten. Die aus dieser Beschränkung der Anlagepolitik möglicherweise erwachsende Auswirkung auf eine geringere Wertentwicklung ist in den Vertragsbedingungen hervorzuheben.[26] Auf dieser Linie liegt auch das Schreiben des Bundesaufsichtsamtes für das Kreditwesen vom 8. Juni 1989 zu den „Anforderungen an die Umschreibung der Anlagegrundsätze, Funktion von Anlageausschüssen".[27] Dort wird eine Anlagepolitik gerügt, die unbestimmten „kirchlichen Grundsätzen" genügen muss, deren Einhaltung durch einen Anlageausschuss kontrolliert werden soll. Allerdings wies der dem Schreiben zugrunde liegende Sachverhalt die Besonderheit auf, dass in den Anlagebedingungen eine Beschränkung der Auswahl der Anlagegegenstände nach kirchlichen Grundsätzen nicht vorgesehen war, sondern erst nachträglich durch den Anlageausschuss eingeführt wurde. Auch wurde bei dem damaligen Sachverhalt nicht klargestellt, ob die Entscheidungen des gesetzlich nicht vorgesehenen Anlageausschusses keine bindende Wirkung haben dürfe. Demgegenüber kennzeichnen islamische Aktienfonds, dass das Erfordernis der Schariakonformität und die Mitwirkung des Scharia-Boards bereits in den Vertragsbedingungen vorgesehen werden und nicht quasi durch die Hintertür erst eingeführt werden. Aber auch wenn von Anfang an auf das Erfordernis einer Vereinbarkeit der Anlagepolitik mit der Scharia hingewiesen wird, bleibt die Gretchenfrage zu beantworten, inwieweit dieser Umstand bereits nachprüfbar in den Vertragsbedingungen enthalten sein muss. Im Zusammenhang mit Ethikfonds ist sogar die Forderung erhoben worden, dass die ethischen Kriterien so formuliert sein müssten, dass ein Außenstehender sie aufgrund öffentlich zugänglicher Informationen nachvollziehen könne.[28] Damit wäre zumindest ein sog. *Black-Box-Modell*, wonach die Beurteilung der Schariakonformität allein durch – dem Anleger nicht transparente Richtlinien des Scharia-Boards – sichergestellt wird, nicht vereinbar.

Prima vista könnte man geneigt sein, ein Black-Box-Modell damit zu rechtfertigen, dass es einheitliche Kriterien für ein islamkonformes Investment nicht gibt. Bekanntlich fehlt dem Islam eine allseits anerkannte religiöse Instanz, die – dem Vatikan für die römisch-katholische Kirche vergleichbar – eine verbindli-

26 Vgl. das Schreiben des BAKred vom 8. Juni 1989 (Az. V 4/51) zu den „Anforderungen an die Umschreibung der Anlagegrundsätze, Funktion von Anlageausschüssen", Beckmann/Scholtz, Investment, Kz 438 Nr. 46 ebenfalls verfügbar unter http://beck-online.beck.de/?vpath=bibdata%2Fges%2FKWG_10_44%2Fcont%2FKWG_10_44.htm (letzter Zugriff: 27.11.2014); Beckmann in: Beckmann/Scholtz, Investment,§ 43 InvG Rn. 30.

27 Nachw. vgl. oben Fn. 26.

28 In diesem Sinne vor allem Dürr, *„Ethische Investmentfonds" in Deutschland?"*, in: ZIP 1991, 286 (289 ff.); vgl. ferner Bälz, *„Islamische Aktienfonds in Deutschland?"*, in: BKR 2002, 447 (450), der die Frage aber letztlich offen lässt.

che Auslegung vornehmen könnte. Die vier Rechtsschulen im sunnitischen Islam kommen in Einzelfragen der Interpretation des *ribā-* sowie des *ġarar-*Verbots und damit für die Beantwortung der Frage, was eine erlaubte Anlageform sei, zu durchaus unterschiedlichen Ergebnissen, von Divergenzen zu der schiitischen Interpretation einmal ganz abgesehen. Das islamische Recht ist durch eine Interpretationsvielfalt gekennzeichnet (vgl. ausführlicher noch VI. 1.). Vor diesem Hintergrund könnte man meinen, dass eine Bestimmung der Konformität mit dem islamischen Recht durch ein Scharia-Board genüge, soweit diesem Gremium anerkannte Rechtsgelehrte angehören, da eine letztverbindliche, objektiv überprüfbare Entscheidung ohnehin nicht möglich sei.

Indes kann eine derartige liberale Ansicht aus mehreren Gründen im Ergebnis nicht überzeugen. Aus dem Schreiben des BAKred, das auch unter der Ägide des heutigen KAGB sowie nach Schaffung der BAFin weiterhin Gültigkeit beansprucht, folgt deutlich, dass es nicht einem im KAGB überhaupt nicht vorgesehen Anlageausschuss überlassen bleiben kann, die Richtlinien der Anlagepolitik letztverbindlich festzulegen. Diese Aussage lässt sich aber auch unmittelbar durch das Kapitalanlagegesetz normativ untermauern. Nach § 76 Abs. 1 Nr. 1 KAGB ist es Aufgabe der Verwahrstelle, die Einhaltung der für das jeweilige Sondervermögen geltenden gesetzlichen und in den Vertragsbedingungen festgelegten Anlagegrenzen zu überprüfen. Dieses Vier-Augen-Prinzip ist nach § 68 Abs. 7 KAGB wiederum durch einen Wirtschaftsprüfer einmal jährlich zu testieren. Bereits diese Kontrollfunktion der Verwahrstelle spricht dafür, dass religiös motivierte Anlagebeschränkungen sich objektiv überprüfbar aus den Anlagebedingungen selbst ergeben müssen.

Drei weitere Gesichtspunkte kommen hinzu. Einerseits ist zu bedenken, dass für den durchschnittlichen Anleger allein das Markenzeichen „Islamische Fonds“ einen maßgeblichen Faktor für seine Anlageentscheidung darstellt. Es muss deshalb sichergestellt werden, dass ein Fonds, der für sich durch seine Bezeichnung eine Konformität mit dem islamischen Recht in Anspruch nimmt, zumindest die allseitig anerkannten Anlagegrundsätze beachtet, wie etwa das Verbot der Investition in verzinsliche Anleihen (Rentenpapiere). Anderseits muss man sich vor Augen führen, dass weder die Verwahrstelle noch die BAFin überprüfen können, ob die in den Vertragsbedingungen enthaltenen Restriktionen wirklich mit den Vorgaben des islamischen Rechts vereinbar sind. Folglich muss der Fonds in seinen Vertragsbedingungen objektiv überprüfbare Kriterien festsetzen, mit denen er aus seiner Sicht sicherstellt, dass seine Investmentpolitik den religiösen Vorgaben genügt. Hierzu kann er sich im Wege der Zertifizierung und/oder Beratung im Vorfeld der Mitwirkung eines Scharia-Boards bedienen, zwingend ist dies aus der Sicht des Investmentrechts jedoch nicht. Letztlich obliegt es aber dem Anleger, zu beurteilen, ob sich das in den

Anlagebedingungen dargelegte Verständnis der Schariakomformität mit seinen religiösen Vorstellungen und seinem Verständnis von einer islamgerechten Anlage deckt. Weiterhin spricht gegen eine verbindliche Bestimmung der Schariakonformität durch ein Scharia-Board, dass es auch keine verbindliche Qualifikation eines islamischen Rechtsgelehrten (*Sharia Scholars*, pl. *'ulama'*) gibt.[29] Es fehlt an einer einheitlichen Ausbildung. Die verschiedenen muslimischen Länder haben insoweit unterschiedliche Traditionen entwickelt. Übergreifend lässt sich jedoch immerhin festhalten, dass ein Studienabschluss im islamischen Recht nicht genügt, um den Titel eines Rechtsgelehrten zu erlangen, sondern ein langwieriger Prozess von Nöten ist, der oft bis zu zwanzig Jahre dauert. Weiterhin kennzeichnet einen islamischen Rechtsgelehrten, dass er ein nach dem islamischen Recht anerkanntes Rechtsgutachten (*Fatwa*) aussprechen kann. Bindungswirkung bzw. eine verbindliche Geltung kommt diesen Rechtsgutachten indes nicht zu, vielmehr richtet sich die Akzeptanz der Fatwa nach der Autorität des jeweiligen Rechtsgelehrten.[30] Auch dieser Umstand spricht dagegen, die Bestimmung der Schariakonformität ohne Offenlegung für den Anleger durch ein Scharia-Board bestimmen zu lassen. Das Black-Box-Modell ist also nicht haltbar.

Im konkretisierenden Zugriff bedeutet dies, dass die wesentlichen Grundsätze einer Schariakonformen Anlagepolitik in den Vertragsbedingungen näher durch Negativlisten von Unternehmen bzw. Branchen sowie Finanzkennzahlen beschrieben werden müssen, deren Vorliegen eine Anlage in eine entsprechende Aktiengesellschaft unzulässig macht.[31] Weiterhin muss beschrieben werden, ob im Einzelfall Zinserträge verbucht werden dürfen, und wie mit diesen zu verfahren ist.[32] Soweit die Islamkonformität durch ein Scharia-Board bestätigt wird,

---

29 Vgl. dazu etwa Thomas/Cox/Kraty, *Structuring Islamic Finance Transactions*, London 2005, S. 33 sowie Abd Jabbar, *„Islamic Finance: Fundamental Principles and Key Financial Institutions"*, in: Company Lawyer 2009, 23f., der darauf hinweist, dass in einigen *Shariaboards* auch Mitglieder akzeptiert werden, die nur über fundierte Kenntnisse im islamischen Wirtschaftsrecht und einschlägige Berufserfahrung verfügen, ohne zugleich Rechtsgelehrte zu sein; vgl. ebenso AAOIFI (*Accounting and Auditing Organization for Islamic Financial Institutions), Governance Standard for Islamic Financial Institutions*, No. 1 sec. 2, n.V.

30 Vgl. den Überblick bei Rohe, *Islamisches Recht*, S. 74 f.

31 Ebenso Bälz, *„Islamische Aktienfonds in Deutschland?"*, in: BKR 2002, 447 (450).

32 Barpositionen dürfen nicht verzinslich sein und müssen auf nicht-verzinslichen Konten bei der Verwahrstelle gehalten werden. Werden Barmittel auf einem schariakonformen Einlagenkonto gehalten, gelten alle mit diesen Barmitteln generierten Erträge als zulässig. Beispielsweise sieht der Allianz Global Investors Islamic Fund weiterhin vor, dass, falls der Fonds aus aufsichtsrechtlichen Gründen überschüssige liquide Mittel, die er bei der Depotbank (jetzt Verwahrstelle) hält, auf einem verzinslichen Konto anlegen muss,

sind deren Mitglieder namentlich zu benennen, damit sich der Anleger selbstständig über deren Reputation bzw. deren Zugehörigkeit zu einer bestimmten Rechtsschule informieren kann. Außerdem sollten die Aufgaben und Befugnisse des Scharia-Boards klargestellt werden. Dabei ist hervorzuheben, dass die letztverbindliche Anlageentscheidung beim Fondsmanagement liegt, welches sich in Konfliktfällen an den Vertragsbedingungen orientieren muss. Stattdessen können die Vertragsbedingungen auch vorsehen, dass die Auswahl aus einem bestimmten Korb von Aktien erfolgt, der in einem der verschiedenen islamischen Aktienindizes abgebildet ist.[33] In diesem Fall sind weiterhin Regelungen aufzunehmen, die klären, ob der Fonds gehaltene Aktien zwingend abstoßen muss, wenn diese aus dem Referenzindex ausscheiden. Schlussendlich ist zu regeln, was bei Wegfall des Indexes an dessen Stelle tritt.

V. Scharia-Board und *Fonds-Governance*

Scharia-Boards gehören bei islamischen Finanzierungsgeschäften und sonstigen Schariakonformen Bankgeschäften heute zum üblichen Standard. Zur Problematik von Scharia-Boards unter dem Gesichtspunkt von *Corporate Governance* bei islamischen Voll- und Teilbanken hat sich der Verfasser dieses Beitrages an anderer Stelle bereits ausführlich geäußert.[34] Im vorliegenden Zusammenhang kann die Untersuchung auf die Aufgaben und die Einflussnahme des Scharia-Boards auf die Anlagepolitik eines Investmentfonds begrenzt werden. Ausgangspunkt ist dabei die Feststellung des BAKred in seinem Schreiben vom 8. Juni 1989, das sich mit einem Anlageausschuss bei einem kirchlich orientierten Fonds auseinandergesetzt hatte.[35] Dort wurde zu Recht hervorgehoben, dass das Fondsmanagement die Letztentscheidungskompetenz behalten müsse und dem Anlageausschuss nur beratende Funktion zukommen könne. Diese Aussage ergibt sich zumindest auch mittelbar aus §§ 26, 28, 36 KAGB und kann auch auf Scharia-Boards übertragen werden.[36]

---

alle vereinnahmten Zinsen an eine benannte wohltätige Organisation gespendet werden müssen, um die Erträge der Anleger zu „reinigen“, vgl. dessen vereinfachten Verkaufsprospekt vom 17.1.2009, S. 46.

33 Bälz, *„Islamische Aktienfonds in Deutschland?“*, in: BKR 2002, 447 (450).

34 Vgl. Casper, *"Sharia Boards and Corporate Governance"*, in: Festschrift für Hopt, Bd. 1, Berlin 2010, S. 457 ff. sowie ferner Casper, *"Sharia Boards and Sharia Compliance in the context of European Corporate Governance"*, in: Blaurock (ed.), *The Influence of Islam on Banking and Finance*, Schriftenreihe der Ernst von Caemmerer-Stiftung, Baden-Baden 2014, S. 41-58.

35 Vgl. den Nachw. oben in Fn. 26.

36 So zum alten Recht der Sache nach auch bereits Bälz, *„Islamische Aktienfonds in Deutschland?“*, in: BKR 2002, 447 (450); Machhausen, *Schari'a-konforme Investmentfonds*, Frankfurt 2012, S. 51 ff. auch unter dem Aspekt der Auslagerung.

Scharia-Boards sind bei Fondsgesellschaften typsicherweise nicht als Anlageausschuss im Sinne des o.g. Schreibens des ehemaligen BAKred ausgestaltet, sondern als externes Gremium mit Beratungs- und Zertifizierungs- bzw. Akkreditierungsfunktion. Die Aufgabe eines Scharia-Borads besteht zum einen darin, die Fondsgesellschaften bei der Auflegung des Fonds – namentlich der Ausgestaltung der Vertragsbedingungen und der darin enthaltenen Anlagepolitik – zu beraten. Teilweise wird diese Aufgabe aber auch von einem internen, also innerhalb der Kapitalverwaltungsgesellschaft angesiedelten Schariaberater ausgeübt (teilweise auch als *Sharia Compliance* Abteilung bezeichnet).[37] Weiterhin kommt dem Scharia-Board die Aufgabe zu, die Schariakonformität der im Vorfeld aufgestellten Anlagegrundsätze zu bestätigen (Zertifizierungs- oder Akkreditierungsfunktion). Das Scharia-Board wird jedoch noch nicht nur bei der Aufnahme eines Finanztitels in die Anlagegrundsätze tätig, sondern auch bei der regelmäßigen, meist in einem jährlichen Rhythmus stattfindenden Überwachung der Einhaltung der eigenen Anlagegrundsätze durch die Fondsverwaltung.[38] Typischerweise handelt es sich bei einem Scharia-Board also nicht um einen Anlageausschuss im Sinne des Schreibens des BAKred, da eine fortlaufende Einbeziehung in die Auswahl der nach den abstrakten Richtlinien erwerbbaren Aktien bzw. sonstigen Wertpapiere unterbleibt.

Eine letztverbindliche Entscheidung oder ein Weisungsrecht des Scharia-Boards gegenüber der Geschäftsleitung des Fonds ist mit den investmentrechtlichen Vorgaben nicht vereinbar. Wird beispielsweise eine nach den Vertragsbedingungen erforderliche Streuung nur durch eine nicht-islamkonforme Anlage erreicht, sind auch solche Aktien zu erwerben.

Eine weitergehende Einbindung des Scharia-Boards wäre allenfalls über ein Outsourcing in den durch § 36 KAGB gesetzten Grenzen möglich.[39] Dann müsste es sich bei dem Scharia-Board allerdings seinerseits um ein Finanzdienstleistungsunternehmen handeln, was in der Praxis jedoch durchweg nicht der Fall ist und auch nicht der Konzeption eines Scharia-Boards entspricht.[40] Weiterhin ist es unverzichtbar, dass die Schariagelehrten und somit der Scharia-Board insgesamt, eine gegenüber der Geschäftsleitung des Fonds unabhängige Stellung ein-

---

37 Vgl. näher dazu Casper, *"Sharia Boards and Sharia Compliance in the context of European Corporate Governance"*, Baden-Baden 2014, S. 41 (53 ff.).

38 Vgl. z.B. geprüfter *Jahresbericht des Allianz Global Investors Islamic Fund* vom 30.9.2009, S. 23, bei dem neben dem jährlichen Bericht allerdings eine vierteljährliche Überprüfung durch das Scharia-Board stattfindet.

39 Vgl. näher dazu auf Basis des alten § 16 InvG Machhausen, *Schari'a-konforme Investmentfonds*, Frankfurt 2012, S. 51 ff.

40 Zu einem eventuellen Anwendungsbeispiel im Zusammenhang mit islamischen Hedgefonds vgl. Mahlknecht, *Islamic Finance*, Weinheim 2009, S. 224.

nimmt. Anderenfalls wäre der Fonds durch entsprechende Weisungen in der Lage, selbst zu bestimmen, was Scharia-konform ist. Demgegenüber hat der regelmäßig in der Kapitalanlagegesellschaft angesiedelte Scharia-Berater, der meist kein islamischer Rechtsgelehrter, aber gleichwohl ein Experte für Islamic Finance ist, keine unabhängige Stellung gegenüber der Geschäftsleitung des Fonds. Dies ist auch nicht erforderlich, da seine Aufgabe vielmehr in der laufenden Beratung des Fondsmanagements besteht, das oftmals nicht über vertiefe Kenntnisse des islamischen Rechts verfügt. Entsprechendes gilt auch, wenn der Scharia-Berater der Fondsgesellschaft nur im Wege eines freien Mitarbeiter- oder Beratervertrages verbunden ist.[41] Der entscheidende Unterschied zwischen Scharia-Berater und Scharia-Board besteht neben der Frequenz der Beratung vor allen darin, dass dem Berater keine Zertifizierungsfunktion zukommt.

Zusammenfassend bleibt aber festzuhalten, dass ein Scharia-Board dann einen Platz neben dem Fondsmanagement hat, wenn es unabhängig von diesem entscheiden kann, seine Entscheidungen keine Bindungswirkung gegenüber dem Fondsmanagement haben und Interessenkonflikte durch eine Vielzahl von Doppelmandaten bei verschiedenen islamischen Fonds vermieden werden.

VI. Prospekthaftung wegen fehlender Scharia-Konformität und Verlagerung des Risikos auf den Anleger?

1. Ausgangspunkt: Normative Ambiguitätstoleranz und der Einfluss der islamischen Rechtsschulen

Eines der Hauptprobleme für den Anleger, der sich eine islamkonforme Anlage wünscht, besteht, wie oben bereits angedeutet, darin, dass es „das" islamische Recht gar nicht gibt und damit Probleme bei der Überprüfbarkeit der Scharia-Konformität bestehen. Vielmehr ist das islamische Recht von einer normativen Ambiguitätstoleranz geprägt. Darunter verstehen Islamwissenschaftler, dass mehrere Interpretationen nebeneinander existieren können, da der wirkliche Bedeutungsgehalt der göttlichen Norm für den Menschen oft gar nicht erkennbar ist.[42] Dieser kann sich nur bemühen, ihm möglichst nahe zu kommen. Denn die Scharia wird als Summe der göttlichen Beurteilungen menschlicher Handlungen begriffen (*ḥukm*). Diese Beurteilungen seien den Menschen aber gar nicht direkt zugänglich, sondern würden nur über den Umweg von Hinweisen (*dalā'il*) ver-

41 So fungiert beispielsweise beim Allianz Global Investors Islamic Fund die BMB Islamic UK Limited, also einer auf islamische Finanzgeschäfte spezialisierten Beratungsgesellschaft, als Schariaberater, vgl. dessen vereinfachten Verkaufsprospekt vom 17.1.2009, S. 56.

42 Ausdruck nach *Bauer*, Normative Ambiguitätstoleranz im Islam, in: Jansen/Oestmann (Hg.), *Gewohnheit, Gebot, Gesetz – Zur Entstehung von Normen in Geschichte und Gegenwart*, Tübingen 2011, S. 155 ff.

mittelt.[43] Letztere können z.B. Koranstellen oder Hadithe (also die schriftliche Überlieferung dessen, was der Prophet Mohammed zu Lebzeiten gesagt haben soll) sein, wobei diese jedoch oft wenig eindeutig sind. So fußt z.B. das islamische Zinsverbot auf wenigen Stellen im Koran, wie etwa der Aussage, dass Allah den Handel erlaubt, aber das Zinsnehmen (wörtlich den *ribā,* was wörtlich so viel wie Zuwachs bedeutet) verboten hat (Sure 2,275), und dem bekannten *Hadith,* wonach Mohammed gesagt haben soll: „Gold gegen Gold, Silber gegen Silber, Weizen gegen Weizen, Gerste gegen Gerste, Datteln gegen Datteln, Salz gegen Salz, gleiche [Mengen] gegen gleiche [Mengen], Zug um Zug. Wer mehr nimmt oder aufschlägt, macht ein *ribā*-Geschäft – derjenige, der nimmt, genauso wie der, der gibt“.[44] Dass es schwer fällt, hieraus konkrete Handlungsanweisungen für moderne Finanzierungsgeschäfte abzuleiten, liegt auf der Hand. Hinsichtlich des *ribā*-Verbots existiert sogar die Legende, dass der Prophet Mohammed erst kurz vor seinem Tod die Offenbarungen zum *ribā*-Verbot empfangen habe. Er sei jedoch verstorben, bevor er seinen Anhängern den genauen Bedeutungsgehalt dieses Verbots erklären konnte. Erschwerend kommt hinzu, dass die Authentizität und die Zuverlässigkeit vieler Textquellen im Islam, allen voran der *Hadithe*, umstritten ist.[45] So nimmt es nicht wunder, dass sich zu den für das Islamic Finance maßgeblichen Quellen ganz verschiedene Interpretationen herausgebildet haben.[46] Man spricht in diesem Zusammenhang gerne von den vier großen sunnitischen Rechtsschulen, zu denen sich zwei weitere schiitische Rechtsschulen gesellen.[47] Aber auch insoweit handelt es sich nicht um feste Organisationen, die mit einer staatlichen Gerichtsbarkeit oder auch nur mit der

43 Bauer, *„Normative Ambiguitätstoleranz im Islam“*, in: Jansen/Oestmann (Hg.), *Gewohnheit, Gebot, Gesetz – Zur Entstehung von Normen in Geschichte und Gegenwart*, Tübingen 2011, S. 155 (164 f.).

44 *Standardsammlung der Hadithe von Muslim, Abu Dawud, an-Nasa'i, Ibn Hanbal und ad-Darimi*, deutsche Übersetzung bei R. Lohlker, *Das islamische Recht im Wandel. Riba, Zins und Wucher in Vergangenheit und Gegenwart*, Münster 1999, S. 30.

45 Vgl. exemplarisch Bauer, *„Normative Ambiguitätstoleranz im Islam“*, in: Jansen/Oestmann (Hg.), *Gewohnheit, Gebot, Gesetz – Zur Entstehung von Normen in Geschichte und Gegenwart*, Tübingen 2011, S. 155 (165).

46 Die Interpretationsvielfalt reicht vom schlichten Wucherverbot bis hin zum strikten Zinsverbot, vgl. aus dem deutschsprachigen Schrifttum nur Amereller, *Hintergründe des „Islamic Banking“*, Berlin 1995, S. 86 ff.; Ghaussy, *Das Wirtschaftsdenken im Islam*, Bern 1986, S. 6 ff.; ein sehr lesenswerter Überblick über die unterschiedlichen Meinungen und Interpretationen zum *ribā*-Verbot findet sich ferner bei Saeed, *Islamic Banking and Interest: A Study of the Prohibition of Riba and its Contemporary Interpretation*, Leiden^2 1999, S. 41 ff.

47 Vgl. näher zu diesen etwa Hallaq, *An Introduction to Islamic Law*, Cambridge 2009, S. 38 ff.

kirchlichen Gerichtsbarkeit in den verschiedenen christlichen Kirchen vergleichbar wären. Einige Beteiligte sprechen deshalb auch lieber von Denkschulen. Diese Interpretationsvielfalt, welche über Jahrhunderte das Bild des Islams prägte, bringt aktuell insbesondere dort Konflikte mit sich, wo es auf eindeutige Aussagen ankommt. Dies geht heute so weit, dass die Aussage, zwei an sich widersprüchliche Glaubensaussagen seien wahr, von einigen als anstößig bewertet wird.[48] Auch aus Sicht eines Vertragsgestalters scheint die Duldung juristischer Mehrdeutigkeit nur schwer erträglich, will er doch den Vertragsparteien die Sicherheit bieten, dass das von ihm aufgelegte bzw. erworbene Finanzprodukt für jeden gläubigen Muslim akzeptabel ist. Aber genau an dieser Stelle beginnen die Schwierigkeiten.[49]

2. Risikoverteilung für fehlende Schariakonformität

Vorrangig ist die Frage zu klären, ob die Verteilung des Risikos nicht bereits Bestandteil des jeweiligen Finanzierungsvertrags ist. Dies hätte den Charme, dass es einer der beiden Vertragsparteien zugewiesen werden könnte. Pauschale Lösungen versagen jedoch. Gleichwohl lässt sich als verallgemeinernde Überlegung vor die Klammer ziehen, dass es sich bei der letztlich doch fehlenden Vereinbarkeit mit der Scharia – wie bei anderen außerrechtlichen Vorgaben auch – grundsätzlich um ein unerhebliches Affektionsinteresse der Parteien handelt, sofern die Parteien nicht Abweichendes im Vertrag vereinbart haben. Bliebe man jedoch bei der These vom unbeachtlichen Affektionsinteresse stehen, würde das Risiko einer Fehleinschätzung ausschließlich dem Anleger zugewiesen. Dies würde der wirtschaftlichen Bedeutung der Schariakonformität jedoch nicht gerecht. Denn schließlich ist es der Finanzdienstleister, der die Produkte als Schariakonform bewirbt und damit durch das Vorstoßen in eine Marktnische zu profitieren sucht. Näher liegt es deshalb, auch ohne ausdrückliche Abrede davon auszugehen, dass die Parteien außerrechtliche Vorgaben wie die Schariakonformität zum Vertragsinhalt machen wollen. Dies hat zur Folge, dass das Risiko zwischen den Parteien sachgerecht zu verteilen ist. Dabei kommt zum einen dem Emittenten islamischer Finanzprodukte die Verantwortung zu, nur solche Produkte als Schariakonform anzubieten, bei denen nicht von vornherein offenkundig ist, dass sie mit den Grundsätzen der Scharia im Widerspruch stehen. Insoweit trifft den Emittenten eine Prüfungspflicht. Diese Pflicht wird man dahin

48 Vgl. abermals Bauer, *„Normative Ambiguitätstoleranz im Islam“*, in: Jansen/Oestmann (Hg.), Gewohnheit, Gebot, Gesetz – Zur Entstehung von Normen in Geschichte und Gegenwart, Tübingen 2011, S. 155 (176 ff.).

49 Zu der schon häufiger diskutierten Scharia-Falle, die nach der Veröffentlichung der Fatwa von *Sheikh Mohammed Taqi Usmani* aus dem Jahre 2008 auftrat, vgl. etwa Casper, *„Islamic Finance – ein sicherer Hafen?“*, in: CFL 2012, S. 170 (172 f.).

verdichten können, sich international üblicher Zertifizierungsverfahren zu bedienen, also eine Akkreditierung durch international anerkannte Organisationen bzw. durch qualifizierte Rechtsgelehrte in einem Scharia-Board oder zumindest mittels interner, ebenfalls qualifizierter Schariaberater sicherzustellen. Auf der anderen Seite ist es jedoch auch nicht angängig, dem Emittenten das vollständige Risiko aufzubürden. Zweifelsfälle können sich also durchaus zulasten des Anlegers auswirken. Voraussetzung dafür ist jedoch, dass der Emittent einer ihm obliegenden Informationslast nachgekommen ist. Dabei muss die Bank den Kunden entweder darauf hinweisen, dass sie in Zweifelsfällen keine Überprüfung der Konformität mit der Scharia vornimmt, oder aber sie hat für eine solche Überprüfung Sorge zu tragen und muss dann ihr Ergebnis offenlegen. Denkbar wäre etwa eine Formulierung, dass das Scharia-Board die Übereinstimmung mit den religiösen Vorgaben bestätigt hat, dabei aber der Interpretation einer bestimmten Rechtsschule gefolgt ist, deren Sichtweise nur in einem Teil der muslimischen Welt akzeptiert wird. Genau derartige qualifizierte Informationen scheuen die Anbieter bisher jedoch häufig. Ist der Anbieter islamischer Finanzprodukte diesen Anforderungen nachgekommen, kann er im Übrigen auf die Interpretationsvielfalt innerhalb des islamischen Rechts verweisen und sich darauf verlassen, dass ursprüngliche oder nachträgliche Fehleinschätzungen in die Risikosphäre des Anlegers fallen.[50]

Voraussetzung dafür, dass die vorstehend skizzierte Risikoverteilung eingreift, ist jedoch, dass die Parteien die Scharia-Konformität als Bestandteil ihres Vertrages ansehen. Dafür bedarf es mehr als bloß der Verwendung arabischer Begriffe, die im Zusammenhang mit Islamic Finance bekannt sind. Vielmehr muss sich zumindest aus den Umständen ergeben, dass eine Inbezugnahme bzw. eine Ausrichtung des Vertrages an den Vorgaben des islamischen Rechts gewollt ist. Denn nur dann kann die soeben skizzierte Risikoverteilung aus dem jeweiligen Vertrag hergeleitet werden. Ein Rückgriff auf die Grundsätze der gestörten Vertragsgrundlage (§ 313 BGB) kommt jedoch regelmäßig nicht in Betracht.[51]

---

50 Vgl. näher zu derartigen in der Vertragspraxis häufiger zu beobachtenden „Haftungsfreizeichnungsklauseln“ bereits Casper, *„Islamisches und ethisches Wirtschaftsrecht – Risikoverteilung bei fehlender Vereinbarkeit mit den religiösen oder ethischen Vorgaben“*, in: RW 2011, S. 251 (271 f.).

51 Vgl. dazu mit einer ausführlicheren Begründung *Casper* (Fn. 50) RW 2011, S. 251 (260 ff.).

3. Haftung

a) Fallgruppen

Handelt das Fondsmanagement entgegen der eigenen Anlagegrundsätze, ergeben sich zugunsten des Anlegers Haftungsansprüche in drei verschiedenen Konstellationen. Die zeitlich frühste Haftung kommt dann in Betracht, wenn der angebotene Fondsanteil bereits zum Zeitpunkt der Investitionsentscheidung des Anlegers nicht wie behauptet Schariakonform ist (anfängliches Fehlen der Konformität). Entweder hat der Emittent selbst die fehlerhafte Einschätzung vorgenommen oder dem von ihm beauftragten Scharia-Board ist ein offensichtlicher Fehler unterlaufen. Bei der zweiten Fallgestaltung entfällt nach überwiegender, marktrelevanter Sichtweise während der Vertragslaufzeit die Vereinbarkeit mit der Scharia. Daneben gehört zu dieser Konstellation auch, dass das Scharia-Board nachträglich die Zertifizierung entzieht, da sich die Umstände geändert haben oder der Emittent dem Scharia-Board wesentliche Informationen für die Zertifizierung vorenthalten hat. Bei islamischen Fonds ist drittens die Fallgruppe denkbar, dass der Fonds gegen seine eigene, Scharia-konforme Anlagepolitik verstößt, also solche Unternehmensanteile in das Fondsvermögen aufnimmt, die den Scharia-konformen Anlagebedingungen nicht entsprechen.[52]

b) Prospekthaftung bei von Anfang an fehlender Scharia-*Konformität?*

Preist der Finanzdienstleister sein Produkt in einem Verkaufsprospekt als als islamkonform an an, während dies in Wirklichkeit ersichtlich nicht der Fall ist, da praktisch von keiner erstzunehmenden Stimme im Islam eine Vereinbarkeit bejaht wird, lässt sich grundsätzlich ein Anspruch aus Prospekthaftung vertreten. Bei islamkonformen Fonds kommt regelmäßig ein Anspruch nach § 306 KAGB in Betracht, bei börsennotierten *Ṣukūks* könnte man auf §§ 21, 22 WpPG zusteuern. Voraussetzung hierfür ist freilich, dass es sich bei der Schariakonformität um eine Angabe handelt, die für die Beurteilung der Anteile von wesentlicher Bedeutung sind. Dies wird man jedoch in aller Regel annehmen können, da das Fehlen dieses Umstandes – wie gezeigt – erheblichen Einfluss auf die Preisbildung derartiger Papiere haben kann.

Indes dürften diese Fälle in der Praxis nur selten anzutreffen sein. Denn nach der oben unter VI. 1. dargelegten Risikoverteilung ist erforderlich, dass praktisch für jedermann von Anfang an feststehen muss, dass die religiösen Vorgaben des Islams verfehlt worden sind. Derartige offenkundige Fälle, in denen praktisch keine erstzunehmende Stimme im Islam eine Vereinbarkeit mit

52 Vgl. speziell zur Haftung für die fehlende Konformität mit der Scharia bei islamischen Aktienfonds auch bereits Casper, *Islamkonforme Aktienfonds*, FS Schneider, Köln 2010, S. 229 (243 ff.).

dem religiösen Recht vertritt, werden nur selten vorkommen. Ein Anschauungsbeispiel liefert jedoch die Entscheidung des English High Court in seinem vorläufigen Urteil vom 11.12.2009 in Sachen Blom Development Bank (Blom) vs. The Investment Dar Company (TID).[53] Dort war dem Anleger bei einer *wakāla*-Konstruktion[54] nicht nur die Rückzahlung des angelegten Kapitals, sondern auch eine Mindestrendite versprochen worden, obwohl typischerweise der Anleger bei einer *wakāla* wie bei einer *muḍāraba* keinen festen Mindestgewinn erwarten kann und notfalls auch den Verlust des eingesetzten Kapitals hinnehmen muss. Ein Verstoß gegen das *ribā*-Verbot war also mit Händen zu greifen. Gleichwohl hatte das Scharia-Board der Beklagten die Vertragskonstruktion als islamkonform abgesegnet und damit seinen Interpretationsspielraum ersichtlich überschritten.

Praktisch relevant sind vielmehr solche Situationen, in denen eine positive Zertifizierung durch das Scharia-Board vorliegt, diese Beurteilung auch durchaus von Teilen der islamischen Gemeinschaft geteilt, von vielen anderen jedoch abgelehnt wird. Bewegt sich das Scharia-Board also in dem üblichen, vertretbaren Interpretationsspielraum, der für das islamische Recht genauso kennzeichnend ist wie für das Ethikbanking, sprechen die besseren Gründe dafür, dem Scharia- bzw. Ethikrat eine Einschätzungsprärogative zuzubilligen. Überprüft der Anbieter die Konformität des Finanzprodukts erst gar nicht, sondern behauptet dessen Konformität vielmehr schlichtweg ins Blaue, muss diese Behauptung nicht einmal evident falsch sein. Es genügt stattdessen bereits, dass eine verbreitete Auffassung im Islam die Kompatibilität mit den religiösen Vorgaben nicht teilt.

Noch spannender ist die Situation, wenn eine Zertifizierung zwar erfolgt ist, aber das Scharia-Board – wie im oben skizzierten Black-Box-Modell – sein Ergebnis für die positive Zertifizierung nicht offengelegt hat, sondern pauschal mit der Islamkonformität seines Produkts wirbt. Es ist in der Praxis nämlich nicht unüblich, dass die Rechtsgelehrten in den Scharia-Boards ihre *Fatwas* nicht begründen. Auch wenn meines Erachtens zunächst einmal gute Gründe für eine gewisse Transparenz durch die Anbieter im Hinblick auf den Zertifizierungsprozess sprechen, darf bei der Verteilung der Informationslast indes nicht der Grad an Ungewissheit aus dem Blick geraten. Es macht keinen Sinn, bei einer klassischen *muḍāraba*, deren Zulässigkeit unbestritten ist, den Board zu einem seitenlangen Gutachten zu verdonnern. Ist die Zulässigkeit des angebotenen Produkts hingegen – wie in der Szene allgemein bekannt – umstritten, ist hierauf in dem Prospekt besonders hinzuweisen. Paradigmatisches Beispiel ist der sog. *Bai' al-*

53 [2009] EWHC 3545 (Ch); verfügbar unter Westlaw als 2009 WL 5386898.

54 Zur *wakala* vgl. den Nachw. oben in Fn. 17.

'Īnā,[55] bei dem eine Bank als Verkäufer und zugleich als Wiederkäufer auftritt. In einem ersten Schritt verkauft sie ihrem Kunden marktgängige Wertgegenstände wie Diamanten zu einem Preis über dem aktuellen Marktniveau, wobei sie zugleich den Kaufpreisanspruch stundet. Der Kunde nimmt nun diese Wertgegenstände, an denen er in der Regel überhaupt kein Interesse hat und die ihm im Extremfall auch nie übereignet werden, und verkauft sie *stante pedes* wieder zum aktuellen Marktpreis an die Bank zurück, wobei er diesen Kaufpreis nunmehr sofort ausbezahlt erhält. Auf diese Weise kann die Bank ein verdecktes Darlehen auszahlen; der erste Kaufvertrag dient der Erzeugung des Rückzahlungsanspruchs sowie der Verzinsung in Höhe des Aufschlags auf den aktuellen Markpreis, während mit dem zweiten Kaufvertrag die Darlehensvaluta zur Auszahlung gebracht wird. Diese Konstellation wird zwar mehrheitlich im Islam als unzulässiges Umgehungsgeschäft qualifiziert, von der in Südostasien vorherrschenden schafi'ītischen Rechtsschule wird hingegen auch diese Gestaltung noch gebilligt, wenn auch nicht empfohlen, da beide Verträge isoliert zu betrachten seien, denn schließlich könne die wahren Motive der Parteien nur Allah erforschen.[56] Insoweit wäre ein Hinweis im Prospekt unumgänglich, dass derartige Finanzierungsverträge nur nach dieser einen Rechtsschule als noch akzeptabel qualifiziert werden. Fraglich ist daneben, ob ein Hinweis in den dem Anlagepublikum zugänglich zu machenden Fatwas des Scharia-Boards genügen würde. Dies wird nur dann ausreichend sein, wenn die Fatwas festeingebundener Bestandteil des Prospekts sind, oder aber in dem Prospekt auf sie explizit verwiesen wird und diese dem Prospekt als Anlage beigefügt werden. Ebenfalls ist eine Haftung denkbar, wenn der Emittent in seinem Prospekt nicht darauf hinweist, dass sich seine Einschätzung der Islamkonformität nicht mit den Anforderungen der beiden großen Nichtregierungsorganisationen im Bereich des Islamic Finance, der AAOIFI in Bahrain bzw. dem IFSB in Kuala Lumpur deckt. Zumindest einstweilen scheint mir eine Haftung in dieser Konstellation aber nicht zwingend, da die beiden Organisationen noch nicht allgemein anerkannt sind. Jenseits der spezialgesetzlichen Prospekthaftung ist eine Haftung aus *culpa in contrahendo* oder ausnahmsweise auch aus bürgerlich-rechtlicher Prospekthaftung[57] zu erwägen. Letztere setzt aber voraus, dass die gesetzlichen Prospekthaftungsansprüche nicht anwendbar sind, aber gleichwohl ein Prospekt oder eine

---

55 Auch bezeichnet als *muḫāṭara*, näher zu dieser sehr umstrittenen islamischen Finanzierungsform, die vor allen in Südostasien anzutreffen ist, etwa Ebert/Thiessen, *Das islamkonforme Finanzgeschäft*, Stuttgart 2010, S. 74 f.; El-Gamal, *Islamic Finance*, New York 2006, S. 70 ff.

56 Warde, *Islamic Finance in the Global Economy*, Edinburgh [2]2010, S. 144.

57 Überblick dazu etwa bei Staub/*Casper*, *Großkommentar zum HGB*, Bd. 4, Berlin [5]2015, § 161 Rn. 171 ff.

entsprechende Darstellung und nicht nur eine Werbebroschüre beim Vertrieb eingesetzt wurde.[58]

c) Änderung der Scharia-konformität während der Vertragslaufzeit

Mögliche Ansatzpunkte für eine Haftung bei Änderung der Einschätzung während der Vertragslaufzeit sind zum einen eine Verletzung der Informationspflicht bei Entzug der Zertifizierung sowie zum anderen das Unterlassen von Maßnahmen, um die Islamkonformität wiederherzustellen, sofern dies im Einzelfall möglich ist.

Das Paradebeispiel für eine Haftung aufgrund einer verletzten Informationspflicht bildet der Entzug der Zertifizierung durch das Scharia-Board während der Vertragslaufzeit. Zwar sind die Entscheidungen des Scharia-Boards für den Emittenten – zumindest in Europa – nicht bindend und es wird ferner zumeist auch keine vertragliche Verpflichtung bestehen, den Anleger über neue Erkenntnisse des Scharia-Boards zu informieren. Gleichwohl ergibt sich eine Informationspflicht aus der zentralen Bedeutung der Zertifizierung für die Anlageentscheidung des Investors. Damit bleibt die Frage zu beantworten, wann und wie eine derartige Information vorzunehmen ist. Ist das islamkonforme Finanzprodukt börsennotiert, wird man von einer Pflicht zur Ad-hoc-Publizität gem. § 15 WpHG ausgehen können.[59] Ob auch darüber hinaus eine Pflicht zur unterjährigen Aufklärung besteht, ist bisher weitgehend ungeklärt. Zumindest bei fungiblen Produkten liegt eine Pflicht zur sofortigen Information der Anleger nahe, wobei man am Unverzüglichkeitsmaßstab des § 121 Abs. 1 S. 1 BGB Maß nehmen kann.

Eine Pflicht zur Wiederherstellung der Islamkonformität durch Vertragsänderungen dürfte bei islamkonformen Fonds denkbar sein, sofern die Anleihebedingungen eine entsprechende Anpassungspflicht vorsehen.[60] Ein Verstoß gegen diese Pflicht zur Anpassung löst einen auf §§ 280 ff. BGB gestützten Schadensersatzanspruch aus. Der Schaden wird regelmäßig in dem Wertverlust des Fondsanteils liegen.

---

58 Vgl. allgemein zum verbleibenden Anwendungsbereich der auf die Rechtsprechung zurückgehenden bürgerlich-rechtlichen Prospekthaftung neben den gesetzlichen Ansprüchen in §§ 21 ff. WpPG bzw. § 20, 21 VermAnlG oder § 306 KAGB etwa Assmann, *„§ 6 Prospekthaftung“*, in: Assmann/Schütze, *Handbuch des Kapitalanlagerechts*, München ^{3}2007, § 6 Rn. 129 ff.; Staub/Casper, *Großkommentar zum HGB*, Bd. 4, Berlin ^{5}2015, § 161 Rn. 152.

59 Vgl. dazu näher *Casper*, *„Islamische Aktienfonds“*, in: FS Schneider, Köln 2010, S. 229 (244).

60 Zu den Einzelheiten vgl. *Casper*, *„Islamische Aktienfonds“*, in: FS Schneider, Köln 2010, S. 229 (244).

d) Missachtung von Anlagegrundsätzen

Weniger spektakulär ist die letzte Fallgruppe, in der der Fonds sich nicht an die von ihm selbst in den Anlagebedingungen aufgestellte Anlagepolitik hält, die versucht, die Investments an den religiösen Vorgaben auszurichten. Hintergrund ist, dass neben dem schon erwähnten Zins-, Spekulations- und Glückspielverbot aus dem Koran auch das Erfordernis hergeleitet wird, nicht in Unternehmen zu investieren, die einen nicht Schariakonformen Unternehmensgegenstand verfolgen (vgl. bereits oben II.).

Ein Verstoß gegen diese in den Vertragsbedingungen typsicherweise in Form von Negativkatalogen aufgezählten Anlagegrundsätze beinhaltet zugleich eine Verletzung des Investmentvertrages, was wiederum eine Haftung nach § 280 Abs. 1 BGB auslöst.

Untiefen ergeben sich eher bei der Bestimmung des Schadens auf der Rechtsfolgenebene. Eine Rückabwicklung des Vertrages im Wege der Naturalrestitution (§ 249 BGB) wird regelmäßig nicht in Betracht kommen, da der zeitlich nachfolgende Verstoß gegen die Anlagegrundsätze nicht für die Kaufentscheidung kausal war. Eine Ausnahme gilt nur insoweit, als auch zugleich ein Verstoß gegen den Prospekt vorliegt, was jedoch selten der Fall sein dürfte.

VII. Fazit

Islamische Aktienfonds basieren in der Regel auf dem Konzept der *muḍāraba* oder der *wakāla*.

Aktienfonds lassen sich relativ problemlos unter dem deutschen Recht, jetzt auch unter der Ägide des neuen KAGB, auflegen. Voraussetzung dafür ist allerdings, das die Anlagenpolitik, der eine gesteigerte Bedeutung zukommt, offen gelegt wird. Black-Box-Modelle, frei nach dem Motto: „wir legen ihr Geld nach kirchlichen oder nach Schariakonformen Grundsätzen an; Ende der Durchsage“, in denen somit weitere Erläuterungen ausbleiben, sind nicht zulässig.

Der Scharia-Board ist kein Anlageausschuss, er hat eine Zertifizierungs- und Kontrollfunktion. Sofern er keine letztverbindlichen Entscheidungskompetenzen hat, sondern diese vielmehr beim Fondsmanagement verbleiben, ist ein solcher religiöser Wächterrat ein unproblematisch zulässiger Beirat, der sich in das europäische Verständnis von Fondsgovernance einbetten lässt.

Da es nicht „das“ islamische Recht gibt, sondern dieses vielmehr durch eine hohe Interpretationsvielfalt gekennzeichnet ist, kann der Anleger, der sich freiwillig für ein Scharia-konformes Anlageprodukt entscheidet, nicht immer sicher sein kann, dass es wirklich seinen religiösen Wertvorstellungen entspricht. Diese Interpretationsvielfalt, die sich auch während der Vertragslaufzeit ändern kann, bedeutet für den Anleger die Gefahr, dass er ein Produkt erwirbt, das zunächst mehrheitlich für Scharia-konform erachtet wird, sich diese Einschätzung aber im

Laufe der Zeit ändert und der Wert seines Anlageprodukts verfällt (sog. Scharia-Falle). Dieses Risiko ist sachgerecht auf den Anleger wie auf die Fondsgesellschaft zu verteilen. Eine Prospekthaftung kommt nur dann in Betracht, wenn die Einschätzung evident unrichtig ist. Widerruft der Scharia-Board später die Zertifizierung als islamkonform bzw. stellt sich heraus, dass der Board entgegen der überwiegenden Praxis im islamischen Recht eine Vereinbarkeit mit dem islamischen Recht erklärt hat, haftet der Fonds grundsätzlich nicht, sofern er sich an seine Anlagegrundsätze gehalten hat. Wird hingegen vom Fonds gegen diese Anlagengrundsätze verstoßen, hat die Fondsgesellschaft dem Anleger den daraus entstandenen Schaden zu erstatten.

Literatur

AAOIFI (Accounting and Auditing Organization for Islamic Financial Institutions), *Governance Standard for Islamic Financial Institutions*, No. 1 sec. 2, n.V.

AAOIFI, *"Financial Accouting Standards No. 14"*, nicht veröffentlicht (n.V.).

Abd Jabbar, Hjh Siti Faridah, *"Islamic Finance: Fundamental Principles and Key Financial Institutions",* in: Company Lawyer 2009, 23-32.

Al-Rifai, Tariq, *"Trends and performance monitoring of Islamic equity funds"*, in: Jaffer (ed.), *Islamic Retail Banking and Finance*, London 2006, S. 156-161.

Amereller, Florian, *Hintergründe des „Islamic Banking"*, Berlin 1995.

Assmann, Heinz-Dieter, *„§ 6 Prospekthaftung"*, in: Assmann/Schütze, *Handbuch des Kapitalanlagerechts*, München ³2007, § 6.

Ayub, Muhammad, *Understanding Islamic Finance*, Hoboken (N.J.) 2009.

Bälz, Kilian, *„Das internationale Vertragsrecht der islamischen Banken"*, in: WM 1999, 2443-2450.

Bälz, Kilian, *„Islamische Aktienfonds in Deutschland?"*, in: BKR 2002, 447-452.

Bälz, Kilian, *Versicherungsvertragsrecht in den arabischen Staaten*, Berlin 1997.

Bauer, Thomas, *„Normative Ambiguitätstoleranz im Islam"*, in: Jansen, Nils/Oestmann, Peter (Hg.), *Gewohnheit, Gebot, Gesetz – Zur Entstehung von Normen in Geschichte und Gegenwart*, Tübingen 2011.

Beckmann/Scholtz (Hg.), *Investment – Ergänzbares Handbuch für das gesamte Investmentwesen*, Bd. 2, Loseblattsammlung Stand 4/2008.

Canaris, Claus-Wilhelm, *„Bankvertragsrecht"*, in: *Großkommentar zum HGB*, Bankvertragsrecht, Berlin ³1981.

Casper, Matthias, *"Sharia Boards and Sharia Compliance in the Context of European Corporate Governance"*, in: Blaurock (ed.), *The Influence of Islam on Banking and Finance*, Schriftenreihe der Ernst von Caemmerer-Stiftung, Baden-Baden 2014, S. 41-58, URL: *Preprints and Working Papers of the Center for Religion and Modernity*, 2012, verfügbar unter: http://ssrn.com/abstract=2179412 (letzter Zugriff: 16.12.2014)

Casper, Matthias, *„Die Investmentkommanditgesellschaft: große Schwester der Publikums-KG oder Kuckuckskind?"*, in: ZHR 179 (2015), Heft 1, im Erscheinen.

Casper, Matthias, *„Islamic Finance – ein sicherer Hafen?"*, in: Corporate Finance Law (CLF), Jg. 3 H. 4., 2012, S. 170-177.

Casper, Matthias, *„Islamische Aktienfonds – eine kapitalmarktrechtliche Herausforderung?“*, in: Burgard/Hadding/Mülbert/Nietsch/Welter (Hg.), *Festschrift für Uwe H. Schneider*, Köln 2011, S. 229-246.

Casper, Matthias, *„Islamisches und ethisches Wirtschaftsrecht – Risikoverteilung bei fehlender Vereinbarkeit mit den religiösen oder ethischen Vorgaben“*, in: Die Rechtswissenschaft (RW), 2. Jg., H. 3, 2011, S. 251-274.

Casper, Matthias, *“Sharia Boards and Corporate Governance”*, in: *Festschrift für Klaus Hopt*, Bd. 1, Berlin 2010, S. 457-478.

Casper, Matthias, *“Three Topics at the Periphery of Corporate Governance: Business Rescues and Wrongful Trading, Supervisory Law for Financial Institutions and the Perspective on Islamic Financial Institutions”*, in: EBLR, 26 (2015), issue 1, S. 203-227.

Dürr, Wolfram, *„Ethische Investmentfonds" in Deutschland?“*, in: ZIP 1991, 286-297.

Ebert, Hans-Georg/Theissen, Friedrich, *Das islamkonforme Finanzgeschäft*, Stuttgart 2010.

Elfakhani, Said M./Hassan, M. Kabir/Sidani, Yusuf M., *“Islamic mutual funds”*, in: Hassan/Lewis (eds.), *Handbook of Islamic Banking*, Cheltenham 2007, S. 256-276.

El-Gamal, Mahmoud A., *Islamic Finance*, New York 2006.

Gassner, Michael/Wackerbeck, Philipp, *Islamic Finance*, Köln ²2010.

Ghaussy, A. Ghanie, *Das Wirtschaftsdenken im Islam*, Bern 1986.

Hallaq, Wael, *An Introduction to Islamic Law*, New York 2009.

Köndgen, Johannes/Schmies, Christian, *„§ 113. Investmentgeschäft“*, in: Schimaski/Bunte/Lwowski, *Bankrechts-Handbuch*, München ⁴2011.

Lohlker, Rüdiger, *Das islamische Recht im Wandel. Ribā, Zins und Wucher in Vergangenheit und Gegenwart*, Münster 1999.

Machhausen, Sabine, *Schari'a-konforme Investmentfonds*, Frankfurt 2012.

Mahlknecht, Michael, *Islamic Finance: Einführung in Theorie und Praxis*, Weinheim 2009.

Rohe, Mathias, *Islamisches Recht*, München 2009.

Saeed, Abdullah, *Islamic Banking and Interest: A Study of the Prohibition of Ribā and its Contemporary Interpretation*, Leiden ²1999.

Schoon, Natalie, *Islamic Banking and Finance*, London 2009.

Shah, Imtiaz, *“Overview of Islamic Asset Management”*, in: *Islamic Finance: A Practical Guide*, London 2008, S 15-24.

Staub, Hermann (Begr.), Hg. Canaris. Claus-Wilhelm/Habersack, Mathias/Schäfer, Carsten, *Großkommentar zum HGB*, Bd. 4, Berlin⁵ 2015.

Thomas, Abdulkader/Cox, Stella/Kraty, Bryan, *Structuring Islamic Finance Transactions*, London 2005.

Vereinfachter Verkaufsprospekt des Allianz Global Investors Islamic Fund v. 17.1.2009.

Verkaufsprospekt des Meridio Islamic Funds - Meridio Global Islamic Multi Asset vom Januar 2010.

Vogel, Frank E./Hayes, Samuel L., *Islamic Law and Finance*, Den Haag 2006.

Warde, Ibrahim, *Islamic Finance in the Global Economy*, Edinburgh ²2010.

Wegen, Gerhard/Wichard, Johannes Christian, *Islamische Bankgeschäfte*, in: RIW 1995, S. 826-830.

Weitnauer, Wolfgang/ Boxberger, Lutz/ Anders, Dietmar, *KAGB*, München 2014

Şukūk – Vertragliche Gestaltung nach deutschem Recht, Unterschiede zu Anleihen und eventuelle Anwendungsprobleme

Osman Saçarçelik

I. Einleitung und Fragestellung

Innerhalb des weiten Spektrums Scharia-konformer[1] Finanzprodukte des Islamic Finance nehmen *şukūk* eine prominente Rolle ein. *Şukūk*[2] – oder islamische Zertifikate – sind, verkürzt dargestellt, Wertpapiere, die ein Scharia-konformes Grundgeschäft verbriefen. Diese Zertifikate zeichnen sich durch ihre Fungibilität und Kapitalmarktfähigkeit aus. Sie werden heute an internationalen Börsen gelistet und gehandelt. Obgleich *şukūk* häufig mit "Islamic bonds" übersetzt werden und in ihren ökonomischen Parametern durchaus mit Anleihen vergleichbar sind, greift eine begriffliche Gleichsetzung zu kurz. Denn die Strukturen islamischer Zertifikate sind wenig standardisiert und unterscheiden sich erheblich voneinander. Bei diesen Wertpapieren handelt es sich regelmäßig um strukturierte Finanzinstrumente, die aus einer Vielzahl von Bausteinen und Vertragselementen bestehen. Ein wesentlicher Unterschied zu klassischen Fixed Income-Produkten ist darin zu sehen, dass eine *şukūk*-Transaktion mit islamrechtlichen Grundsätzen vereinbar sein muss. Folglich darf ein *şukūk* kein zinstragendes Wertpapier sein. Dies folgt aus dem islamischen *ribā*-Verbot, das nach wohl herrschender Meinung unter islamischen Rechtsgelehrten als umfassendes Zinsverbot verstanden wird.[3] Spekulative Elemente dürfen ebenfalls nicht enthalten sein. Dies folgt aus dem Grundsätzen des *maisir* bzw. *qimār* und des *ġarar*. Ferner müssen die Geschäfte und Vertragsverhältnisse, auf denen die Transaktion beruht und durch die die *şukūk*-Rendite generiert wird, ebenfalls islamrechtlich zulässig sein. Obwohl sich die vertragliche Ausgestaltung eines *şukūk* an den Vorgaben der Scharia orientiert, werden die Verträge, die im Rahmen einer *şukūk*-Transaktion geschlossen werden, grundsätzlich dem jeweils geltenden staatlichen Recht unterworfen. Gerade vor dem Hintergrund der strukturellen Besonderheiten und nicht zuletzt wegen des Erfordernisses der Scharia-

---

1 Die Scharia, die häufig verkürzt als „islamisches Recht" definiert wird, ist als Gesamtheit von religiösen und rechtlichen Normen des Islam zu verstehen.

2 Im Arabischen hat der Begriff *şukūk* die Bedeutung „Zertifikate". Die Singularform ist *şakk*.

3 Zum *riba*-Verbot vgl. etwa die Untersuchung von Saeed, *Islamic Banking and Interest. A Study of the Prohibition of Riba and its Contemporary Interpretation*, Leiden 1996; Lohlker, *Das islamische Recht im Wandel – Riba, Zins und Wucher in Vergangenheit und Gegenwart*, Münster 1999.

Konformität bedarf die Frage der vertraglichen Ausgestaltung einer *ṣukūk*-Transaktion nach deutschem Recht einer genauen Untersuchung.

In einem ersten Schritt werden im Folgenden zunächst die historische Entwicklung und die wirtschaftliche Bedeutung sowie die Einsatzmöglichkeiten von *ṣukūk* aufgezeigt (II.). Anknüpfend an diesen einführenden Abschnitt gilt es sodann, die Grundstrukturen marktüblicher *ṣukūk*-Formen darzustellen und eine Abgrenzung von verwandten Instrumenten vorzunehmen (III.). Dabei wird der sog. *ṣukūk al-iǧāra* als Fallbeispiel herangezogen. Bereits an dieser ersten Bestandsaufnahme offenbaren sich strukturelle Ähnlichkeiten, aber auch vor allem die in der Überschrift dieser Untersuchung angedeuteten Unterschiede zu Anleihen. Auf Gemeinsamkeiten und Unterschiede wird an entsprechender Stelle vertiefend hinzuweisen sein. Nachdem der Untersuchungsgegenstand umrissen und die vertragliche Gestaltung eines markttypischen *ṣukūk* herausgearbeitet wird, wird die Frage der zivilrechtlichen Einordnung des *ṣukūk*-Grundgeschäfts untersucht. Als Folgefrage wird die True-Sale-Problematik erörtert (IV.). Die wichtigen Ergebnisse der Untersuchung werden abschließend in Thesen zusammengefasst (V.).

II. Entwicklung und Einsatzmöglichkeiten

1. Historie von *ṣukūk*

Die Ursprünge von *ṣukūk* reichen in die 1990er Jahre zurück. Erste *ṣukūk*-Strukturen wurden in Malaysia aufgelegt und später in den ölreichen arabischen Golfstaaten rezipiert und weiterentwickelt. Mit den steigenden Emissionsvolumina wurden in den 2000er Jahren zunehmend innovativere *ṣukūk*-Formen entwickelt, um den wachsenden Bedürfnissen des Marktes nach neuen Schariakonformen *ṣukūk*-Formen zu entsprechen.[4] *Ṣukūk*-Finanzierungen erfreuen sich auch im Westen wachsender Beliebtheit. Mit dem Sachsen-Anhalt *ṣukūk* wurde im Jahre 2004 erstmals in Deutschland ein *ṣukūk* nach deutschem Recht aufgelegt. Zur erhöhten Sichtbarkeit von *ṣukūk* an den internationalen Finanzmärkten trugen in der Folgezeit auch *ṣukūk*-Emissionen multinationaler Unternehmen bei. *Ṣukūk*-Emissionen werden zunehmend auch als Alternative zu Staatsanleihen gesehen. Während sog. Sovereign *ṣukūk* in Ländern wie Malaysia und Bahrain schon seit längerer Zeit emittiert werden, sind in jüngerer Vergangenheit auch andere Länder als Emittenten in Erscheinung getreten. Zuletzt hat die britische Regierung einen mehrfach überzeichneten *ṣukūk* mit einem Emissions-

---

4 Zur Historie und Marktentwicklung siehe näher Sacarcelik, *Rechtsfragen islamischer Zertifikate (Sukuk)*, Diss. Baden-Baden 2013, S. 45ff.

volumen in Höhe von 200 Millionen Sterling begeben.[5] Damit wollte die Regierung ein positives Signal für London als führendem Finanzplatz für Islamic Finance in Europa setzen. Zwar bekunden unterschiedliche Marktakteure in Deutschland immer wieder Interesse an *ṣukūk*-Transaktionen „Made in Germany“. Auch die deutsche Finanzaufsicht hat mit ihrer Ankündigung, den regulatorischen Boden für Islamic Finance in Deutschland bereiten zu wollen, einen entsprechenden Appell an die Marktteilnehmer gesendet. Dennoch zeigen sich die deutschen Marktteilnehmer eher zurückhaltend gegenüber *ṣukūk*-Emissionen. Dies mag damit zusammenhängen, dass *ṣukūk* in Deutschland ein noch relativ unbekanntes und exotisch anmutendes Finanzierungsinstrument ist. Schließlich ist die bisher mangelnde Nachfrage auch auf die wirtschaftlichen und rechtlichen Rahmenbedingungen zurückzuführen.

2. Wirtschaftliche Bedeutung und Einsatzmöglichkeiten von *ṣukūk*

Die Einsatzmöglichkeiten von *ṣukūk* sind vielfältig. *Ṣukūk*-Transaktionen werden zum Zwecke der Unternehmensfinanzierung oder Projektfinanzierung (z.B. Infrastruktur- oder Energieprojekte) eingesetzt. *Ṣukūk* eignen sich bei entsprechender Ausgestaltung auch als einlagefähiges Refinanzierungsinstrument. Mittels *ṣukūk* können auch bilanzielle Effekte erzeugt und Liquiditätsvorteile genutzt werden. Risikoreiche Assets können etwa aus der Bilanz ausgeschieden werden. Durch eigenkapitalähnliche Konstrukte (Stichwort: *mezzanine*-Finanzierung) kann die Eigenkapitalquote gestärkt werden. Dies kann sich positiv auf das Rating und somit auf die Finanzierungskosten einer zusätzlichen Fremdkapitalaufnahme auswirken. Zum Anlegerkreis von *ṣukūk* zählen traditionell institutionelle Investoren wie Banken, Pensionskassen, Versicherungen und Investmentfonds. Anlegern bietet *ṣukūk* eine alternative und diversifizierte Anlagemöglichkeit und Zugang zu neuen Kapitalmärkten in den Wachstumsmärkten Südostasiens und des arabischen Golfraumes. Aber auch in Afrika sind vermehrt *ṣukūk*-Transaktionen zu beobachten. Insbesondere exportorientierte deutsche Unternehmen mit Absatzmärkten in islamisch geprägten Ländern, aber auch der deutsche Mittelstand könnten mittels *ṣukūk* eine neuartige Finanzierungsquelle erschließen und neue Anlegerkreise ansprechen.

III. Grundformen des *ṣukūk* und Abgrenzung von verwandten Finanzierungsinstrumenten

Unter dem Begriff *ṣukūk* versteht man – allgemein und verkürzt dargestellt – wertpapiermäßige, vermögenswertgestützte Finanzierungen, die auf einem klas-

5 Siehe dazu Financial Times vom 25.6.2014 URL: http://www.ft.com/cms/s/0/7c89467e-fc4e-11e3-98b8-00144feab7de.html#axzz36nTIolCQ (letzter Zugriff: 06.07.2014).

sisch-islamrechtlichen Vertrag basieren.⁶ Die Bezeichnung *ṣukūk* kann sich sowohl auf das Wertpapier als auch die gesamte Transaktion, die durch das Wertpapier verbrieft wird, beziehen. *ṣukūk*-Transaktionen werden in der Praxis sowohl fremdkapitalnah als auch eigenkapitalnah ausgestaltet. Bei den eigenkapitalnahen Formen nehmen der kapitalgebende Anleger und das kapitalaufnehmende Unternehmen eine Art Gesellschafterstellung nach traditionellem islamischem Vorbild ein. Hierbei wird nämlich auf Rechtsfiguren des klassischen islamischen Rechts wie etwa der *muḍāraba* oder *mušāraka* rekuriert. Der Kapitalgeber beteiligt sich an der unternehmerischen Tätigkeit eines Dritten und trägt damit sowohl die Chancen als auch die Risiken des Geschäfts mit. Diese Finanzierungsform, die auf dem Grundsatz des *profit and loss sharing* basiert, weist häufig Ähnlichkeiten zu personalistisch geprägten Gesellschaften des deutschen Rechts auf.⁷ Obwohl eigenkapitalbasierte Formen der Finanzierung im islamischen Wirtschaftsdenken als Idealtypus gelten, dominieren weitgehend Produkte mit Fremdkapitalcharakter, bei denen dem Anleger durch vertragliche Techniken eine faktische Kapitalgarantie und feste Renditen gewährt werden.

Neben eigen- und fremdkapitalähnlichen *ṣukūk*-Formen gibt es auch hybride Modelle, die die Eigenschaften von Fremd- und Eigenkapital miteinander kombinieren. So können *ṣukūk*-Papiere etwa mit Umtauschrechten oder Bezugsrechten auf Aktien des *ṣukūk*-Emittenten ausgestattet werden. In diesem Fall kann der Anleger zum einen von der laufenden *ṣukūk*-Rendite profitieren und zusätzlich an etwaigen Kursgewinnen und Dividendenausschüttungen partizipieren. Eine weitere Kategorie bilden sog. Pooled Ṣukūk (*ṣukūk al-istiṭmār*), die – wie ein Fonds – unterschiedliche Anlagegegenstände im Portfolio bündeln.

1. *Iğāra-ṣukūk* als Grundtypus

Der sog. *ṣukūk al-iğāra* (nachfolgend kurz: *iğāra-ṣukūk*) zählt zu den wichtigsten und am weitesten verbreiteten *ṣukūk*-Varianten. Außerdem gilt der *iğāra-ṣukūk* als Grundtypus aller *ṣukūk*-Formen. In der vorliegenden Untersuchung wird daher der *iğāra-ṣukūk*, der fremdkapitalähnlichen Charakter hat, *pars pro toto* dargestellt.

Diese Finanzierungsform ähnelt einer Sale-and-Lease-Back-Transaktion. Im Rahmen dieser Konstruktion werden von einem Refinanzierungsunternehmen werthaltige materielle Vermögensgegenstände (Assets) in eine meist eigens für die Transaktion gegründete und insolvenzfern ausgestaltete Zweckgesellschaft (Special Purpose Vehicle bzw. SPV) eingebracht. In aller Regel handelt es sich bei den in die *iğāra*-Struktur eingebrachten Vermögensgegenständen um größe-

---

6 Im Folgenden wird dieser zugrundeliegende Vertrag auch als Grundgeschäft bezeichnet.
7 Ausführlich zu eigenkapitalnahen *sukuk* siehe Sacarcelik, *Rechtsfragen*, S. 217ff.

re gewerbliche Immobilien. Allerdings können auch bewegliche Sachen wie z.B. Maschinen, Fahrzeuge und Flugzeuge verwendet werden. Auch immaterielle Güter wie Nutzungsrechte (z.B. Marken- und Patentrechte, Lizenzen) können als werthaltige *underlying assets* nutzbar gemacht werden. Ausgeschlossen sind indes Kreditforderungen wie sie bei Asset Backed Securities üblich sind. Unverzinste Forderungen sind nach wohl herrschender Meinung unter islamischen Rechtsgelehrten nur zum Pari-Wert abtretbar. Das SPV refinanziert den Erwerb der Vermögensgegenstände vom Refinanzierungsunternehmen durch die Ausgabe von Zertifikaten an Investoren. Das Emissionsverfahren unterscheidet sich dabei nur unwesentlich vom Verfahren bei klassischen Anleiheemissionen.[8] Die Kapitalmarktdokumentation umfasst jedoch zusätzliche strukturbezogene Verträge zur Abbildung des Scharia-konformen Grundgeschäfts sowie das islamische Rechtsgutachten (*fatwā*). Der Prospektinhalt richtet sich nach der jeweiligen *ṣukūk*-Struktur.[9] Mit dem vereinnahmten Emissionserlös der *ṣukūk*-Papiere zahlt also das SPV den Kaufpreis an das Refinanzierungsunternehmen als ursprünglichem Eigentümer. Anschließend vermietet das SPV den Vermögensgegenstand an das Refinanzierungsunternehmen als ursprünglichem Inhaber der Vermögenswerte. Der Kauf bzw. Verkauf und die Miete im Rahmen des Sale-and-lease-back bilden das sog. Grundgeschäft auf dem die *ṣukūk*-Transaktion beruht. Hierbei darf die Nutzung der Mietsache nicht islamrechtlich unzulässig sein. Den Vermieter trifft ferner die Sacherhaltungspflicht. Während der Laufzeit erhält die Zweckgesellschaft als Vermieter bzw. Leasinggeber periodische – meist halbjährliche – Mietzahlungen bzw. Leasingraten vom Refinanzierungsunternehmen. Diese reicht die Zweckgesellschaft dann als feste oder variable (kuponähnliche) Erträge zu fest vereinbarten Zahlungsterminen an die Zertifikate-Inhaber weiter. Die Rendite kann dabei an einen herkömmlichen Referenzindex wie LIBOR oder EURIBOR gekoppelt werden.[10] Am Ende der Vertragslaufzeit[11] erwirbt das Refinanzierungsunternehmen die an die Zweckgesellschaft veräußerten Vermögensgegenstände von dieser zum ursprünglichen Kaufpreis zurück (*scheduled dissolution*). Der Rückerwerb erfolgt auf der Grundlage einer vertraglich im Voraus vereinbarten Rückkaufverpflichtung. Bei Vorliegen eines Kündigungsgrundes ist auch eine vorzeitige Auflösung und Rückabwicklung der

8 Zum Emissionsverfahren und der Kapitalmarktdokumentation im Rahmen einer *ṣukūk*-Emission siehe Sacarcelik, *Rechtsfragen*, S. 85ff.

9 Produktspezifische Risiken müssen im *ṣukūk*-Prospekt offengelegt werden. Zur Frage der Prospekthaftung bei fehlender Scharia-Konformität siehe Sacarcelik, *Rechtsfragen*, S. 117ff. sowie Casper, *RW 2011*, 251ff.; ders., *Corporate Finance Law*, 2012, S. 170ff.

10 Neu ist der "Islamic Interbank Benchmark Rate", der ebenfalls als Index benutzt werden kann. Siehe dazu Sacarcelik, *Rechtsfragen*, S. 149ff.

11 Die Vertragslaufzeit entspricht der Laufzeit der *ṣukūk*-Zertifikate.

Transaktion möglich (*dissolution events*). Der Kaufpreis, den die Zweckgesellschaft für die Vermögensgegenstände erhält, ist mit dem ursprünglichen Nennwert der Zertifikate identisch. Den Anlegern wird am Ende der Laufzeit der Papiere der Nennwert der von ihnen gehaltenen Zertifikate ausgezahlt. Neben den Zahlungsmodalitäten und Kündigungsrechten werden auch andere individuelle Merkmale des *ṣukūk* wie etwa die Besicherung in den Vertrags- bzw. Emissionsbedingungen (*terms and conditions*) geregelt. Anders als bei gewöhnlichen Anleiheemissionen enthalten die Klauseln gewöhnlich einen Ausschluss von Verzugszinsen. Dieser Ausschluss, der aus dem *ribā*-Verbot folgt, wird einer AGB-rechtlichen Inhaltskontrolle regelmäßig standhalten.[12]

2. Abgrenzung von verwandten Finanzierungsinstrumenten

Angesichts der Vielgestaltigkeit der denkbaren Erscheinungsformen von *ṣukūk* greift eine pauschale Einordnung zu kurz.[13] Eine genaue Einordnung muss daher stets im Wege der Einzelfallbetrachtung erfolgen. Trotz gewisser Ähnlichkeiten unterscheiden sich die marktgängigen *ṣukūk*-Gestaltungen von konventionellen Finanzierungsformen wie Pfandbrief und Factoring. Unterschiede bestehen auch zu Investmentfonds. *Ṣukūk*-Zertifikate fallen regelmäßig nicht in den Anwendungsbereich des § 1 Abs. 1 S. 2 PfandBG.[14] Der wohl grundlegendste Unterschied zwischen *ṣukūk*-Zertifikaten und Pfandbriefen ist darin zu sehen, dass letztere auf bestimmte Grundformen beschränkt sind. Bei Pfandbriefen sind als Deckungswerte nur Realkredite, Registerpfandrechte an Schiffen und Luftfahrzeugen sowie Forderungen gegen staatliche Stellen zugelassen (§ 1 Abs. 1 S. 2 PfandBG).[15] Dagegen dürfen *ṣukūk* gerade nicht mit Kreditforderungen unterlegt werden. Aus diesem Grund entspricht eine *ṣukūk*-Transaktion auch nicht dem konventionellen Factoring. Außerdem ist *ṣukūk* anders als das Factoring eine unmittelbar kapitalmarktbezogene Finanzierungsform unter Einschaltung einer Zweckgesellschaft. Bei *ṣukūk* handelt es sich im Ergebnis um vermögenswertbasierte Zertifikate *sui generis*, die als Inhaberschuldverschreibungen nach § 793 BGB zu qualifizieren sind. Je nach Ausgestaltung sind sie zudem strukturell mit

---

12 Zur Anwendbarkeit des AGB-Rechts auf Vertragsbedingungen eines *ṣukūk* und zur Inhaltskontrolle siehe Sacarcelik, *Rechtsfragen*, S. 139ff.

13 So auch Pohlhausen/Beck, *IStR* 2010, 225, 233.

14 Im Ergebnis so auch Scherer/Elsen, *Corporate Finance Law*, 2012, S. 238, 244.

15 Mit zum Teil ähnlichen Argumenten werden auch ABS von Pfandbriefen abgegrenzt, vgl. etwa ausführlich Arlt, *True Sale, Securitisation unter besonderer Berücksichtigung der Rechtslage in Deutschland und Italien*, Berlin 2009, S. 318ff.; Büttner, *Die wertpapiermäßige Verbriefung von Bankforderungen zu Asset-Backed Securities*, Baden-Baden 1999, S. 33ff.; Weber, *Die insolvenzfeste Refinanzierung von Forderungen durch Asset-Backed Securities*, Berlin 2011, S. 58ff.

Asset-Backed Securities verwandt. Auf *şukūk*-Zertifikate ist regelmäßig das Schuldverschreibungsgesetz anwendbar. Als Wertpapiere i.S.d. § 2 Abs. 1 S. 1 Nr. 3a WpHG stellen *şukūk*-Zertifikate Finanzinstrumente i.S.d. § 2 Abs. 2b WpHG dar und werden insbesondere von den im WpHG statuierten Veröffentlichungspflichten erfasst.[16]

Vor dem Hintergrund des weiten sachlichen Geltungsbereichs[17] des KAGB und des nunmehr geltenden materiellen Fondsbegriffs[18], der an die Stelle des bisherigen formellen Fondsbegriffs getreten ist, stellt sich die Frage, ob *şukūk* die Definitionsmerkmale des Investmentvermögens i.S.d. § 1 Abs. 1 S. 1 KAGB erfüllt. Ein Investmentvermögen i.S.d. § 1 Abs. 1 S. 1 KAGB ist jeder Organismus für gemeinsame Anlagen, der von einer Anzahl von Anlegern Kapital einsammelt, um es gemäß einer festgelegten Anlagestrategie zum Nutzen dieser Anleger zu investieren, und der kein operativ tätiges Unternehmen außerhalb des Finanzsektors ist.[19] Bei fremdkapitalbasierten *şukūk* wird regelmäßig schon das Merkmal der „gemeinsamen Anlage" i.S.d. § 1 Abs. 1 S. 1 KAGB fehlen, weil dieses nur dann vorliegt, wenn die Anleger an den Chancen und Risiken des Organismus beteiligt werden sollen. Dieses Kriterium ist nämlich nur dann erfüllt, wenn „sowohl eine Gewinn- als auch eine Verlustbeteiligung der Anleger an der Wertentwicklung der Vermögensgegenstände vorliegt, in die der Organismus investiert ist".[20] Hat der Anleger einen unbedingten Kapitalrückzahlungsanspruch, wie er bei fremdkapitalnahen *şukūk* vorgesehen ist, ist das Merkmal „für gemeinsame Anlagen" nicht erfüllt. Anders kann dies freilich sein, wenn bei einer eigenkapitalnahen *şukūk*-Konstruktion die Verlustbeteiligung des Anlegers nicht ausgeschlossen ist. In diesem Fall wären die investmentrechtlichen Regelungen des KAGB einschlägig, die insbesondere eine Erlaubnispflicht (§§ 20 ff. KAGB) und eine laufende Fondsaufsicht vorsehen.

---

16 Besondere Bedeutung kommt etwa der Ad-hoc-Publizität nach § 15 Abs. 1 S. 1 WpHG und den in §§ 31 ff. WpHG normierten Wohlverhaltens-, Organisations- und Transparenzpflichten zu.

17 Vgl. Erwägungsgrund (3) AIFM-RL; siehe auch Spindler/Tancredi, *WM* 2011, 1393, 1397.

18 Vgl. Bußalb/Unzicker, *BKR* 2012, 309, 311.

19 Der Begriff des Investmentvermögens wird in dem Auslegungsschreiben der BaFin zum Anwendungsbereich des KAGB und zum Begriff des Investmentvermögens (Geschäftszeichen WA41-Wp 2137-2013/0001) näher konkretisiert.

20 Ebd.

IV. Zivilrechtliche Einordnung des Grundgeschäfts und True-Sale-Problematik

1. Zivilrechtliche Einordnung des Grundgeschäfts: Kauf oder Darlehen?

Die rechtliche Einordnung des Grundgeschäfts als Kauf oder Darlehen ist nicht nur etwa hinsichtlich des Leistungsstörungsrechts beachtlich. An die jeweilige Einordnung können im Einzelfall unterschiedliche Rechtsfolgen anknüpfen. Beispielsweise kann das Grundgeschäft bei Vorliegen der Darlehenseigenschaft als erlaubnispflichtiges Kreditgeschäft nach § 32 Abs. 1 i.V.m. § 1 Satz 2 Nr. 2 KWG eingeordnet werden. Die Qualifikation kann auch einen Anknüpfungspunkt für steuerliche Folgefragen bilden, die in dieser Schrift aus Raumgründen nicht berücksichtigt werden können.[21] Schließlich kann die unterschiedliche Einordnung zu voneinander abweichenden bilanziellen und insolvenzrechtlichen Ergebnissen[22] führen, die sich auch auf das Rating der Wertpapiere auswirken können. Festzuhalten ist an dieser Stelle, dass die Frage der rechtlichen Qualifikation kein *ṣukūk*-spezifisches Phänomen ist. Bei anderen Finanzinnovationen, die sich ebenfalls keinem klar umrissenen Schema einordnen lassen, müssen solche Fragen nämlich in ähnlicher Weise beantwortet werden.

Der im Rahmen eines *iǧāra-ṣukūk* zwischen dem Refinanzierungsunternehmen und der Zweckgesellschaft geschlossene Vertrag wird häufig ausdrücklich als Kaufvertrag (*sale and purchase agreement*) bezeichnet. Die Bezeichnung „Kauf" bildet die wirtschaftlichen Interdependenzen, die sich im Rahmen der Transaktion ergeben, jedoch nicht immer vollständig ab. Vielmehr gewinnt bei einigen marktüblichen Transaktionen der als Kauf bezeichnete Vertrag darlehensähnlichen Charakter.

Bei der Einordnung eines Rechtsgeschäfts ist bekanntlich zunächst auf den übereinstimmenden Willen der Parteien abzustellen (§§ 133, 157 BGB).[23] Dabei ist insbesondere die Vertragsbezeichnung durch die Parteien heranzuziehen, die einen wichtigen Anhaltspunkt für den Parteiwillen bildet. Die Bezeichnung des Vertrags als „Kauf" könnte damit der Einordnung als Darlehensvertrag entgegenstehen. Auch der Wille der Parteien zum Abschluss eines Scharia-konformen Geschäfts, das auf einer von kaufrechtlichen Elementen geprägten traditionellen Rechtsfigur beruhen soll, spricht *prima facie* für die kaufrechtliche Einordnung der zwischen ihnen getroffenen Abrede. Bei der schuldrechtlichen Einordnung eines Vertrages ist jedoch nicht nur die Bezeichnung maßgeblich. Es gilt näm-

---

21 Zu steuerlichen Fragen vgl. Momen, *Vertragsmodelle*, passim; dies., *RIW* 2010, 367ff. sowie 536ff.

22 Siehe dazu sogleich unten III. 2.

23 Palandt/Ellenberger, *BGB*, § 133 Rn. 8.

lich auch, eine Subsumtion der objektiven Merkmale und Umstände des Vertrags unter die im BGB geregelten Vertragstypen vorzunehmen.[24] Dabei ist auch an der im Schrifttum entwickelten Typuslehre[25] Maß zu nehmen.[26] Es ist mithin am schuldrechtlichen Leistungsinhalt der Vertragsbeziehung anzusetzen und ein Vergleich zu den im Zivilrecht vorgesehenen Vertragstypen zu ziehen.[27] Schließlich ist auch die wirtschaftliche Bedeutung[28] des Vertrags sowie die Interessenlage der Parteien zu berücksichtigen (funktionell-ökonomische Qualifikation[29]). Denn die wirtschaftlichen Gestaltungsziele der Parteien können bei der Erforschung des tatsächlichen Parteiwillens aufschlussreich sein.[30]

Betrachtet man den der *ṣukūk*-Transaktion zugrundeliegenden Vertrag zwischen der Zweckgesellschaft und dem Refinanzierungsunternehmen in seiner Gesamtheit, ist häufig festzustellen, dass sich die von den Parteien gewählte Bezeichnung der wirtschaftlichen Zielsetzung der Parteien und der tatsächliche Vertragsdurchführung widersprechen. In einem solchen Fall ist das Recht des verdeckten tatsächlichen Vertragstyps maßgeblich. Denn sind sich die Beteiligten trotz anderslautender oder gar falscher Ausdrucksweise über den von ihnen gewollten Sinn einig, geht das von ihnen übereinstimmend Gewollte jeder anderweitigen Interpretation und sogar einem völlig anderen Wortlaut der Erklärung vor (*falsa demonstratio non nocet*).[31] Wird das Rechtsgeschäft von den Parteien also lediglich – bewusst oder unbewusst – unzutreffend bezeichnet, handelt es

24 Larenz, *Schuldrecht*, BT II/1, München [13]1986, § 38, S. 3 f.; Linkert, *Insolvenzrechtliche Risiken bei Asset-Backed Securities*, Berlin 2008, S. 47.

25 Dazu im Einzelnen *Larenz, Methodenlehre*, Berlin u.a. [6]1991, S. 464ff.

26 Diese methodische Vorgehensweise wendet auch Casper an, *ZBB* 2010, 345, 350ff.

27 Vgl. etwa Palalandt/Weidenkaff, *BGB*, Überblick vor § 433 Rn. 3; so auch Fleckner, *ZIP* 2004, 585, 591; Weber, *Refinanzierung*, S. 135f.

28 Die wirtschaftliche Betrachtungsweise als Abgrenzungskriterium im Kontext der True Sale-Problematik bei ABS befürwortet auch Weber, *Refinanzierung*, S. 135.

29 Die funktionelle Qualifikation wird auch im IPR herangezogen, wenn dem deutschen Recht fremde Rechtsfiguren (z.B. die islamrechtliche „Brautgabe", arab. *mahr*) einer rechtlichen Einordnung zuzuführen sind. Sie bietet sich für die bürgerlich-rechtliche Zuordnung des hier untersuchten Grundgeschäfts besonders an, weil einer wirtschaftlichen Betrachtungsweise – anders als etwa im Aufsichtsrecht mit seinem enumerativen Katalog erlaubnispflichtiger Geschäfte nach § 1 Abs. 1, 1a und 1b KWG – keine engen Grenzen gesetzt sind.

30 Vgl. etwa Schulze-Osterloh, *AcP* 190 (1990), 139, 146f.; Weber, *Refinanzierung*, S. 137 m.w.N.

31 BGH NJW 2008, 1658, Tz. 12; NJW-RR 1996, 1458; NJW 1994, 1528; BGHZ 124, 64, 68 = NJW 1994, 850; BGH NJW 1984, 721; BGHZ 71, 75, 77f. = NJW 1978, 1050; Palandt/Ellenberger, *BGB*, §133 Rn. 8.; Bamberger/Roth/Wendtland, *BGB*, § 133 Rn. 27; vgl. auch Staudinger/Singer, *BGB*, 2011, § 133 Rn. 13.

sich um einen schlichten Auslegungsfall. Das Geschäft gilt mit dem übereinstimmend gewollten Inhalt.

In vielen *ṣukūk*-Prospekten findet sich häufig der Hinweis, dass die Eigentumsverschaffungspflicht nicht erfüllt (keine *perfection*[32]), bei Grundstücken als *underlying* also keine Eintragung im Grundbuch erfolgen werde. Wird bei Immobilien die für den Eigentumsübergang zwingend notwendige Grundbucheintragung zugunsten der Zweckgesellschaft nicht vorgenommen und wird sie auch für die Zukunft ganz ausgeschlossen, fehlt die Übereignung, die im Kaufvertrag als Hauptpflicht geschuldet ist. Die auch vom islamischen Recht vorausgesetzte Übernahme der Sachgefahr scheitert. Damit fehlt es also an einem wesentlichen Vertragselement für einen Kaufvertrag.

Bei den hier skizzierten *ṣukūk*-Konstruktionen steht der Finanzierungseffekt im Vordergrund. Daher ist nicht ersichtlich, weshalb die Beteiligten einen Kaufvertrag schließen sollen, wenn sie überhaupt nicht das wirtschaftliche Ziel eines typischen Kaufs (Güter gegen Geld) verfolgen.

Die Rückabwicklung der Transaktion am Ende der Laufzeit, die die Kapitalrückzahlung sichert, sowie der für einen Darlehensvertrag typische feste Rückzahlungstermin[33] rücken die als Kauf bezeichnete Transaktion strukturell in die Nähe eines Darlehens i.S.d. § 488 BGB.[34] Daher kann in der Gesamtschau – trotz der gewählten Vertragsbezeichnung – von einem Kaufgeschäft schwerlich ausgegangen werden. Vielmehr handelt es sich bei den hier zugrundegelegten *ṣukūk*-Grundgeschäften um ein atypisches Darlehen. Das Risiko der Umqualifizierung des Vertrages in ein (unbesichertes) Darlehen stellt sich auch bei anderen fremdkapitalnahen *ṣukūk* wie der *murābaḥa*. Dabei handelt es sich im technischen Sinne um zwei nachgeschaltete Kaufvorgänge. Aufgrund der einseitigen Risikoverlagerung auf den Kreditschuldner kann auch hier eine Einordnung des Grundgeschäfts als Darlehen erfolgen. Die Parallelproblematik kann schließlich auch bei eigenkapitalnahen *ṣukūk* virulent werden, wenn durch vertragliche Techniken die Risikostruktur des *ṣukūk* so umgewandelt wird, dass im Ergebnis eine Kapitalrückzahlungs- und feste Renditegarantie gewährt wird.[35]

---

32 Siehe etwa *Verkaufsprospekt des IDB Trust Services Limited Sukuk* v. 23.5.2005, S. 70.; Verkaufsprospekt des DIB Sukuk v. 21.3.2007, S. 6; Verkaufsprospekt des Kuveyt Türk Sukuk v. 19.8.2010, S. 19.

33 Zum zeitlichen Kriterium siehe auch Casper, *ZBB* 2010, 345, 352f.

34 Für das Bestehen eines Darlehens ist das Vorliegen einer Zinszahlungspflicht nicht erforderlich.

35 Vgl. dazu Sacarcelik, *Rechtsfragen*, S. 205 und S. 228ff.

2. Aussonderungsrecht in der Insolvenz des Refinanzierungsunternehmens

Die Übertragung der Vermögenswerte an die Zweckgesellschaft, die die Anleger quasi repräsentiert, ist zwingend, damit der aus den Vermögenswerten erzielte Ertrag zugunsten der Anleger islamrechtlich auch gerechtfertigt ist. Bei den meisten *ṣukūk*, die im Wege der Rechtswahl häufig englischem Recht unterstellt werden, wird zunächst ein Trust gebildet. Das Refinanzierungsunternehmen überträgt hierzu das sog. wirtschaftliche Eigentum (*beneficial ownership*) an den Vermögenswerten an die Zweckgesellschaft. Hintergrund dieser Eigentumsform, die im englischen Recht selbständig neben dem Volleigentum (*legal ownership*) steht, ist ein „Eigentumsdualismus“, der sich aus einem rechtlichen und einem wirtschaftlichen Eigentum zusammensetzt. In der Trust-Gestaltung hält die Zweckgesellschaft die Vermögensgegenstände als Treuhänder (*trustee*) zugunsten der Anleger und vermittelt ihnen das wirtschaftliche Eigentum an den Vermögensgegenständen. Das *beneficial ownership* kann so weit reichen, dass es dem Inhaber alle Rechte eines Eigentümers verleiht.[36] Daher wird von Rechtsgelehrten der Erwerb des *beneficial ownership* als eine dem Volleigentum äquivalente und damit hinreichend starke Rechtsposition anerkannt. Diese Form des gespaltenen Eigentums kennt das deutsche Recht freilich nicht. Aus Gründen des Verkehrsschutzes erlaubt das deutsche IPR auch keine Rechtswahl für sachenrechtliche Vorgänge über ein im Inland belegenes Grundstück.[37]

Das Problem des Eigentumswechsels stellt sich damit vornehmlich in Zivilrechtsordnungen wie der deutschen, in denen nicht das Einheits- bzw. Konsensprinzip gilt, wonach causa und Verfügung zusammenfallen, oder anders gewendet, der Vertrag grundsätzlich ohne zusätzlichen Realakt, also insbesondere ohne zwingende Eintragung in ein amtliches öffentlichen Verzeichnis[38], zur Rechtsübertragung zwischen den Parteien führt. Fehlt also im Rahmen eines Immobiliengeschäfts die Grundbucheintragung als konstitutives Merkmal einer Eigentumsübertragung und kommt es daher nicht zum Eigentumswechsel, steht der Zweckgesellschaft und damit mittelbar den Anlegern auch kein Aussonderungsrecht nach § 47 S. 1 InsO zu. Zur insolvenzfesten Ausgestaltung einer *ṣukūk*-Transaktion, der Immobilien als *underlying* zugrunde liegen, ist ein wirksamer Eigentumsübergang auf die Zweckgesellschaft unverzichtbar.

Eine Alternative zur klassischen Übertragung einer Immobilie kann das deutsche Treuhandmodell bieten. Die grundsätzliche Insolvenzfestigkeit der

---

36 Vgl. nur Baur/Stürner, *Sachenrecht*, München ^{18}2009, § 64 Rn. 31ff.

37 Vgl. nur Rauscher, *Internationales Privatrecht*, Heidelberg ^{3}2009, § 11 Rn. 1406.

38 Der dingliche Grunderwerb erfolgt im deutschen Recht durch Auflassung und Eintragung (§§ 873, 925 *BGB*).

fremdnützigen Treuhand ist allgemein anerkannt. Das Treugut gehört nur formell-rechtlich zum Vermögen des Treuhänders, materiell-wirtschaftlich wird es dem Treugeber zugerechnet.[39] Daher kann der Treugeber in der Insolvenz des Treuhänders nach allgemeiner Auffassung die Aussonderung des Treuguts geltend machen (§ 47 S. 1 InsO). Außerhalb der Insolvenz hat der Treugeber bei Pfändung des Treuguts die Möglichkeit der Drittwiderspruchsklage nach § 771 Abs. 1 ZPO.[40] Obwohl der Treugeber nur einen schuldrechtlichen Anspruch auf Übertragung des Treuguts hat, wird er also wie ein Vollrechtsinhaber behandelt. Ein Treuhandverhältnis gewährt nach ständiger Rechtsprechung des Bundesgerichtshofs jedoch nur dann ein Aussonderungsrecht in der Insolvenz des Treuhänders, wenn der Treugeber dem Treuhänder zuvor das Treugut unmittelbar aus seinem Vermögen übertragen hat (sog. Unmittelbarkeitsprinzip).[41] Dieses bereits vom Reichsgericht[42] begründete Prinzip wurde später vom Bundesgerichtshof fortgeführt[43] und hat nur einige wenige Ausnahmen[44] gemacht. An einer unmittelbaren Übertragung wird es bei den hier untersuchten Sale and lease back-Konstruktionen regelmäßig fehlen, da die Zweckgesellschaft die Vermögensgegenstände nicht als Treugeberin unmittelbar auf den Verkäufer, also das Refinanzierungsunternehmen, überträgt. Vielmehr muss sie vorher vom Refinanzierungsunternehmen erworben haben, was eben nicht der Fall ist. Allerdings werden im Schrifttum gewichtige Einwände gegen die von der Rechtsprechung geforderte Unmittelbarkeit der Übertragung vorgebracht.[45] In der Literatur wird teilweise vorgeschlagen, danach zu unterscheiden, ob das Treugut hinreichend bestimmt ist.[46] Andere bejahen die Interventionsrechte für den Fall, dass die Fremdnützigkeit der Treuhand offenkundig ist (sog. Offenkundigkeitsprinzip).[47] Der Bundesgerichtshof selbst hat im Falle der evidenten Fremdnüt-

---

39 So die verbreitete Formulierung seit *RGZ* 45, 80, 85.

40 Siehe von Rom, *WM* 2008, 813, 814 m.w.N.; Linkert, *ABS*, S. 128.

41 Vgl. dazu statt Vieler von Rom, *WM* 2008, 813, 814.

42 *RGZ* 84, 214, 216; 91, 12, 16; 94, 305, 308; 127, 341, 344; 133, 84, 87; 160, 52, 59.

43 Siehe etwa *BGH NJW* 1959, 1223, 1224; *BGH WM* 1960, 325, 326; *BGH WM* 1965, 173, 174; *BGH ZIP* 1993, 213, 214. Vgl. auch von Rom, *WM* 2008, 813, 814.

44 Vgl. zu den hier nicht dargestellten Ausnahmen vom Unmittelbarkeitsprinzip in der bisher ergangenen Rechtsprechung von Rom, *WM* 2008, 813, 814 f.; Fleckner, *ZIP* 2004, 585, 589.

45 Zum Spektrum der in der Literatur vertretenen Ansichten vgl. den Überblick bei von Rom, *WM* 2008, 813, 814f.

46 Assfalg, *Die Behandlung von Treugut im Konkurse des Treuhänders. Rechtsvergleichende Studie zur Grenzbereinigung zwischen Schuld-und Treuhandverhältnis*, Berlin 1960, S. 134 und S. 154ff.

47 Canaris, *NJW* 1973, 825, 832.

zigkeit der Treuhand Ausnahmen vom Unmittelbarkeitsprinzip zugelassen.[48] Daher kann bei entsprechender Gestaltung der Treuhand auch bei einer *ṣukūk*-Transaktion von der Unmittelbarkeit der Übertragung abgesehen werden. Damit ist die Hürde jedoch noch nicht genommen. Denn eine Treuhandvereinbarung im Liegenschaftsrecht begründet nach höchstrichterlicher Rechtsprechung nur dann ein Aussonderungsrecht in der Insolvenz des Treuhänders, wenn der Anspruch des Treugebers auf Änderung der dinglichen Rechtslage durch die Eintragung einer Vormerkung nach §§ 883, 885 BGB gesichert ist.[49] An einer Grundbucheintragung führt daher kein Weg vorbei. Nichtsdestotrotz stellt das Treuhandmodell eine kostengünstige und insolvenzfeste Alternative zur Grundstücksübertragung dar. Weitere Gestaltungsmöglichkeiten, die sowohl den Anforderungen des islamischen Rechts als auch den wirtschaftlichen Zielen der Transaktionsbeteiligten entsprechen, müssen in Zukunft entwickelt werden.

V. Zusammenfassung und Thesen

Als alternative Finanzierungsform hat *ṣukūk* in den letzten Jahren zunehmend an wirtschaftlicher Bedeutung gewonnen und erzielte hohe Wachstumsraten. *ṣukūk*-Transaktionen sind auch an westlichen Finanzmärkten zu beobachten. Die rechtlichen Herausforderungen, die sich im Rahmen einer *ṣukūk*-Transaktion nach deutschem Recht ergeben können, sind insbesondere darauf zurückzuführen, dass die vertragliche Gestaltung der Transaktion einerseits den angestrebten wirtschaftlichen Zielen angemessen Rechnung tragen soll andererseits die Grundsätze des islamischen Rechts umsetzt. Aufgrund der teilweise divergierenden Parameter und mangelnder Standardisierung weisen die *ṣukūk*-Konstruktionen eine gesteigerte vertragliche Komplexität auf. Dennoch sind die rechtlichen Probleme, wie sie etwa in der vorliegenden Untersuchung beleuchtet wurden, nicht unüberwindbar. Durch geschickte kautelarjuristische Gestaltungen lassen sie sich angemessen lösen, ohne dass es einer Anpassung des rechtlichen bzw. regulatorischen Rahmens bedürfte. *ṣukūk* können daher grundsätzlich auch nach deutschem Recht aufgelegt werden. Die Zukunft von *ṣukūk* in Deutschland hängt damit weniger von rechtlichen Kriterien ab. Zu den Herausforderungen zählen neben der unzureichenden Standardisierung der Produkte beispielsweise der schwach ausgeprägte Sekundärmarkt. Entscheidend sind maßgeblich jedoch die wirtschaftlichen Faktoren. Im Niedrigzinsumfeld wird *ṣukūk* für bonitätsstarke Emittenten wegen den höheren Finanzierungskosten im Vergleich zu klassischen Fremdfinanzierungen weniger interessant sein. Attraktiv kann eine

---

48 *BGH NJW* 1954, 190, 191; 1959, 1223, 1225; *BGHZ* 109, 47, 53 = *BGH ZIP* 1989, 1466, 1468; *BGH ZIP* 1993, 213, 314; *BGH ZIP* 1993, 1185; *BGH WM* 1996, 662, 663; *BGH WM* 2003, 1404, 1405; *BGH WM* 2003, 1613, 1614.

49 *BGHZ* 155, 227, 236 = *WM* 2003, 1733, 1736; ablehnend Fleckner, *ZIP* 2004, 585, 590.

ṣukūk-Emission indes beispielsweise für Unternehmen in der Krise sein, die einen Sanierungskredit benötigen und keinen Bankkredit aufnehmen können. Aus strategischen Gründen kann es sich für Unternehmen, die beispielsweise Wachstumsmärkte in der islamischen Welt erschließen wollen, anbieten, *ṣukūk* als „Brücke“ in diese Regionen zu nutzen. Neben den wirtschaftlichen Kennzahlen wird aber auch die kulturelle Offenheit bei der Gestaltung der Unternehmensfinanzierung entscheidend sein.

Die Ergebnisse der Untersuchung lassen sich in sieben Thesen zusammenfassen:

1. *Ṣukūk* lassen sich aufgrund der Erscheinungsvielfalt keiner festen Kategorie von Finanzierungsinstrumenten zuordnen. Sie unterscheiden sich von Pfandbriefen und dem Factoring. Wegen des regelmäßigen Ausschlusses der Verlustbeteiligung der Anleger sind sie auch nicht mit Investmentfonds vergleichbar.
2. Die ökonomische Struktur von *ṣukūk* entspricht häufig der einer klassischen Anleihe. Ṣukūk können hinsichtlich der strukturellen Merkmale aber auch Ähnlichkeiten zu Asset-Backed Securities aufweisen. *Ṣukūk*-Papiere sind als (vermögenswertbasierte) Zertifikate *sui generis* einzuordnen.
3. Das *ṣukūk*-Emissionsverfahren entspricht im Wesentlichen dem Emissionsverfahren von Anleihen. Die Kapitalmarktdokumentation umfasst jedoch zusätzliche strukturbezogene Verträge zur Abbildung des *Sharia*-konformen Grundgeschäfts sowie das islamische Rechtsgutachten (*Fatwā*).
4. Die schuldrechtliche Abrede, die im Rahmen des Grundgeschäfts einer Sale and lease back-Konstruktion getroffen wird, ist aufgrund der funktionell-ökonomischen Merkmale des Vertrags trotz der Bezeichnung als Kauf, häufig als „atypisches“ Darlehen einzuordnen.
5. Für eine rechtswirksame und insolvenzfeste Übertragung von Immobilien auf die Zweckgesellschaft ist die Eintragung im Grundbuch zwingend.
6. Ein Aussonderungsrecht nach § 47 S. 1 InsO steht der Zweckgesellschaft in der Insolvenz des Refinanzierungsunternehmens (d.h. des wirtschaftlichen Emittenten) nur zu, wenn sie das Eigentum an den Vermögensgegenständen erworben hat.
7. Eine Treuhand bietet für Sale and lease back-*ṣukūk* keine rechtssichere Insolvenzfestigkeit. Grundsätzlich begründet zwar die Treuhand ein Aussonderungsrecht zugunsten der Zweckgesellschaft (Treugeber) in der Insolvenz des Refinanzierungsunternehmens (Treuhänder). Die Aussonderung eines Grundstücks kann die Zweckgesellschaft jedoch nur dann geltend machen, wenn im Grundbuch zu ihren Gunsten eine Vormerkung eingetragen wird. Ungeklärt

ist indes, ob das von der Rechtsprechung formulierte Unmittelbarkeitsprinzip auch bei Eintragung einer Vormerkung anwendbar ist.

Literatur

Arlt, Roland, *True Sale, Securitisation unter besonderer Berücksichtigung der Rechtslage in Deutschland und Italien*, Berlin 2009.

Assfalg, Dieter, *Die Behandlung von Treugut im Konkurse des Treuhänders. Rechtsvergleichende Studie zur Grenzbereinigung zwischen Schuld-und Treuhandverhältnis*, Berlin 1960.

Auslegungsschreiben der BaFin zum Anwendungsbereich des KAGB und zum Begriff des „Investmentvermögens", Geschäftszeichen WA41-Wp 2137-2013/0001.

Bamberger, Heinz/Roth, Herbert, *BGB*, München [3]2012.

Baur, Jürgen/Stürner, Rolf, *Sachenrecht*, München [18]2009.

Bußalb, Jean-Pierre/Unzicker, Ferdinand, *„Auswirkungen der AIFM-Richtlinie auf geschlossene Fonds"*, in: BKR 2012, S. 309-319.

Büttner, Tobias, *Die wertpapiermäßige Verbriefung von Bankforderungen zu Asset-Backed Securities*, Baden-Baden 1999.

Canaris, Claus-Wilhelm, *„Inhaberschaft und Verfügungsbefugnis bei Bankkonten"*, in: NJW 1973, S. 825-833.

Casper, Matthias, *„Islamisches und ethisches Wirtschaftsrecht – Risikoverteilung bei fehlender Vereinbarkeit mit den religiösen oder ethischen Vorgaben, Zeitschrift Rechtswissenschaft"*, in: RW 2011, S. 251-274.

Ders., *„Aufsichtsrechtliche Rahmenbedingungen für islamische Finanzgeschäfte in Deutschland"*, in: ZBB 2010, S. 345-362.

Ders., *„Islamic Finance – ein sicherer Hafen?"*, in: Corporate Finance Law 2012, S. 170-177.

Financial Times vom 25. Juni 2014, abrufbar unter URL: http://www.ft.com/cms/s/0/7c89-467e-fc4e-11e3-98b8-00144feab7de.html#axzz36nTIolCQ (letzter Zugriff: 06.07.2014).

Fleckner, Andreas, *„Insolvenzrechtliche Risiken bei Asset Backed Securities"*, in: ZIP 2004, S. 585-598.

Larenz, Karl, *Schuldrecht*, BT II/1, München [13]1986.

Ders., *Methodenlehre*, Berlin u.a. [6]1991.

Linkert, Florian, *Insolvenzrechtliche Risiken bei Asset-Backed Securities*, Berlin 2008.

Lohlker, Rüdiger, *Das islamische Recht im Wandel – Ribā, Zins und Wucher in Vergangenheit und Gegenwart*, Münster 1999.

Momen, Leila, *Vertragsmodelle – Islamic Finance. Steuerliche Würdigung im nationalen und internationalen Kontext*, Köln 2010.

Dies., *„Ausgewählte Islamic Finance-Vertragsmodelle – Beurteilung aus der Sicht des deutschen Rechts"*, in: RIW 2010, S. 367-380.

Dies., *„Steuerliche Herausforderungen und Chancen der grenzüberschreitenden Islamic Finance"*, in: RIW 2010, S. 536-556.

Palandt, Otto, *BGB*, München [73]2014.

Pohlhausen, Carlo/Beck, Karin, *„Der Zinsbegriff im islamischen Finanzrecht und deutschen Steuerrecht"*, in: IStR 2010, S. 225-234.

Rauscher, Thomas, *Internationales Privatrecht*, Heidelberg ^{4}2012, § 11 Rn. 1406.

von Rom, Maximilian, *„Die Aussonderungs- und Drittwiderspruchsrechte der Treugeber bei der doppelseitigen Sicherheitentreuhand"*, in: WM 2008, S. 813-821.

Sacarcelik, Osman, *Rechtsfragen islamischer Zertifikate (Şukūk)*, Diss. Baden-Baden 2013.

Saeed, Abdullah, *Islamic Banking and Interest. A Study of the Prohibition of Ribā and its Contemporary Interpretation*, Leiden 1996.

Scherer, Peter/Elsen, Jochen, *„Islamissche Finanzierung und deutsches Aufsichtsrecht"*, in: Corporate Finance Law 2012, S. 238-246.

Schulze-Osterloh, Joachim, *„Zivilrecht und Steuerrecht"*, in: AcP 190 (1990), S. 139-164.

Spindler, Gerald/Tancredi, Sara, *„Die Richtlinie über Alternative Invetsmentfonds (AIFM-Richtlinie) (Teil I)"*, in: WM 2011, S. 1393-1405.

Staudinger, Julius von, *BGB*, München 2011.

Verkaufsprospekt des IDB Trust Services Limited Şukūk v. 23.5.2005.

Verkaufsprospekt des DIB Şukūk v. 21.3.2007.

Verkaufsprospekt des Kuveyt Türk Şukūk v. 19.8.2010.

Weber, Christoph Andreas, *Die insolvenzfeste Refinanzierung von Forderungen durch Asset-Backed Securities*, Berlin 2011.

Takāful zwischen juristischem Konstrukt und Versicherungstechnik – Bericht und Forschungsplan

Ludwig Stiftl

Zusammenfassung

Der vorliegende Artikel, der Titel deutet es an, verbindet zwei Disziplinen: Orientalistik und Versicherungswirtschaft. Und, wie aus dem Untertitel ersichtlich, liefert er Fragen, einen Forschungsplan. Methodisch setzt er auf eine versicherungstechnische Diskussion der aus dem *fiqh* gewonnenen Modelle; aber die erste Fragestellung ist eine historische: Die in den sechziger und siebziger Jahren entwickelte Mehrheitsmeinung der Rechtsgelehrten zu Versicherung, wie sie gegenwärtig in über 200 Gesellschaften umgesetzt wird, wird zunächst aus den gerade verfügbaren Quellen analysiert. Und es zeigt sich, dass es unter Umständen auch in der Mehrheitsmeinung frühe Einschränkungen und Bedingungen und gab, die anscheinend im Zuge der Umsetzung in Vergessenheit geraten bzw. nie dokumentiert worden sind. Diesen Bedingungen nachzuspüren, auch durch Interviews der teilweise schon hochbetagten Protagonisten, ist das erste so identifizierte Forschungsziel.

Solche Bedingungen zu kennen, hat praktische Relevanz, denn die bisherige Umsetzung ist keine reine Erfolgsgeschichte, nicht zuletzt wegen Inkonsistenzen im Modell und technischen Missverständnissen. Der Artikel spürt den Intentionen hinter den Vorgaben der *Sharia* nach und findet Ansätze in den Quellen, die es möglich erscheinen lassen, dass konventionelle Versicherung auch nach Ansicht der Rechtsgelehrten nicht grundsätzlich verwerflich ist, sondern nur in der um 1970 vorgefundenen oder wahrgenommenen Form.

Diese Durchlässigkeit der oft als absolut dargestellten Linie zwischen Versicherung und *takāful* wird auch durch einen Vergleich auf der Ebene der buchhalterischen Darstellung des jeweiligen Geschäftes, die erstaunlich parallel erscheint, belegt, zumal die heutigen *takāful*-Gesellschaften keine reinen Gegenseitigkeitsvereine sind und auf Profit ausgerichtete Aktionäre haben. Weiter wird sie belegt anhand der IFRS-Definition von Risikotransfer und Versicherung, die das gängige *takāful*-Modell entgegen seinem Selbstbild nachweisbar erfüllt; drittens wird unsere These unterstützt durch einen Blick auf die Beziehung der Prinzipien der Scharia mit den Prinzipien der Versicherbarkeit, die auf eine, noch im Einzelnen zu belegende, Parallelität beider Sätze von Prinzipien deutet. Und schließlich zeigt das praktische Beispiel der Betriebsunterbrechungsversicherung, dass technisch sauber verstandene Versicherbarkeit Kalkulierbarkeit beinhaltet und die Beziehung von Versicherung und *ġarar* daher neu definiert werden sollte: Nicht nur, dass Versicherung nicht per se exzessiven *ġarar* enthält; die Tatsache, dass ein Risiko kalkulierbar, also versicherbar ist, ist geradezu ein Beleg, dass die Unsicherheit (*ġarar*) nicht substantiell ist.

Die Schlussfolgerung ist aber, trotz aller Kritik an einzelnen technischen Argumenten der Rechtsgelehrten nicht, dass deren Standpunkte falsch oder gegenstandslos wären. Gerade wegen der so gezeigten inneren Beziehung von *Sharia* Prinzipien und Prinzipien der Versicherbarkeit sind ihre Vorbehalte eine wichtige Richtschnur für den Erhalt der Transparenz und Fairness einer Branche, die sich dem Laien komplex und intransparent darstellt, oft genug auch missbraucht wird. Auch die westliche Welt hat, sicher ohne Kenntnis der *Sharia* -Vorbehalte, diese Punkte mittlerweile anerkannt, etwa in der 2008er Novelle des VVG. Der Entwicklung und Regulierung islamischer Versicherung vor allem durch die Gründung neuer, rein mutueller Formen soll diese Studie den Weg ebnen.

> Die Gesamtheit der Tatsachen bestimmt, was der Fall ist.
> Ludwig Wittgenstein[1]

Einführung

Takāful ist der jüngste Zweig am Baum des islamischen Finanzwesens, der zarteste und, wie wir sehen werden, der am wenigsten entwickelte in Theorie und Praxis. Trotzdem erhält es nicht die größte Aufmerksamkeit der Rechtsgelehrten Verglichen mit dem Niveau, auf dem über islamisches Bankwesen und Investment diskutiert wird, sind die Fragen auf den zahlreichen Konferenzen behandelt werden, auffällig generell und von Wiederholung geprägt.

Diese Situation ist bedenklich, da das Versicherungswesen für eine funktionierende Wirtschaft ebenso unverzichtbar ist wie Banken und Investmentfonds. Ohne Versicherung findet keine Finanzierung statt und ohne ein stabiles Versicherungswesen wird das islamische Finanzwesen unvollständig bleiben. Die Notwendigkeit einer Standardisierung wird allgemein gesehen[2], und die Voraussetzung dazu ist eine klare Definition der zu standardisierenden wirtschaftlichen Aktivitäten.

Die Methode dieser Studie ist die Kombination zweier Perspektiven auf diese Aktivitäten: die des *fiqh* und der technischen Perspektive. Erstens soll hier die Entwicklung des zurzeit angewendeten *takāful*-Modelles durch die Rechtsgelehrten dargestellt werden. Zweitens werden Fragen für die weitere Forschung identifiziert. Drittens wird ein Vorschlag für eine neue Definition des zentralen

---

1 Tractatus Logico-philosophicus, 1.12, URL: http://tractatus.hochholzer.info/ (letzter Zugriff: 6.4. 2014).

2 Bank Negara Malaysia initiierte ein solches Projekt für *retakāful* 2008; der Autor dieses Artikels war Mitglied des entsprechenden Komitees. Ebenso gaben sie das takaful operator framework (2012) und den Islamic Financial Services Act 2013 heraus .

ġarar-Begriffes in Zusammenhang mit Versicherung gemacht – ein Vorschlag, der auch als Beispiel für die Anwendung des *ġarar*-Konzeptes in anderen Bereichen der Wirtschaft dienen könnte.

Relevante Prinzipien der Scharia

Takāful als Ausdruck für *Sharia*-konforme Versicherung ist eine Wortschöpfung des späteren 20. Jahrhunderts, die Zeit, bei der auch unsere Untersuchung ansetzt. Wir betrachten also nicht die Stellen in Hadith und Sunna und die Diskussion der Modernisten zum Thema Versicherung. *Takāful*, wie es heute umgesetzt wird, blickt auf wenig mehr als dreißig Jahre Geschichte zurück. Die verschiedenen Entscheidungen, die wir im Folgenden betrachten werden, fielen im Wesentlichen in den siebziger Jahren und kulminierten in der Resolution der *fiqh* Academy in Ǧidda (Jeddah) von 1985 und in Sheikh Ḍarīr's Arbeit zu *ġarar*[3]. Was sie alle gemeinsam haben, sind die Scharia-Prinzipien, auf denen die Ablehnung konventioneller Versicherung gegründet ist: *ribā*, *maisir*/*qimār*, und *ġarar*, sowie die Tatsache, dass konventionelle Versicherer verbotene (*ḥarām*) Waren und Werte decken.

Das Argument der *ḥarām*-Risiken bedarf wohl keiner näheren Erläuterung, und da wir uns mit dem Begriff des inakzeptablen *ġarar* später noch eingehend auseinandersetzen werden, wollen wir nun kurz auf die Bedeutung von *ribā* und *maisir* eingehen.

Maisir, wie der Begriff im Koran erscheint[4], ist Glücksspiel um Geld[5]: Offensichtlich identifizierten die Rechtsgelehrten das *maisir*-Element in der konventionellen (kommerziellen) Versicherung wegen einer Gemeinsamkeit, nämlich der Rolle, die Zufall und Wahrscheinlichkeit in beiden Bereichen spielen[6]. Die Unterschiede betrachtete man nicht, obwohl sich die Rechtsgelehrten über die produktiven Wirkungen von Versicherung, die Glücksspiele nicht besitzen, sehr wohl im Klaren waren[7]. Tatsächlich ist dies ja der Grund, warum sie *takāful* als Ersatz entwarfen, der die positiven Effekte von Versicherung bieten sollte, ohne deren Nachteile zu teilen. Damit erscheint das *maisir*-Argument nicht nur

---

3 *"Al Gharar in Contracts and Its Effect on Contemporary Transactions"*, in: IRTI, o. J.

4 2,219 und 4,90. *Qimār* und *rihān* (Letzteres ist Wette) sind weitere Ausdrücke und Formen.

5 Šaukat, *at-Ta'mīn fi š-šarī'a wa-l-qānūn*, S. 232.

6 Šaukat, ebd. benutzt den Begriff *muḫāṭara*; al-Qarahdāġī, *at- Ta'mīn al-islāmī. Dirāsa fiqhīya ta'ṣīlīya*, S. 176, der auch einen Vergleich (*qiyās*) zwischen Versicherung und Glücksspiel statt eine Gleichsetzung in Betracht zieht, spricht von *ġarar* und *iḥtimāl* (Wahrscheinlichkeit).

7 Siehe al-Qarahdāġī, *at- Ta'mīn al-islāmī. Dirāsa fiqhīya ta'ṣīlīya*, S. 22f.; az-Zarqā, *'Aqd at-ta'mīn*, S. 42ff.; Šaukat, *at-Ta'mīn fi š-šarī'a wa-l-qānūn*, S. 27ff.

aus versicherungstechnischer, sondern auch aus Scharia-Sicht schwach, da der Vergleich mit dem Glücksspiel auf einer sehr isolierten Betrachtung beruht.

Ribā: Im engeren Sinn von „Zins“ tritt *ribā* in der konventionellen Versicherung in vielen Anlageklassen auf. Dieses Element zu eliminieren, erscheint aus *fiqh*-Sicht kaum schwieriger, als auf die Deckung von *ḥarām*-Risiken zu verzichten: man ersetzt zinstragende Anlagen eben durch islamkonforme Investments[8]. Aus Management-Sicht ist es nicht ganz so einfach, da es an islamkonformen Anlagen mangelt, die ausreichend stabil (risikofrei dürfen sie ja nicht sein), ausreichend diversifiziert und langfristig genug sind, um eine Anlagestrategie nach den Prinzipien der kongruenten Deckung zu ermöglichen. Von einem rein juristischen und theoretischen Standpunkt aus aber kann man davon ausgehen, dass dies mittelfristig möglich ist und Zins, ebenso wie *ḥarām*-Risiken, aus dem Versicherungsgeschäft eliminiert werden kann, ohne Letzteres im Kern zu verändern.

Ribā in seiner weiteren Bedeutung fanden die Rechtsgelehrten im Austausch von Prämien gegen Versicherungsleistungen. Insoweit die Schadenszahlungen zufallsabhängig bzw. unsicher sind, wird *ġarar* konstatiert, *ribā* bestünde darin, dass die Versicherungsleistungen weit höher als die Prämie (oder null) seien, bzw. dass sie mit Zeitverzug erfoltgen[9]. Offensichtlich beruhen diese Einschätzungen auf der Sichtweise, nur das bilaterale Verhältnis von Versicherungsnehmer und Versicherer zu betrachten und hier auch nur die Zahlungsströme[10]. Nur eine Minderheit akzeptiert, dass die Leistung von Versicherung in der Schaffung von Sicherheit (*amān, iṭmi'nān*) als einem wirtschaftlichen Wert besteht.[11] Die Mehrheit sieht das bilaterale Verhältnis und meint, dass in *takāful* die Genossen (participants/*muštarikūn*) einander gegenseitig versichern. Im Augenblick halten wir fest, dass die Existenz von *ribā* davon abhängt, ob man den Versicherungsvorgang als bilateralen oder kollektiven Prozess betrachtet.[12]

---

8 Vgl. Al-Qarahdāġī, *at- Ta'mīn al-islāmī. Dirāsa fiqhiyya ta'ṣīliyya,* S. 197, erwähnt die beschränkte Legitimität der westlichen Gegenseitigkeitsvereine wegen ihrer Zusammenarbeit mit konventionellen Banken.

9 Islamic Fiqh Academy in al-Qarahdāġī, *at-Ta'mīn al-islāmī. Dirāsa fiqhiyya ta'ṣīliyya,* S. 186; Shaukat, *at-Ta'mīn fi š-šarī'a wa-l-qānūn*, S. 215-217, bzgl. *ribā al-faḍl.*

10 Sheikh Ibn Jibreen in: al-Musnad, *Fatawa Islamiyah*, S. 20: "because the company might take sums of money fr,om the insured every year without doing anything for them"; siehe auch Islamic Fiqh Academy 1978 nach Al-Qarahdāġī, *at-Ta'mīn al-islāmī. Dirāsa fiqhīya ta'ṣīliyya,* S. 185.

11 Az-Zarqā, *:Aqd at-ta'mīn*, S. 40 und S. 46-48.

12 Ein *šaiḫ* meinte im Gespräch mit dem Verfasser: "once you call it bilateral, you are in ribā."

Stufenweise Entwicklung des Modelles im *fiqh*

Ausgehend von der überwiegenden, aber nicht einstimmigen Ablehnung konventioneller Versicherung entwarfen die Rechtsgelehrten eine Scharia-konforme Alternative. Interessanterweise sind die Debatten die dazu führten, in kaum einer der Publikationen zu *takāful* im Detail aufgeführt.[13] Im Zentrum steht der Ersatz einer „kommerziellen“ (*tiǧārī*) Versicherung durch Risikoteilung im Geiste der Brüderlichkeit. Einige *fatwā's* erwähnen explizit, dass das Hauptziel legitimer Versicherung nicht der Profit sein sollte und dass dies auch ein Hauptunterschied zwischen kommerzieller und islamischer Versicherung sei[14]. Manche beanspruchen für die islamische Versicherung, dass sie „substantiell“ verschieden von ihrem kommerziellen Gegenstück sei.[15]

Beim Versuch, zu rekonstruieren, in welcher Weise das Modell der islamischen Versicherung in der zweiten Hälfte des 20. Jahrhunderts Form annahm, stellen wir die These einer dreistufigen Entwicklung auf. Dies gründet zum einen auf dem Fehlen der Erwähnung einzelner Elemente (etwa *qarḍ ḥasan*) in den früheren Schriften. Diese Literaturanalyse zeigt aber noch *missing links*, die aufgrund von mündlichen Informationen ergänzt wurden[16]. Da diese aber nicht von direkten Zeitzeugen stammen, soll die Hypothese möglichst bald anhand von Interviews mit den Rechtsgelehrten, die damals aktiv beteiligt waren, verifiziert werden[17]. Dies ist zugleich das erste Forschungsthema, das wir vorschlagen.

Nach dieser Hypothese stellten sich die Rechtsgelehrten in der ersten Stufe einen Fond (*ḥisāb, ṣandūq*) vor, in dem die Beiträge als Spenden (*tabarru'*) der Genossen gesammelt (oder *gepoolt*) würden, um davon Schäden zu bezahlen. Da Verträge über Spenden per definitionem keinen exzessiven *ġarar* enthalten können[18], war dieses Problem also nicht nur durch die nicht-profit-orientierte Intention (*niyya*), sondern auch formaljuristisch ausgeschaltet. Da aber trotzdem eine Gegenleistung für diese Spende erwartet wird, wurde der mālikitische Begriff des Geschenkes mit Gegenleistung *hibat aṯ-ṯawāb* o.Ä. benutzt. Nun könn-

13 In Ermangelung direkter Unterlagen stützen wir uns im Folgenden oft auf die Wiedergabe und Zitate in Al-Qarahdāġī, *at-Ta'mīn al-islāmī. Dirāsa fiqhiyya ta'ṣīliyya,* S. 183-193.

14 Al-Qarahdāġī, *at-Ta'mīn al-islāmī. Dirāsa fiqhiyya ta'ṣīliyya* S. 218.

15 Ahmad Sabbagh in Patel, (hrsg.) Takāful&Mutuality Issue 2, Februar 2014, S. 1: “different in substance”.

16 Die der Autor von Sheikh Essam Eshaq, Bahrain erhielt, mit dem er jahrelang zusammen arbeitete. Das letzte Gespräch fand in Vorbereitung dieses Artikels am 29.3.2014 statt.

17 Namentlich Sheikh Ḍarir Al Gharar in Contracts and Its Effect on Contemporary Transactions und al-Qarahdāġī, *at-Ta'mīn al-islāmī. Dirāsa fiqhiyya ta'ṣīliyya.*

18 Ḍarir, *Al Gharar in Contracts and Its Effect on Contemporary Transactions*, S. 36f., S. 40.

te man fragen, ob *ġarar* unter diesen Umständen immer noch ausgeschlossen werden kann[19]. Und auch wenn die Juristen dies gewöhnlich bejahen, besteht doch eine offensichtliche praktische Ähnlichkeit zum Austausch in einem gewöhnlichen Versicherungsvertrag, eine Ähnlichkeit, die auch von der Öffentlichkeit und den Stakeholdern wahrgenommen wird.[20]

In der zweiten hypothetischen Stufe der Modellentwicklung kam man darauf, dass der einfache ursprüngliche Prozess des Einsammelns und Verteilens der Beiträge von jemandem organisiert und durchgeführt werden müsse, und so fügte man den *wakīl* (Agenten) hinzu, der gegen eine Gebühr die Akquise und Abwicklung übernimmt. Im Prinzip kann dieser *wakīl* seine Dienste mehr als einem *takāful*-Fond anbieten. Wichtig ist aber: Er darf aus seiner Gebühr Gewinne machen, und da Profitorientierung als Hauptunterschied zur kommerziellen Versicherung identifiziert worden war, müssen diese Gebühr, ihre Berechnung und ihre Quellen streng beobachtet werden.

In einer späteren, dritten Phase vor der Umsetzung tauchte, so die Hypothese, die Frage auf, was passieren solle, wenn die Schäden den Bestand im Fond überstiegen. In Übereinstimmung mit der Gegenseitigkeitsidee stünde eine Nachschusspflicht, die formell z.B. noch bei sudanesischen Gesellschaften besteht.[21] Unserer erwähnten Quelle zufolge war es aber šaiḫ Ḍarir, der beschloss, der Einfachheit halber solle der *wakīl* in dem Fall einen zinslosen Kredit, *qarḍ ḥasan*, einlegen, der von zukünftigen Überschüssen getilgt würde. Damit aber, so nun wieder unsere eigene Überlegung, war der *wakīl* kein einfacher Verwalter mehr. Er musste für den *qarḍ ḥasan* Gelder zur Seite legen, und dies verband sein Schicksal mit dem *takāful*-Fond, der damit nun auch der einzige Fond war, den er verwaltete.

So scheint das Konzept entstanden zu sein, das uns heute begegnet. Eine islamische Versicherungsgesellschaft besteht demnach aus zwei Fonds, *takāful* Fonds und Aktionärsfond (des *wakīl*), die getrennt gehalten, aber finanziell wieder verbunden werden durch die Verpflichtung, *qarḍ ḥasan* zu leisten, und das Recht, ihn aus zukünftigen Überschüssen zurückzubekommen. So wurde das System kodifiziert. Es scheint aber, dass es von Anfang an Differenzen dazu gab, wie endgültig dieses System sei (s.u.). Ebenso wichtig ist, zumindest in unserer Sicht: Im Zuge der Entwicklung des Systems kamen schrittweise Ansätze genau der Elemente zurück, wegen der man die kommerzielle Versicherung abgelehnt hatte: bilateraler Austausch (durch *hibat aṯ-ṯawāb*), Profitorientierung

19 Zu Unterschieden zwischen Spende und Geschenk nach den *maḏāhib* siehe Ḍarir, ebd.

20 MASB 2011, S. 4: "In many material aspects, takaful can be likened to conventional insurance".

21 Offizielle Aussage von Dr. Omar Faruq auf dem GTG Treffen in Khartoum, 19.2. 2014.

(beim *wakīl*) und Transfer des versicherungstechnischen Risikos (an den *wakīl* durch *qarḍ ḥasan*, s.u.) statt Risikoteilung.

Das Konzept und seine Schwächen

Nur der Form nach verschieden, nicht inhaltlich

Die Spannung zwischen diesen Ähnlichkeiten zur konventionellen Versicherung und dem eigenen Anspruch, etwas ganz anderes zu sein, ist ein Hauptproblem von *takāful* heute. Der *ġarar* ist im Grunde noch da, nur in einem (Spenden-) Vertrag, wo er akzeptiert wird (manche sagen: "not removed, but forgiven"[22]). Der spirituelle Aspekt der Brüderlichkeit wird öfter beschworen, aber nicht immer beobachtet. Der Vorwurf der Verbraucher lautet, dass mehr die Bezeichnungen als die Praxis geändert wurden.[23] Dieser Vorwurf verkennt die Ernsthaftigkeit, mit der die Rechtsgelehrten darum ringen, z.B. die Unterschiede zwischen *hibat aṯ-ṯawāb* und einem Kaufvertrag herauszuarbeiten.[24] Tatsächlich aber wird die Linie zwischen ihrem Modell und konventioneller Versicherung hauchdünn, wenn man anstatt des juristischen Blickwinkels den ökonomischen einnimmt, wie es Ziel und Methode dieses Artikels ist. Besonders objektiv ist u. E. die Sichtweise des Rechnungswesens in seinem Auftrag, die wirtschaftliche Realität getreu abzubilden. Nehmen wir die Anweisung des malaysischen *takāful* Operator Framework von 2012, dass die beiden Fonds für die Solvabilität „holistisch"[25] betrachtet werden sollten. Im konventionellen Bereich andererseits repräsentieren die versicherungstechnischen Rückstellungen in der Tat Rechte der Versicherten und können nicht als in der freien Verfügungsgewalt der Aktionäre befindlich betrachtet werden wie andere Reserven im Garantiefonds. So spricht das deutsche Recht von „gebundenem Vermögen" im Gegensatz zum „restlichen", „freien Vermögen"[26]. Die Ansicht mancher islamischer Rechtsgelehrter, dass Versicherungsprämien, im Unterschied zu Beiträgen in *takāful*-Gesellschaften, sofort nach Vereinnahmung Eigentum des Versicherers würden, der „damit verfahren kann wie er will"[27], ist in diesem Licht ein (recht grundlegendes) Missverständnis.

---

22 In dieser Formulierung oft vom *takāful*-Pionier Dawood Taylor gebraucht, siehe z.B. sein Paper zum 5th International Takāful Summit 2011, slide 6.

23 Ein jemenitischer Versicherungsmanager nannte *takāful* im Gespräch mit dem Verfasser: „at-taʾmīn bi-l-basmalah ʿalaihi".

24 Al-Qarahdāġī, *at-Taʾmīn al-islāmī. Dirāsa fiqhiyya taʾṣīliyya* S. 242.

25 BNM/RH/CP 004 – Risk based capital framework for Takaful operators, 1.5.

26 Farny, Versicherungsbetriebslehre S. 697f.

27 Abū Ġudda, *Fatāwā at-taʾmīn al-islāmī,* S. 27: "Watakūnu ʾaqsāṭu t-taʾmīni [...] milkan li-š-šarikati, tataṣarrafu bihā kamā tašāʾ".

So kann man argumentieren, dass sowohl der *takāful* operator wie der konventionelle Versicherer Risiken in einem Garantiefond decken. Im *takāful*-Fall, besteht der Garantiefond aus zwei getrennten Fonds, die dann „holistisch" betrachtet werden. Im konventionellen Fond ist es ein Garantiefond, der dann getrennt betrachtet wird: als geteilt in wirkliches Aktionärskapital plus akkumulierter Profite auf der einen und technische Reserven auf der anderen Seite, die aus Geld der Versicherten aufgebaut wurden und Verpflichtungen ihnen gegenüber decken. Diese letzte Definition erscheint sehr ähnlich zu der eines *takāful*-Fond. Wenn wir IFRS- und AAOIFI-Regeln vergleichen, gibt es tatsächlich nur zwei Rückstellungen, nämlich die Schwankungsrückstellung und die Katastrophenrückstellung, die in der konventionellen Versicherung nicht zu den technischen Rückstellungen zählen (und daher freies Aktionärsvermögen darstellen), aber im *takāful*-System in den *takāful* (participants) Fond gehören[28]. Es ist wiederum eine spannende Forschungsfrage und noch keineswegs sicher[29], ob diese beiden Unterschiede wirklich wesentlich sind, ob sie – möglicherweise ausbeuterische Profite repräsentieren, die bei *takāful*-Gesellschaften infolge der Deckelung ihres *wakāla*-Gebühr-Einkommens nicht anfallen würden etc.

Die parallele Struktur der beiden Garantiefonds ist im Folgenden dargestellt:

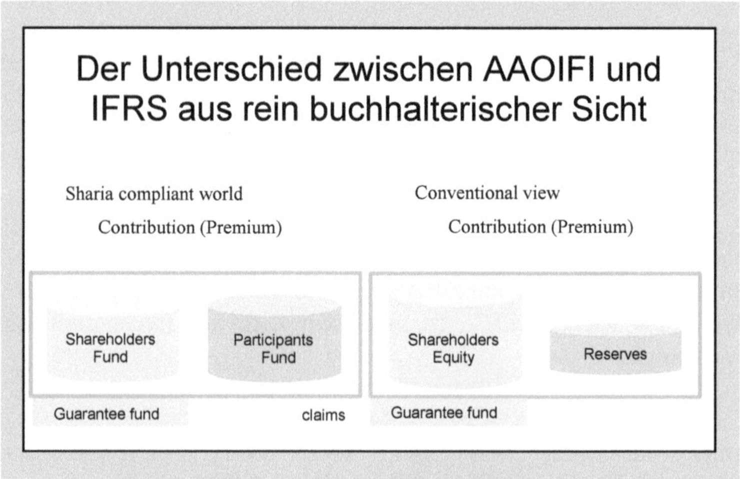

Abb. 1: Unterschied zwischen AAOIFI und IFRS (eigene Quelle)

---

28 Die Bestätigung dieser Sicht verdankt der Verf. seinen Kollegen bei Munich Re. Zuerst öffentlich präsentiert in: L. Stiftl, *"Reflections on Long Term Qard al Hassan in Takaful"* / URL: http://www.takafulprimer.com/summit11.php (letzter Zugriff: 2.4.2014).

29 Falls Schwankungsrückstellungen überhaupt erlaubt sind und Katastrophenexponierung nicht durch Rückversicherung minimiert wird, wo sie dafür eine umso größere Rolle spielt.

Qarḍ ḥasan und Risikotransfer

Ebenso kann man auch aus *fiqh*-Perspektive Einwände gegen die wohl jüngste Zutat in dem Modell erheben, den *qarḍ ḥasan*[30]. Diese Einwände betreffen die regelmäßige Nutzung von *qarḍ ḥasan* in einem kommerziellen Umfeld[31] und seine ebenso regelmäßige Kombination mit anderen Verträgen, vor allem *wakāla*. Da *takāful*-Gesellschaften kein Kapital zur Deckung ihrer *qarḍ ḥasan*-Verpflichtung einwerben können, wenn sie keine Rendite darauf versprechen, führt das dazu, dass sie geradezu gezwungen sind, diese Rendite in ihr sonstiges Einkommen (aus *wakāla* oder *muḍāraba*) einzupreisen bzw. dort zu „verstecken".

Der stärkste juristische Einwand liegt aber darin, dass es sich um eine *qarḍ ḥasan*-Verpflichtung handelt. Es erscheint unbestritten, dass *qarḍ ḥasan* im allgemeinen Sinne eine freiwillige Leistung ist, die eine Verpflichtung zur Rückzahlung begründet. Dann könnte er aber nicht zur Berechnung der Solvabilität herangezogen werden, weshalb die Aufsichtsbehörden ihn gewöhnlich verpflichtend gestalteten. Die Rückzahlung umgekehrt sollte verpflichtend sein, es werden aber im *takāful*-Fall keine konkreten Rückzahlungen vereinbart, und es gibt gewöhnlich auch niemanden, der namentlich dafür verantwortlich gemacht werden könnte, etwa im Sinne einer Nachschusspflicht. Das heißt: Klassischer *qarḍ ḥasan* (wie jeder Kredit) ist in der Zahlung freiwillig, in der Rückzahlung verpflichtend. Im *takāful*-Modell verhält es sich gerade umgekehrt. Das passt zu eher informellen, auf gegenseitiger persönlicher Bekanntschaft beruhenden Solidargemeinschaften. *Takāful*-Gesellschaften gehen aber alle in den anonymen Massenmarkt, die „Genossen" sehen sich mit Sicherheit eher als Kunden[32], und Aufsichtsbehörden entscheiden sich, ihnen die entsprechende Schutzbedürftigkeit zuzusprechen, eben durch die *qarḍ ḥasan*-Verpflichtung.

Die entscheidende versicherungstechnische Folge dieser *qarḍ ḥasan*-Konstruktion ist, wie wir nun zeigen wollen, der Bruch des Prinzips der Risikoteilung, auf der die Argumentation und Intention der Rechtsgelehrten eigentlich

---

30 Siehe zur Argumentation des Verfassers zu Risikotransfer und *qarḍ ḥasan*: Stiftl, *Deconstructing qard hasan*, Munich Re 2014, S. 9-14 und: Ders., *General Retakaful Manual*, Munich Re 2011, URL: www.munichre.com/retakaful (letzter Zugriff: 06.04.2014), besonders S. 6f.

31 Aus diesem Grund wurde *qarḍ ḥasan* im malaysischen Umfeld in *qarḍ* umbenannt. Mündliche Information durch šaiḫ Daud Bakar 2007.

32 Bank Negara Malaysia (Hg.), *BNM/RHGL 004-22 Guidelines on Takaful operational framework*, 2012, 1.2; Abd Latiff Abu Bakar, CEO von Takāful Ikhlas, Malaysia, spricht offen (unwillkürlich den malaysischen Diskurs wiedergebend) von *protecting customers*. Patel u.a. (eds.), *Takāful&Mutuality*, S. 8.

beruht. So nennt der Rechnungslegungsstandard IFRS 4 (B 19) unter Verträgen, die *nicht* unter die Definition von Versicherung fallen:

> "(b) contracts that have the legal form of insurance, but pass all significant insurance risk back to the policyholder through non-cancellable and enforceable mechanisms that adjust future payments by the policyholder as a direct result of insured losses".

Offensichtlich trifft diese Definition auf die Rückzahlung von *qarḍ ḥasan* durch zukünftige Überschüsse, auf der das derzeitige *takāful*-Modell beruht, *nicht* zu. Die Rückzahlung kann nicht erzwungen werden, und wenn die Beiträge aufgrund früherer Schäden angehoben werden, kann jeder „Versicherte" unbeschadet seine Police kündigen. Das heißt, wir haben es hier nicht mit Mechanismen zu tun die „substantiell verschieden" (s.o.) von Versicherung sind, jedenfalls nicht, was den Risikotransfer betrifft. Das Malaysian accounting service board MASB führte 2012 eine internationale Befragung durch, bei der auch gefragt wurde, ob *takāful* eine Form von Versicherung bzw. ob MFRS4 (identisch zu IFRS4) anwendbar sei. Fünf von neun antwortenden Institutionen und Individuen bejahten dies, gewöhnlich mit Verweis auf den Risikotransfer durch *qarḍ ḥasan.*[33] Diejenigen, die dies verneinten, taten es anscheinend mit Verweis auf die Natur des *qarḍ ḥasan* als Kredit bzw. Forderung.

Die Frage, was *qarḍ ḥasan* wirtschaftlich betrachtet sei, ist offenbar entscheidend für die Einordnung des gesamten *takāful*-Systems. Aus den oben genannten Gründen (keine Rückzahlungsvereinbarung, kein benennbarer Schuldner) halten wir es für mit Bilanzwahrheit und -klarheit unvereinbar, eine Forderung zu bilanzieren.[34] Das ebenfalls malaysische IFSB zog denselben Schluss, wenn auch etwas zurückhaltender formuliert, indem es den *takāful*-Gesellschaften vorschrieb, die Rückzahlbarkeit nach einer zuvor definierten Zahl von Jahren zu prüfen und den „Kredit" dann abzuschreiben[35]. Praktisch kommt das einem vorgetragenen Verlust gleich, vermeidet aber, in offenen Konflikt mit der *fiqh*-Sicht zu gehen.

---

33 MASB (ed.), *Feetback Statement MASB Discussion Papers on Takaful, Sukuk and Shariah Compliant Profit-sharing Contracts*, 2012, URL: http://www.masb.org.my/images/Feedback%20Statement%20for%20insurance.pdf (letzter Zugriff: 10.04.2014), Section 1. Punkt 10-23, besonders 18. Die Frage ist zu finden in Dies., *MASB DP i-l Malaysian Accounting Standards Board Discussion Paper*, URL: www.masb.org.my/images/stories/161211/MASB%20DP%20i.1Takful.pdf (letzter Zugriff: 10-04.2014) Frage 1, S.6.

34 Ein Aktuar antwortete in genau demselben Sinn zur o.a. Frage der MASB; siehe MASB (ed.), *Feedback Statement*, 2012, Section 1, Punkt 36: Zu non-recoverable *qarḍ ḥasan*, see Stiftl, *General Retakaful Manual*, S. 6 f, der Begriff wurde aufgenommen z.B. von Bhatti, *Innovation in Takaful,* London2012, S. 66.

35 *BNM/RHGL 004-22 Guidelines on Takaful operational framework*, 14.4

Die beiden Fonds, wie sorgfältig man sie auch theoretisch trennt, werden also durch die *qarḍ ḥasan*-Verpflichtung wieder verbunden und verhalten sich wie kommunizierende Röhren in der Physik. Was den einen Fond betrifft, erreicht letztlich auch den anderen, und der „Wasserstand“ gleicht sich aus. Das heißt nicht, dass die Separierung der Fonds keinen Sinn machen würde. Sie kann der Transparenz dienen, etwa indem Häufigkeit und Höhe des *qarḍ ḥasan* geradezu zur Messung des Risikotransfers, der wohl im Nichtlebensgeschäft und *retakāful* am höchsten wäre, verwendet werden. Nur soll man sich nicht der Täuschung hingeben, durch die Separierung ließe sich Risikotransfer vermeiden – nicht, solange IFRS 4 B19 nicht anwendbar ist.

Aktionäre und Versicherte: Der unterschätzte Interessenkonflikt

Dass Risikotransfer vorliegt, wird von einigen noch nicht zur Kenntnis genommen. Die Tatsache aber, dass das heutige *takāful*-Modell ein Hybrid aus Gegenseitigkeitsfond und Aktiengesellschaft ist, in dem Aktionäre eine Rolle spielen, die auf Profit orientiert sind, ist jedenfalls unstreitig, wird aber erstaunlich unproblematisch gesehen. Ahmad Sabbagh z.B. nennt das einfach den „advanced stage”[36] verglichen mit den ursprünglichen reinen Solidargemeinschaften. Maßnahmen, den möglichen Interessenkonflikt zu kontrollieren, gibt es trotzdem, vor allem in dem dauernden Bestreben der Rechtsgelehrten, das *wakāla*-Modell durchzusetzen, das das Einkommen der Gesellschaft durch die Gebühr nach oben beschränken soll.[37] Weitere Möglichkeiten, das Gegenseitigkeitselement gegenüber dem Einfluss des von den Aktionären bestellten Managements zu wahren, werden im Folgenden vorgeschlagen. Die zweite Studie, die wir hiermit anregen wollen, sollte der Frage gewidmet sein, in welchem Ausmaß diese Methoden heute in den *takāful*-Gesellschaften um-und eingesetzt werden.

- Die einfachste Art der Kontrolle besteht darin, auf die Anwendung der Scharia-konformen Vertragsarten, vorzugsweise *wakāla*, zu achten und darauf zu vertrauen, dass dies den Schutz der Interessen der Versicherten garantiert.
- Man kann zum Schutz dieser Interessen Vertreter der Versicherten am Management oder an den Kontrollfunktionen beteiligen. Dies findet am ehesten im Sudan statt[38]. Andere Aufsichtsbehörden, wie Jordanien[39], finden, dass das Scharia-Board als Sachwalter der Interessen der Versicherten genügt.

---

36 Sabbagh, *Islamic Takāful Insurance*, Amman 2012 S. 18.

37 Was das Problem nicht völlig löst. Vgl. dazu z.B. Stiftl, *“Takaful – Time to Come of Age”, in: GIFR*, London 2013.

38 Salah ed-Din Musa (CEO of Shiekan Ins.), *Islamic Insurance in Sudan*, S. 9; siehe auch Bhatti, *Innovation in Takaful*, S. 65.

39 Sabbagh, Ahmad, *Islamic Takāful Insurance*, S. 38f.; Ders., *at-taʾmīn at-takāfulī l-islāmī*, S. 50f.

- Die stärkste Form des Einflusses solcher Kontrollorgane besteht in dem Recht, die Profitmarge der Aktionäre über die *wakāla*-Gebühr zu bestimmen oder zumindest zu überwachen, etwa anhand eines Jahr für Jahr neu definierten Aufschlages auf die vom *wakīl* vorher zu meldenden Kostensätze[40]. Allerdings ist das technisch nicht so einfach durchzuführen wie es den Anschein hat. Komplexes und heterogenes Geschäft, solches mit langer Abwicklungsdauer oder hohem Anteil an Gemeinkosten (z.B. durch zentralen Service), Start-ups oder *retakāful* entzieht sich der schlichten Berechnung nach der Formel Kostensatz x (1+Marge) weitgehend.
- Die Wurzel des Interessenkonflikts beseitigen würde eine Begrenzung der Größe des Aktionärsfonds und der ihm übertragenen Funktionen. Im Extremfall würde das zum reinen Gegenseitigkeitsverein mit einem Fond zurückführen.
- Es scheint, dass diese letzte Option zurzeit nirgendwo umgesetzt wird. Alle derzeitigen Gesellschaften, auch die saudischen Kooperativen, haben Aktionäre. Angesichts des Selbstverständnisses der *takāful*-Industrie ist dies ebenso erstaunlich wie die geringe Rate von Gesellschaften mit Mitbestimmung der Versicherten.

Zurück zum Scheideweg: *Ġarar* und Versicherbarkeit

Bislang nahm diese Studie das allgemeine Verständnis der Mehrheitsentscheidung der Siebziger Jahre als gegeben, der zufolge kooperative Versicherung ebenso unbeschränkt erlaubt ist, wie allen Formen kommerzieller (konventioneller) Versicherung (exzessiver) *ġarar* zugeordnet wurde. Da wir aber dabei fanden, dass diese Unterscheidung bei versicherungstechnischer Betrachtung kaum Bestand hat, wollen wir nun die Basis dieser fundamentalen Entscheidung genauer beleuchten.

Die Intention hinter dem Verbot von Versicherung

In unserem Verständnis besteht diese Intention in der Vermeidung von Ausbeutung durch Ausnutzung von Intransparenz und Unsicherheit, also exzessivem (sog. „großem“) *ġarar* zum Nachteil eines Vertragspartners.[41] Die Vertreter der

40 Al-Qarahdāġī, *at-Taʾmīn al-islāmī. Dirāsa fiqhiyya taʾṣīliyya*, S. 206f. schlägt Kosten als Basis der Berechnung vor, da Risikotransfer nicht in Betracht gezogen wird. So scheint auch die Islamic Insurance Company in Jordanien vorzugehen. Das Management bestimmt die Gebühr, aber unter Aufsicht der Rechtsgelehrten auf Basis der wirklichen Kosten. Siehe Sabbagh, *Islamic Takaful Insurance*, S. 39, S. 228 und Information von Hrn. Sabbagh auf Konferenzen.

41 Koran 2,188 und 4,29: Weitere Intentionen hinter dem Verbot von *ġarar* (z.B. Vermeidung von Streit) siehe in al-Qarahdāġī, *at-Taʾmīn al-islāmī. Dirāsa fiqhiyya taʾṣīliyya*, S. 321.

Minderheitsmeinung, Mustafa az-Zarqā und Monzer Kahf, verwiesen auf das statistische und aktuarielle Wissen, das diesen *ġarar*, und damit die Möglichkeit der Ausbeutung, auf ein akzeptables Maß reduziere[42]. Viele Versicherungsdefinitionen stimmen in dem Punkt überein, dass ihr zentrales Charakteristikum in der Transformation von individueller Unsicherheit in kollektive Sicherheit, Kalkulierbarkeit oder Schätzbarkeit besteht.[43] Unsicherheit erscheint also nur aus der individuellen Perspektive und verschwindet, wenn man einen Gesamtbestand betrachtet. Die Parallele zu der Mehrheitsmeinung, die bilaterale Verträge ablehnt und kollektive Risikotragung erlaubt, ist bemerkenswert.

So sehr diese Sichtweise dem Versicherungspraktiker entgegenkommt, ist doch anzumerken, dass die Vorbehalte der Mehrheitsmeinung dadurch nicht einfach gegenstandslos werden. Auch aus technischer Sicht ist das Funktionsprinzip der Versicherung, vor allem auf der Ebene einzelner Produkte, ziemlich komplex und lässt Raum für Manipulation. So sieht das weithin die öffentliche Meinung, und auch die Aufsichtsbehörden akzeptieren die Gefahr implizit in ihrem Verbraucherschutzauftrag. Man könnte also verstehen, wenn die Rechtsgelehrten alle Zweifelsfälle ausschließen wollten, indem sie nur kooperative Versicherung erlaubten, in der der Interessenkonflikt so nicht auftreten kann.

Allerdings haben sie mit dem derzeitigen Hybridsystem genau diesen Bereich der Zweifelsfälle wieder eröffnet, weil sie die Einbeziehung von Aktionären für unvermeidbar hielten. Und andererseits: so, wie es für islamische Versicherung die oben dargestellten Methoden gibt, Ausbeutung zu vermeiden, haben auch westliche Gesetzgeber und gelegentlich auch Versicherungsgesellschaften einen solchen Schutzbedarf erkannt und sind zum Teil zu ähnlichen Lösungen gekommen. Dazu gehört die Transparenz der Kostenstrukturen und Produktbeschreibung sowie Überschussbeteiligung. In Deutschland führte dies zur Novelle des VVG von 2008[44]. Das wirft die Frage auf: ist „kommerzielle Versicherung“ heute noch die, die die Rechtsgelehrten bei ihrem Verbot im Sinn hatten?

---

42 Kahf, *Fatāwa 2006*: Zarqa “argued, that the ġarar in the contract is remedied by the fact that it is a contract based on overwhelming statistical knowledge and the application of the theory of probability. With this in mind there is no Gharar on the part of the insurer.”

43 Farny, *Versicherungsbetriebslehre*, S. 13: „Versicherung ist die Deckung eines im Einzelnen ungewissen insgesamt schätzbaren Geldbedarfs, auf der Grundlage eines Risikoausgleiches im Kollektiv und in der Zeit“.

44 Das Bundesverfassungsgericht hatte 2005 und 2006 (VersR 2005, 1127 bzw. VersR 2006, 489) Produkt- und Kostentransparenz für die Verbraucher sowie eine „angemessene“ Überschussbeteiligung angemahnt. Siehe z.B. Goretzky, *Transparente Lebensversicherungspolicen transparent besteuert?*,2008. Als Munich Re’s Scharia-Board von den Änderungen erfuhr, meinten die *Scholars*, das Gesetz sei nun: “more šarīʿa-compliant”.

Überprüfung der Definition von „kommerzieller Versicherung“

Ein genauerer Blick auf die Beschlüsse zeigt interessante Differenzierungen: Die First International Conference on Islamic Economics (Mekka, 1976) beschloss demnach:

> „Die Versicherung, *die die kommerziellen Versicherungsgesellschaften heutzutage praktizieren*, verwirklicht die [Scharia-]legitime Form der Kooperation und Solidarität nicht, da in ihr [der Versicherung, d. Verf.] die [Scharia-] legitimen Bedingungen nicht gegeben sind, die verlangen würden, sie für erlaubt zu erklären“[45].

Auch die weitere Untersuchung des Themas durch eine interdisziplinäre Kommission wurde beschlossen. Ob diese stattfand, ist noch zu erforschen. Jedenfalls lautete der Beschluss der Fiqh Academy in ihrem zweiten Treffen von 1985 dann: “The Commercial Insurance Contract, *with a fixed periodical premium*, which is commonly used by commercial insurance companies”[46]. Beide Sätze deuten auf eine Begrenzung oder Bedingung des Verbots. Es könnte sich um eine Bedingung handeln, deren Inhalt aus den vorliegenden Texten nicht direkt hervorgeht und/oder um eine Kompromissformulierung, die das Votum der Vertreter der Mindermeinung widerspiegelt[47].

Vorläufig lassen sich nur Hypothesen aufstellen, welche Bedingungen gemeint sind, gestützt auf die o.e. Charakteristika islamischer Versicherung:

1. Meint “fixed periodical premium”, dass kommerzielle Versicherungsgesellschaften akzeptabel wären, wenn sie Produkte mit Gewinnbeteiligung etc. nach Art der *takāful*-Gesellschaften anböten?
2. Wenn die Kostensätze offengelegt und der Anteil, der den Versicherten in Rechnung gestellt werden kann, begrenzt wird, kommt das nicht dem System der *wakāla*-Gebühr zumindest nahe?
3. Beinhaltet eine obligatorische Überschussbeteiligung nicht auch eine effektive Begrenzung der Gewinne der Aktionäre?

---

45 Eigene Übersetzung (inklusive kursive Hervorhebung) durch den Verfasser nach dem Text, wie er in al-Qarahdāġī. *at-Taʾmīn al-islāmī. Dirāsa fiqhiyya taʾṣīliyya,* S. 191 zitiert ist: „inna t-taʾmīna t-tiğārīya lladhī tumārisuhū šarikātu t-taʾmīni t-tiğārīyatu fī hādhā al-ʿaṣri lā yuhaqqiqu ṣ-ṣīghata š-šarʿīyata li-t-taʿāwuni wa-t-taḍāmuni, li-annahū lam tatawāfaru fīhī aš-šurūṭu aš-šarʿīyatu llatī taqtaḍī ḥallahū“.

46 Islamic Fiqh Academy, *Resolution N° 9 (9/2)*, 1985, First Resolve, S. 13 (Hervorhebung durch den Verfasser).

47 Zum selben Gedanken, dass das Verbot nicht absolut sein muss, siehe Rashid, *Islamization of Insurance*, S. 6. Die genaue Intention der Formulierungen kann nur durch die weitere Forschung herausgefunden werden.

4. Mitbestimmung. Auch Kapitalgesellschaften wie Ergo haben begonnen, Kundenbeiräte zu schaffen, um Vertrauen und Transparenz herzustellen.[48] Damit übertreffen sie etliche *takāful*-Gesellschaften an Mitwirkungsrechten.
5. Ethisches und nachhaltiges Geschäftsgebaren, v.a. im Investment und bei fondsgebundenen Policen, ist auch in westlichen Gesellschaften ein Trend.
6. Auch wenn rein zinsfreie Anlageportfolios noch nicht zu erwarten sind, so blickt man seit den Finanzkrisen doch skeptischer auf Investmentstrategien, die auf risikofreie Rendite und Staatsobligationen gegründet sind.[49]

In einem Wort: viele Trends in der westlichen Versicherung reagieren auf Kritik, die auch die islamischen Gelehrten gegen kommerzielle Versicherung hatten. Ohne es zu wissen, näherte sich die westliche Versicherungspraxis und -regulierung der Scharia-Konformität an. Was wäre nun, wenn eine Versicherungsgesellschaft (die wohlgemerkt noch nicht einmal ein Gegenseitigkeitsverein sein müsste) alle diese sechs Eigenschaften aufwiese? Sind diese sechs Punkte die Bedingungen, die, wie der Beschluss der Konferenz von 1976 es ausdrückte, „erfordern, sie für ḥalāl zu erklären" (s.o. „*taqtaḍī ḥallahū*")? Und wenn nicht, welche Bedingungen waren dann gemeint?

Eben diese Frage ist an die Rechtsgelehrten zu richten, um mit ihnen zusammen zu versicherungstechnisch nachvollziehbaren Definitionen dessen zu kommen, was als erlaubt und was als unerlaubt betrachtet wird. Um dies vorzubereiten, wollen wir nun noch neben den Prinzipien der Scharia und im Vergleich dazu auch die Prinzipien der Versicherbarkeit betrachten.

Kongruenz von Scharia-Prinzipien und Prinzipien der Versicherbarkeit?

Beginnen wir nochmals mit *ribā*, in dem oben erwähnten weiteren Sinn, also nicht nur als Zins, sondern als *ribā al-faḍl*. Wie erwähnt, hängt dieses Verständnis von Versicherung davon ab, dass man nur die Zahlungen betrachtet und nicht das Sicher-Machen durch Risikotransformation im Kollektiv und in der Zeit. *Ribā* verschwindet also mit dem Poolen im Kollektiv oder – anders gesagt: mit der Nutzung des stochastischen Prinzips. Dieses ist das erste Prinzip der Versicherbarkeit, das uns begegnet, und – das halten wir fest, es wirkt gegen *ribā*, also im Sinne der *šarīʿa* positiv.

Während die Rechtsgelehrten beim Thema *ribā* das stochastische Prinzip nicht berücksichtigten, stellen sie das Wahrscheinlichkeitselement beim Thema

48 Ergo Website, URL:www.ergo.de/de/ERGO/Verstehen/Dialog/Kundenbeirat (letzter Zugriff: 5.4. 2014).

49 Vgl. bezüglich möglicher Konvergenz der Regulierung, Stiftl, *"Takaful – Time to Come of Age"*, S. 28.

maisir und *qimār* ins Zentrum der Beobachtung. Sie sehen aber auch, was weiter zur Definition von *maisir* gehört: es ist ein Nullsummenspiel – ein Spieler gewinnt, was der andere verliert.[50] Da daran ist nichts Produktives ist, widerspricht es den Regeln der Scharia in der Tat. Im Versicherungsvorgang dagegen werden echte Verluste aufgefangen, die von außerhalb des „Spiels" kommen, was zu positiven realwirtschaftlichen Effekten führt. In Prinzipien der Versicherbarkeit ausgedrückt, gibt es also ein versicherbares Interesse, das macht den Unterschied zu Wetten aus.[51] Und auch dies ist im Scharia-Sinne positiv.

Die Versicherungsgeschichte kannte und kennt Geschäfte, die den Prinzipien der Versicherbarkeit nicht entsprechen und eher Wetten darstellen. Ein frühes Beispiel sind Tontinen, heute können es Derivate sein, die keine Korrelation mit tatsächlicher Risikoexponierung haben. Bei den Beispielen, wo Beine von Fußballern oder Tänzern versichert wurden, bestand zwar ein versicherbares Interesse, die stochastische Basis war aber schmal. Die Versicherungswirtschaft ist gut beraten, bei dem Geschäft zu bleiben, das ihren eigenen Prinzipien entspricht. Nur dieses ist preisbar (und damit auf Dauer profitabel) und nachhaltig vermarktbar. Die technischen Prinzipien nicht entsprechenden Innovationen gerade der frühen Phasen der Versicherungsgeschichte waren letztlich kein erfolgreiches Geschäftsmodell.

Ein weiteres Prinzip der Versicherbarkeit ist Treu und Glauben (*uberrima fides*). Die Vertragspartner (auch natürlich die Versicherten) müssen wahre Angaben machen, sonst ist die Deckung ungültig. Das betrifft einen der Aspekte des *ġarar*-Vorwurfs. In der englischen Version des Beschlusses der Fiqh Academy von 1985 lautet die Übersetzung von *ġarar* immerhin "deceit" Betrug. Dieses Urteil ist schwer vorstellbar unter der Annahme, dass die Rechtsgelehrten bei ihrer Entscheidung die Prinzipien der Versicherbarkeit beachtet oder auch nur gekannt haben. Daher sollte eine neue Diskussion zwischen Rechtsgelehrten und Praktikern bei diesem Punkt beginnen.

Die dabei zu prüfende Annahme wäre, dass *alle Prinzipien der Sharia Entsprechungen unter den Prinzipien der Versicherbarkeit* haben und umgekehrt

---

50 Al-Qarahdāġī, *at-Ta'mīn al-islāmī. Dirāsa fiqhiyya ta'ṣīliyya.* S. 173 zitiert as-Sanhūrī in diesem Sinne.

51 IFRS: IFRS 4, insurance contracts, URL: http://ec.europa.eu/internal_market/accounting/docs/consolidated/ifrs4_en.pdf (letzter Zugriff: 21.9.2014). Abschnitt B19: "(d) contracts (such as gambling contracts) that require a payment if a specified uncertain future event occurs, but do not require, as a contractual precondition for payment, that the event adversely affects the policyholder." – sind demnach *nicht* Versicherung.

alle Prinzipien der Versicherbarkeit den Intentionen der Scharia dienen[52]. Wenn aber die Prinzipien und Intentionen übereinstimmen, ist umso fraglicher, wieso Versicherung grundsätzlich und in all ihren Formen im Widerspruch zur Scharia stehen sollte. Wahrscheinlicher erscheint, dass technisch saubere, d.h. nach den guten Regeln der Branche durchgeführte Versicherung auch den Anforderungen der Scharia entsprechen müsste. Die folgende Tabelle soll einen vorläufigen Überblick über diese Entsprechungen geben:

Tab. 1: Prinzipien der Scharia und Prinzipien der Versicherbarkeit

Prinzipien der *Scharia*	Prinzipien der Versicherbarkeit
Ribā	Pooling; stochastisches Prinzip.
Maisir, qimār	Versicherbares Interesse
Ḥarām	Nicht versicherungsspezifisch; eliminierbar
Ġarar	Stochastisches Prinzip, *uberrima fides*

Und auch die letzte, zentrale Frage sollte von beiden Disziplinen gemeinsam gelöst werden: die Definition des exzessiven *ġarar*. Im Beschluss der ersten Sitzung der Fiqh Academy 1978 [53]setzen sich die Vertreter mit den Gegenargumenten auseinander sowie mit Vorschlägen von az-Zarqā, Versicherung legitimen Dienstleistungen analog zu setzen, wie Garantie oder Verwahrung (*wilā'* etc.)[54]. Immer aber kehren die Argumente auf eines zurück: exzessiven *ġarar*. Weil kommerzielle Versicherung exzessiven *ġarar* enthält und auf Profit gerichtet ist, sei sie ausbeuterisch (*mustaġill*) und ungerechtfertigte Bereicherung nach Q2, 188 etc. Und deswegen könne sie auch keiner legitimen Dienstleistung gleichgesetzt werden. Die Argumentation mutet stark tautologisch an und steht und fällt mit der Einschätzung, dass exzessiver *ġarar* vorliegt.

Das Verhältnis von Scharia und Versicherung kann u.E. letztlich nicht geklärt werden ohne eine Definition, wo ausbeuterischer, also exzessiver *ġarar* beginnt. Diese Definition sollte branchenspezifisch und extern, also messbar sein. Sonst bleibt man in dem tautologischen Zirkelschluss gefangen. Anregungen hierzu zu liefern, ist Gegenstand unserer letzten Fragestellung.

52 Es gibt Hinweise, dass diese Diskussion gerade stattfindet und Prinzipien wie versicherbares Interesse und *uberrima fides* anerkannt würden. Mündliche Information durch Osman el Hadi, Aufsichtsrat der African Retakaful beim IFSB Treffen in Khartoum, 19.2.2014.

53 Siehe im Folgenden Islamic Fiqh Academy 1978, in Al-Qarahdāġī, *at-Ta'mīn al-islāmī. Dirāsa fiqhiyya ta'ṣīliyya,* S. 184 ff.

54 Az-Zarqā, :*Aqd at-ta'mīn,* S.55ff. Auch Šaukat (dieser im ablehnenden Sinn), *at-Ta'mīn fi š-šarī'a wa-l-qānūn*, S. 159f.

Widersprechen *ġarar* und Versicherung einander?

Alle Debatten der Rechtsgelehrten, denen wir gefolgt sind, führten zu recht eindeutigen Ergebnissen: kommerzielle Versicherung enthält in jeder Form *ġarar* oder – nach der Minderheitsmeinung – eben in keiner, und kooperative Versicherung (vor allem die westliche) mag die anderen Prinzipien der Scharia verletzen, aber *ġarar* enthält sie in keinem Fall. In der Praxis auch der islamischen Versicherung drehen sich die Diskussionen zwischen Scharia-Board und Management dagegen in viel differenzierterer Weise darum, wo im Einzelnen die Unsicherheit inakzeptabel wird. Jedenfalls ist dies nach der praktischen Erfahrung des Verfassers innerhalb der *retakāful*-Einheit der Munich Re der Fall, zum Beispiel wenn es um Risikomodellierung ging. Man muss also *innerhalb* der Versicherungsaktivität eine Linie zwischen akzeptabler und exzessiver Unsicherheit (*ġarar*) ziehen und findet dabei schnell als Maßstab nur die Versicherungsprinzipien und die genaue Betrachtung der technischen Details und gebrauchten Methoden. Damit ist eine der klaren Antworten aufgeweicht: auch der Form nach islamische Versicherung ist nicht automatisch frei von exzessivem *ġarar* und muss die Produkte im Einzelnen prüfen. Das bringt auch die zweite klare Antwort ins Wanken: wenn ein Produkt frei von *ġarar* ist, warum sollte es dasselbe Produkt in einer kommerziellen Versicherung nicht sein, vor allem vor dem Hintergrund der oben dargelegten sonstigen materiellen Ähnlichkeiten? Eine solche Grenzziehung aufgrund technischer Details lässt sich am besten an einem Beispiel erläutern, in diesem Fall an dem der Betriebsunterbrechungsversicherung (BU).

Dieses Produkt deckt den Verlust von zukünftigem Einkommen infolge eines versicherten Ereignisses. Ein Feuer in einer Fabrik kann die Produktion und bald darauf auch den Verkauf der Produkte unterbrechen, und diese Unterbrechung des Rückflusses an Erlösen kann sehr wohl bedrohlicher werden als der materielle Schaden an den Fabrikationsanlagen selbst. Offensichtlich steht hier *ġarar* im Raum, denn man deckt ja zukünftiges, unsicheres Einkommen, den klassischen „Fisch im Wasser“. Das gilt auch für islamische Gesellschaften.

Es ist auch islamisch nicht unmöglich, zukünftiges Einkommen zu decken – in der Lebensversicherung (*family takāful*) wird ja auch nichts anderes gedeckt als das entfallende Einkommen des Verstorbenen (gewöhnlich 3-5 Jahresgehälter). Zudem wird die Summe ja im Voraus vertraglich festgelegt, nur ihre Berechnungsgrundlage ist prospektiv. Und schließlich lassen auch zurückhaltende Scharia-Boards in der BU-Versicherung die Deckung der laufenden Fixkosten, die sonst zur Insolvenz des Versicherten führen könnten, zu. Aus guter Logik, schließlich sind diese Kosten „nicht-spekulativ“ (*ġairu l-manẓūr*)[55]. Was den Unterschied zu konventionellen Deckungen ausmacht, ist dann nur, dass man nicht auch noch zukünftige Profite und die bei Produktionsstillstand nicht mehr anfallenden variablen Kosten versichert. Die Profitmargen machen aber oft nur wenige Prozent der Umsätze aus. Vor allem aber sind auch konventionelle Versicherer sehr zurückhaltend, mehr als die absolut nötigen Summen zu decken. Das liegt am moralischen Risiko: ein Unternehmen, das plötzlich seine zuvor unsicheren Umsätze inklusive Profite vom Versicherer ohne Aufwand (und, vor allem: Unsicherheit!) ausbezahlt bekäme, wäre in der Versuchung, die Reparaturen und Wiederaufnahme der Produktion länger als nötig hinauszuzögern.

Die konventionellen Versicherer haben also starke ökonomische Gründe, spekulative Anteile der Versicherungssumme, wo irgend möglich, auszuschließen, und obwohl die Scharia-Gelehrten dies aus juristischen Gründen tun, werden die Summen, auf die sie letztlich kommen, unter Umständen kaum variieren. Es gibt eine starke Konvergenz, und dies nicht zufällig, denn, dass das, was auch der Versicherer (sofern er professionell und technisch sauber vorgeht) vermeiden will, ist exzessive Unsicherheit, sowohl in der Versicherungssumme als auch in der Wahrscheinlichkeit des Eintretens.

Noch klarer zeigt sich diese Konvergenz bei der bedingten BU. Diese deckt Verluste, die durch Schäden (Feuer) bei den Zulieferern oder Kunden des Versicherten auftreten[56]. Was der Versicherer unbedingt vermeiden muss, ist, dass der Versicherte die Versicherungssumme einstreicht, aber keinen Schaden hat, da er andere Zulieferer bzw. Abnehmer findet. Dies wäre ein klassisches Beispiel der Ausnutzung von exzessivem *ġarar*, in diesem Fall zum Nachteil des Versicherungsunternehmens. Solch eine Deckung wird letztlich nur dann gewährt, wenn die Produktions- bzw. Absatzbeziehung aus produktionstechnischen oder rechtlichen Gründen (Patente, Verträge) nicht kurzfristig geändert werden kann, wenn also *Sicherheit* über die Beziehung von versichertem Ereignis und Schaden besteht. Umgekehrt werden Firmen, die Produktion oder Absatz kurzfristig umstellen können, auch für sich allein, ohne Zulieferer oder Kunden, nur schwer Schadenexponierung für BU geltend machen können.

---

55 Vgl. den Beschluss des Scharia-Boards der Islamic Insurance Company, Jordanien sowie Abū Ġudda, *Fatāwā at-taʾmīn al-islāmī*, S. 90.

56 Siehe die Abhängigkeit der weltweiten Computerindustrie (Festplatten) von thailändischen Zulieferern, die bei der Flut 2011 zutage trat.

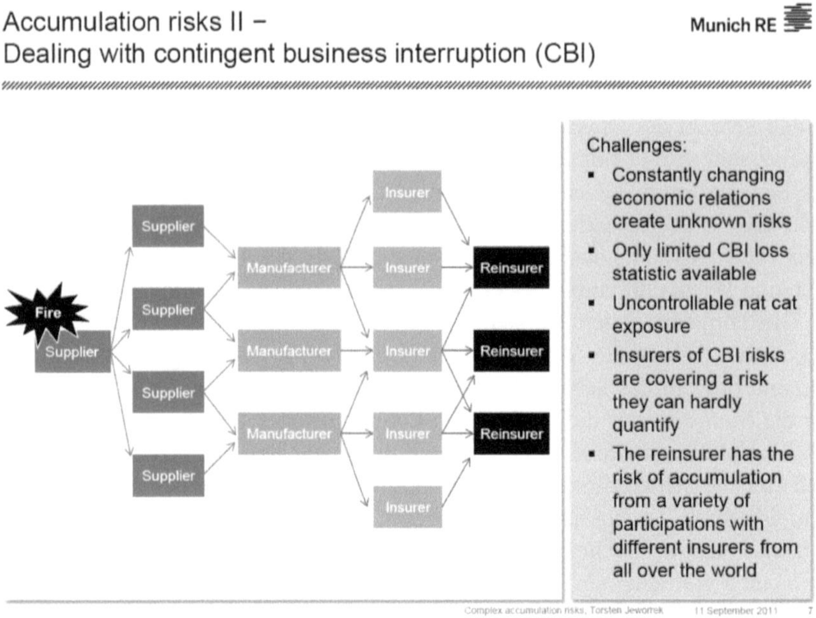

Abb. 2: Zur Unversicherbarkeit von indirekter Betriebsunterbrechung wegen mangelnder Quantifizierbarkeit (= exzessiver *ġarar*)[57]

Das Beispiel vertieft, was schon oben in den Definitionen von Versicherung gesagt wurde: Versicherbarkeit beruht auf der Kalkulierbarkeit von Risiken, und diese wiederum verlangt neben einer ausreichenden Zahl von Risiken und Informationen auch ausreichende Sicherheit über das Risiko selbst. Diese Sicht ist ein wenig verschieden von az-Zarqā's Meinung. Diese besagte, wenn wir ihn richtig verstanden haben, in Versicherung gäbe es der Natur der Sache nach grundsätzlich keinen exzessiven *ġarar*. Das stimmt für nach den Prinzipien der Versicherbarkeit abgeschlossene Deckungen. Es ist aber u.E. möglich, dass Gesellschaften aus Unkenntnis, Irrtum, Spekulationslust oder einer Kombination aus diesen, befeuert durch den allgegenwärtigen Druck, Neugeschäft zu generieren, die guten Prinzipien der Branche vernachlässigen und nicht Versicherbares ver-

57 Jeworrek, Thorsten, *"Accumulation Risks II"*, URL: http://www.munichre.com/site/corporate/get/documents_E945746131/mr/assetpool.shared/Documents/0_Corporate%20Website/6_Media%20Relations/Press%20Releases/2011/2011_09_11_montecarlo_en.pdf (letzter Zugriff: 20.10.2014).

sichern, zu ihrem Nachteil oder zu dem der Kunden. Die Vorbehalte der Rechtsgelehrten sind also bei weitem nicht gegenstandslos.

Unsere Schlussfolgerung ist auch so noch revolutionär genug. Nicht nur, dass nach diesen Darlegungen Versicherungsprinzipien und Scharia-Prinzipien übereinstimmen. Nicht nur, dass darüber hinaus das wohlverstandene Interesse der Versicherungsgesellschaften und die Anwendung technisch sauberer Prinzipien die Vermeidung von Unsicherheit verlangt, die dem Scharia-Begriff von exzessivem *ġarar* zu entsprechen scheint. Drittens – und ist zu unterstreichen – wird die Versicherbarkeit geradezu als Maß dafür vorgeschlagen, wo exzessiver *ġarar* beginnt. Wo exzessiver *ġarar* besteht, besteht auch keine Versicherbarkeit, und das heißt umgekehrt, dass, was versicherbar ist, gerade deshalb keinen exzessiven *ġarar* enthalten kann. Voraussetzung ist allerdings, und auch das ist wichtig, ist, dass die Versicherbarkeit den guten Regeln der Branche wie auch der Scharia folgt (Wettcharakter, versicherbares Interesse etc.).

Dies legt, auf einer allgemeineren Methodenebene, eine Arbeitsteilung zwischen *fiqh* und Fachwissenschaft fest. Die Rechtsgelehrten geben Rahmen und Ziele vor, ob diese allerdings erfüllt sind (hier also: ob Versicherbarkeit und damit kein *ġarar* gegeben ist), misst man mit den Mitteln der Fachleute. Im Prinzip ist dieser Ansatz nicht neu. Er hat nur vielleicht in dem relativ komplexen Fall der Versicherung, soviel sei trotz der noch ausstehenden Recherchen angesichts der im Laufe dieses Artikels dargelegten konzeptionellen Widersprüche gesagt, noch nicht optimal funktioniert.

Ausblick

Die letzte Schlussfolgerung, dass Versicherbarkeit geradezu Ausdruck von Scharia-Konformität ist, scheint zwar den bekannten Scharia-Vorbehalten gegen Versicherung genau entgegenzulaufen. In der Tat aber versteht sich die These, die nun gebildet werden soll, als Synthese der hier oft zitierten Rechtspositionen. Trotz aller gelegentlichen technischen Missverständnisse haben diese Vorbehalte Relevanz, auch im Westen, wie der Verweis auf die VVG Novelle von 2008 zeigt. Und es sei wiederholt, dass auch offiziell islamische Gesellschaften gegen diese Gefahren nicht automatisch gefeit sind.

Was gezeigt werden sollte, ist der Bedarf, die Debatte um die Legitimität von Versicherung und um deren Voraussetzungen neu zu beleben, als Austausch zwischen Rechtsgelehrten und Versicherungstechnikern. Und es wurden Ansätze dazu aufgezeigt. Im *fiqh*-Bereich gibt es möglicherweise eine unbeendete Debatte aus den Siebzigern, die man finden und wieder aufnehmen könnte, um neue Impulse und alternative Modelle zu finden. Die technische Analyse des bestehenden Systems und ihre Begrenztheiten, vor allem im Sach- und Rückversicherungsbereich ist ein anderer Ansatzpunkt für diese Debatte, die wie angekündigt, eine interdisziplinäre sein sollte.

Ganz zuletzt sollen noch einmal die identifizierten Forschungsfragen wiederholt werden, deren Beantwortung diese Debatte unterstützen könnte.

1. Die Hypothese zur dreistufigen Entwicklung des Modelles durch Interviews mit den Akteuren bzw. Rechtsgelehrten zu testen, ist der unmittelbar nächste Schritt. Nicht nur, weil diese schon hochbetagt sind. Es ist herauszufinden, inwieweit die Debatte als abgeschlossen betrachtet wurde, und welche Diskussionsstränge – eventuell unabsichtlich – einschliefen. Dabei kann auch zutage treten, ob, und wenn ja welche Bedingungen, an die Legitimität von kommerzieller Versicherung geknüpft wurden. Eine Liste von sechs Instrumenten der Scharia-Konformität wurde hier hypothetisch vorgeschlagen.
2. Das Ausmaß der Anwendung dieser sechs Instrumente (oder anderer, die bei der Studie unter 1. gefunden würden) in den bestehenden Gesellschaften sollte über eine empirische Studie untersucht werden.
3. Als Ergebnis beider Studien sollten den Gesetzgebern und Aufsichtsbehörden Optionen für die Vertiefung kooperativer Strukturen und die Schaffung von neuen, namentlich von reinen Gegenseitigkeitsvereinen vorgeschlagen werden.

Literatur

Abū Ġudda, ʿAbd as-Sattār et.al.: *Fatāwā at-taʾmīn al-islāmī. Iʿdād haiʾat ar-raqāba aš-šarʿiyya.* ʿAmmān (Islamic Insurance Company) 2005.

Šaukat, ʿAlyān: *at-Taʾmīn fi š-šarīʿa wa-l-qānūn*, ar-Riyaḍ 1398/1978.

Bank Negara Malaysia. *BNM/RHGL 004-22 Guidelines on Takaful operational framework*, 2012.

Bhatti, Ajmal, *"Innovation in Takaful"*, in: Dar, Humayon (ed.), *Global Islamic Finance Review* (GIFR), London 2012, S. 63-66.

Ḍarir, Siddīq Muḥammad al-Amīn, *Al Ġarar in Contracts and Its Effect on Contemporary Transactions*, IRTI Eminent Scholars' Lectures Series No. 16, o.J.

Ergo Versicherung, Startseite, URL: www.ergo.de letzter Zugriff 5.4.2014.

Essam Eshaq, Bahrain, persönliche und telefonische Interviews mit dem Autor, zuletzt am 29.3.2014.

Farny, Dieter, *Versicherungsbetriebslehre*, Karlsruhe ^{2}1995.

Goretzky, Kai-Michael, *Transparente Lebensversicherungspolicen transparent besteuert?* Powerpoint, Nov. 2008, URL: www.pwc.ch/user_content/editor/files/ind_insurance/pwc_sic_20081120_d_2.pdf (letzter Zugriff 5.4. 2014).

Jeworrek, Thorsten, *"Accumulation Risks II"*, URL: http://www.munichre.com/site/corporate/get/documents_E945746131/mr/assetpool.shared/Documents/0_Corporate%20Website/6_Media%20Relations/Press%20Releases/2011/2011_09_11_montecarlo_en.pdf (letzter Zugriff: 20.10.2014).

IFRS, International Financial Reporting Standards, IFRS 4, Insurance contracts, URL: http://ec.europa.eu/internal_market/accounting/docs/consolidated/ ifrs4_en.pdf (letzter Zugriff: 21.9.2014), siehe zur Organisation auch URL: http://ifrs.org/ (letzter Zugriff: 14.10.2014).

Islamic Fiqh Academy, *„Beschluss des 1. Treffens vom 17. ša'ban 1398/1978"*, vollständig zitiert in al-Qarahdāġī, *at-Ta'mīn al-islāmī. Dirāsa fiqhiyya ta'ṣīliyya. Muqārana bi-t-ta'mīn at-tiǧārī ma'a t-taṭbīqāt al-'amaliyya.* 2nd ed. Beirut 1426/2005, S. 184-191.

Islamic Fiqh Academy, *"Resolution N° 9 (9/2) concerning insurance and reinsurance. Second session, held in Jeddah, from 10 to 16 Rabiul Thani 1406 H (22-28 December 1985)"*, in: *Resolutions and recommendations of the council of the Islamic fiqh academy, 1985-2000*, S. 13-14, URL: http://uaelaws.files.wordpress.com/2012/05/resolutions-and-recommendations-of-the-council-of-the-islamic-fiqh-academy.pdf (letzter Zugriff 15.4.2014).

Kahf, Monzer, *Fatawa_2006_Insurance*, URL: www.monzer.kahf.com/fatawa/.../ FATAWA_2006_INSURANCE.pdf (letzter Zugriff: 5.4. 2014).

MASB, *MASB DP i-1 Malaysian Accounting Standards board Discussion Paper i-1 Takaful.* 2011, URL: www.masb.org.my/images/stories/161211/MASB%20DP%20i-1Takaful.pdf (letzter Zugriff 10.4.2014).

MASB, *Feedback Statement MASB Discussion Papers on Takaful, Ṣukūk and Shariah Compliant Profit-sharing Contracts*, 2012, URL: http://www.masb.org.my/images/Feedback%20Statement%20for%20issuance.pdf (letzter Zugriff: 10.4.2014).

al-Musnad, Muhammad bin 'Abdul-'Aziz, *Fatawa Islamiyah. Islamic Verdicts.* Volume 5, Riyadh et al. 2002.

Patel, Sabbir, Liz Green (ed.), *Takaful&Mutuality, The Joint Publication from ICMIF, IFTI and GTG*, Issue 2, February 2014. al-Qarahdāġī, 'Alī Muḥyī d-dīn, *at-Ta'mīn al-islāmī. Dirāsa fiqhīya ta'ṣīlīya. Muqārana bi-t-ta'mīn at-tiǧārī ma'a t-taṭbīqāt al-'amalīya.* 2nd ed. Beirut 1426/2005.

Rashid, Syed Khalid, *"Islamization of Insurance A Religio Legal Experiment"*, in: Malaysia Religion and Law Review, Vol-2, Issue-I, Yr- 1993, S.- 16-40, URL: www.iefpedia.com/.../Islamization-of-Insurance-A-Religio-Legal-Experiment-in-Malaysia on (letzter Zugriff: 5.4.2014).

Sabbagh, Ahmad, *Islamic Takaful Insurance. From Jurisprudence to Applications*, hrsg. v. Islamic Insurance Company, Amman 2012.

Ṣabbāġ, Aḥmad, *at-ta'mīn at-takāfulī l-islāmī. mina t-takyīfi s-šar'īyi ilā t-taṭbīqi l-'amalī*, 'Amman, 2012, hrsg. v. Islamic Insurance Company. Originale, offenbar umfangreichere, Version der o.a. englischen Übersetzung.

Salah El Din Musa, Mohamed Sulieman, *Islamic Insurance in Sudan.* Paper auf dem gemeinsamen ICMIF/IFTI/GTG Takaful Seminar, Khartoum, 17/8 February 2014, URL: www.takāful.coop/images/stories/IslamicInsuranceinSudan-Paper.pdf (letzter Zugriff: 15.4.2014).

Stiftl, Ludwig, *"Takaful – Time to Come of Age"*, in Dar, Humayon (ed.), Global Islamic Finance Review (GIFR), 2013, London 2013. pp 24-28.

Ders., *General Retakaful Manual*, Munich Re 2011, URL:

www.munichre.com/retakaful (letzter Zugriff: 6.4.2014).
Ders., *Reflections on Long Term Qarḍ al Ḥassan in Takaful / Re-Takaful*. Paper auf dem 5th international Takaful summit, London 2011, URL: http://www.takafulprimer.com/summit11.php (letzter Zugriff: 2.4.2014).
Ders., *"Deconstructing qarḍ ḥasan"*, in: Middle East Insurance review, Sept. 2011. Abdruck in: *Towards preparing the ground. Munich Re contributions to basic discourse in Takaful and retakaful 2011-2012*, Munich Re 2012, S. 9-14, URL: www.munichre.com/retakaful (letzter Zugriff: 6.4.2014).
Taylor, Dawood, *Risk Management in Takaful*. Paper auf dem 5th international Takaful summit, London 2011, URL: http://www.takafulprimer.com/summit11.php (letzter Zugriff: 2.4.2014).
Wittgenstein, Ludwig, *Tractatus Logico-philosophicus*, URL: http://tractatus.hochholzer.info/ (letzter Zugriff: 6.4.2014).
az-Zarqā, Muṣṭafā Ahmad, *ʿAqd at-taʾmīn*, Dimašq 1962.

Waqf – die islamische Stiftung zwischen Tradition und Moderne

Ibrahim Salama

In diesem Artikel werden sowohl die Ansichten der sunnitischen Rechtsschulen bezüglich *waqf* wiedergegeben als auch eine Übersetzung international bekannter Standards zur Regulierung islamischer Wirtschaftsgeschäfte, nämlich AAOIFI-Standard, vorgelegt. Um auf die Möglichkeit und die Chancen der Realisierung einer islamischen Stiftung in Deutschland einzugehen, werden auch die Rechtslage und die Voraussetzungen der Errichtung einer Stiftung im deutschen Recht kurz behandelt.

I. Die Institution von *waqf* bei den sunnitischen Rechtsschulen[1]

> „Wenn ein Mensch stirbt, enden seine Taten, bis auf drei: die *fortlaufende Spende*[2], das Wissen, von dem andere profitieren, oder ein rechtschaffenes Kind, das für ihn betet. “[3]

Al-Wāqidī erwähnte in seinem Werk *al-Maġāzī*, dass die erste Spende/Stiftung im Islam vom Propheten Muḥammad in Form der ihm vom Muḫairaq vermachten Vermögen nach der Schlacht von Uḥud war.[4] Einer anderen Überlieferung zufolge erfolgte die erste Stiftung im Islam von ʿie e ibn al-Ḫaṭṭāb.[5] Beide Überlieferungen zeigen jedoch, dass die Stiftung vom Propheten und zu seinen Lebzeiten von seinen Gefährten praktiziert wurde.

Das Rechtsinstitut der Stiftung wurde weiterhin von den Prophetengefährten getragen, und vermehrtvon den nachfolgenden Generationen praktiziert, was dazu geführt hat, dass die Aufsicht über die Stiftung nicht mehr die Aufgabe des Stifters selbst verblieb, sondern in die Zuständigkeit des Staats fiel. Für diesen Zweck wurde die erste staatlich organisierte Stiftungsbehörde mit erstmaligem Stiftungsverzeichnis in Ägypten unter der Herrschaft von Hišām ibn Abdel-Malik in der Umayyadenzeit gegründet.[6] Ab diesem Zeitpunkt unterlagen die Stiftungen der Aufsicht der Richter.

Ein Hadith in dem Werk Ṣaḥīḥ al-Buḫārī legt die Hauptmerkmale einer Stiftung dar:

---

1 Als Leitfaden für die Bearbeitung dieses Beitrags wurden folgende Werke herangezogen: Al-Kubaisī, *Aḥkām al-waqf fī aš-šarīʿa al-ʾislāmiyya*, Bagdad 1977; Az-Zarqā, *Aḥkām al-awqāf*, Amman 1998.

2 Hervorhebung durch den Autor.

3 Vgl. *Ṣaḥīḥ Muslim*, Bd 1, Hadith-Nr. 1631, Riad 2006.

4 Vgl. Ibn Wāqid, *Al-maġāzī*, Bd. 1, Beirut 1989, S. 263.

5 Vgl. (Al-Ḫaṣṣāf) Aš-Šaibānī, *Aḥkām al-ʾawqāf*, Kairo 1904, S. 4.

6 Vgl. dazu Al-Kindī, *Kitāb al-wulāh wal-quḍāh*, Beirut 2003, S. 250.

> „Es wurde von Ibn ʿUmar berichtet, dass ʿUmar ibn al-Ḫaṭṭāb ein Land in Ḫaibar zugesprochen wurde. Infolgedessen hat er den Propheten diesbezüglich um einen Rat gebeten. Der Prophet hat ihm gesagt: „Wenn du willst, kannst du es vor der Veräußerung sperren und die Erträge spenden." Ibn ʿUmar berichtete weiter, dass ʿUmar es spendete und als Bedingungen festlegte, dass es *nicht verkauft*, *vererbt* oder *verschenkt* wird. *Die Erträge* sollten an *Arme*, *Verwandte*, für den *Loskauf von Sklaven*, *für die Sache Allahs*, *einen mittelosen Reisenden* und *Gäste* übergeben werden. *Der Verwalter der Stiftung* darf *einen Anteil davon* gemäß der Gewohnheit erhalten.[7]"

1. Definition von *waqf* bei ausgewählten sunnitischen Rechtsschulen

1.1. Die Definition von *waqf* bei den Ḥanafīten

As-Saraḫsī schrieb folgende *waqf*-Definition Abū Ḥanīfa zu: „Das Sperren bzw. Einbehalten des Besitzes vor der Inbesitznahme durch andere. "[8]

Auch die folgende Definition von *waqf* wurde von Al-Marġiyānī Abū Ḥanīfa zugeschrieben: „Das Sperren der Sache im Besitz des Stifters und das Spenden von deren Nutzen wie beim Leihen."[9]

At-Tamartāschī zufolge verfassten Abū Yūsuf und Muḫammad asch-Schaibānī folgende *waqf*-Definition: „Das Übertragen der Sache in den Besitz Allahs und das beliebige Spenden deren Erträge."[10]

1.2. Die Definition von *waqf* bei den Mālikīten

Ibn ʿArafa definierte *waqf* folgendermaßen: „Das Geben der Nutzen einer Sache, solange sie sich im Besitz des Gebers befindet."[11]

1.3. Die Definition von *waqf* bei den Schāfiʿīten

> „Das Sperren eines rentierlichen Vermögens, indem man die Verfügung darüber ausschließt, sodass das Vermögen an sich verbleibt und dessen Nutzen oder Erträge für Wohltätigkeiten zur Gunst Allahs ausgegeben werden"[12]

1.4. Die Definition von *waqf* bei den Ḥanbalīten

Ibn Qudāma definierte *waqf* folgendermaßen: „Das Sperren der Sache (vor der Veräußerung) und das Spenden deren Erträge."[13]

---

7 Vgl. Al-Buḫārī, *Ṣaḥīḥ al-Buḫārī*, Hadith-Nr. 2737, Bd. 3, Beirut 1422 n. H., S. 198. Hervorhebung durch den Autor.

8 Vgl. As-Saraḫsī, *Al-mabsūt*, Bd. 12, Beirut 1993, S. 27.

9 Vgl. Al-Marġiyānī, *Al-hidāya fī šarḥ bidāyat al-mubtadī*, Bd. 3, Beirut o.J., S. 15.

10 Vgl. Ibn ʿĀbidīn, *Radd al-muḥtār ʿalā ad-durr al-muḫtār*, Bd. 4, Beirut 1992, S. 838f.

11 Vgl. ʿIlīš, *Minaḥ al-ǧalīl šarḥ muḫtaṣar Ḫalīl*, Bd. 8, Beirut 1989, S. 108.

12 Vgl. Al-Mināwī, *Taysīr al-wuqūf ʿalā aḥkām al-wuqūf*, Bd. 1, bearbeitet von Aḥmad Aš-Šuʿabī (Dissertation), Mekka 1990, S. 132-134.

2. Beurteilung von *waqf* gemäß der oben genannten Rechtsschulen

Die Mehrheit der Gelehrten der Ḥanbalīten[14], Schāfi'īten[15], Mālikīten[16] und Ḥanafīten außer Abū Ḥanīfa [17] vertreten die Meinung, dass *waqf* generell zulässig ist.

Nach der Meinung von Šarīḥ und Abū Ḥanīfa[18] in einer Überlieferung ist *waqf* nicht zulässig bzw. nichtig – außer in Form eines Testaments oder wenn der Richter der Stiftung zustimmt.[19]

3. Grundlagen von *waqf*

Die Ḥanafīten betrachten die Willenserklärung (*ṣīġa*) als einzige Grundlage für *waqf*, da sie alle notwendigen Grundlagen umfassen[20]. Die Mālikīten, Schāfi'īten und Ḥanbalīten zählen neben der Willenserklärung, den Stifter, das gestiftete Vermögen und die Begünstigten als Grundlagen von *waqf* auf.[21]

4. Zustimmung bzw. Annahme der Begünstigten als Voraussetzung zum Zustandekommen der Stiftung

Die Rechtsschulen waren weiterhin unterschiedlicher Meinung bezüglich der Zustimmung der Begünstigten zu der Stiftung, und zwar darüber, ob sich diese Zustimmung auf die Gültigkeit der Stiftung auswirkt oder nicht. Bezüglich der Stiftung für öffentliche Zwecke oder für pauschale Gruppen, wie etwa die Armen, sind sich jedoch die vier genannten Rechtsschulen einig, dass die Stiftung alleine durch die Willenserklärung des Stifters ohne Zustimmung der Begünstigten gültig ist.

In Bezug auf die Stiftung zugunsten bestimmter Personen bzw. Gruppen, die rechtsfähig sind, waren die Rechtsschulen hingegen unterschiedlicher Meinung. Die Ḥanafīten und Mālikīten – bis auf die Meinung von Muṭraf ibn Abdullāh al-Hilālī – sind der Meinung, dass die Zustimmung seitens der rechtsfähigen bestimmten Begünstigten keine Voraussetzung für die Gültigkeit der Stiftung dar-

13 Vgl. Ibn Qudāma, *Al-muġnī*, Bd. 6, Kairo 1968, S. 5.

14 Ebd.

15 Vgl. Aš-Šāfi'ī, *Al-'umm*, Beirut 1990, Bd. 4, S. 60.

16 Vgl. 'Ilīš, *Minaḥ al-ğalīl scharḥ muḫtaṣar Ḫalīl*, Bd. 8, Beirut 1989, S. 108.

17 Vgl. As-Saraḫsī, *Al-mabsūt*, Beirut 1993, Bd. 12, S. 27.

18 Vgl. Ibn Muslim, *Aḥkām al-waqf*, Hyderabad (Indien) 1355 n.H., S. 5f.; As-Saraḫsī, *Al-mabsūt*, Bd. 12, Beirut 1993, S. 27.

19 Vgl. (Al-Ḫaṣṣāf) Aš-Šaibānī, *Aḥkām al-'awqāf*, Kairo 1904, S. 110.

20 Vgl. (Ibn Nuğaim) Ibn Muḥammad, *Al-baḥr ar-rā'iq šarḥ kanz ad-daqā'iq*, Bd. 5, Kairo o.J., S. 205.

21 Vgl. Al-Ḫirschī, *Šarḥ muḫtaṣar Ḫalīl*, Bd. 7, Beirut o.J., S. 78; Al-Ḫaṭīb asch-Schirbīnī, *Muġnī al-muḥtāğ ilā ma'rifat alfāẓ al-minhāğ*, Bd. 3, Beirut 1994, S. 523-532; As-Syūtī, *Maṭālib ulī an-nuhā fī šarḥ ġāyat al-muntahā*, Bd. 4, Beirut 1994, S. 271f.

stellt. Durch die Ablehnung des Begünstigten erlischt lediglich sein Anspruch auf die Erträge der Stiftung.[22]

Bei den Schāfi'īten und Ḥanbalīten sind diesbezüglich zwei Meinungen vertreten. Und zwar für den Fall, dass die Erträge der Stiftung für einen Begünstigten bestimmt sind und sie dann im Falle seines Fehlens einem neuen Begünstigten zufallen, vertraten die Gelehrten beider Rechtschulen zwei gegensätzliche Meinungen bezüglich der Zustimmung des ersten Begünstigten als Gültigkeitsvoraussetzung für die Stiftung. Die eine Meinung vergleicht die Stiftungsgründung mit der Freilassung eines Sklaven, wobei die Zustimmung des Sklaven keine Voraussetzung für die Gültigkeit der Freilassung ist und kommt zum Ergebnis, dass auch die Zustimmung der Begünstigten keine Voraussetzung für die Gültigkeit der Stiftung ausmacht. Die andere Meinung hingegen vergleicht die Stiftungsgründung u.a. mit der Schenkung, wobei der Zustimmung des Begünstigten dabei unerlässlich für die Gültigkeit der Schenkung ist und daraus schlussfolgern die Gelehrten die Unerlässlichkeit der Zustimmung der Begünstigten zur Gültigkeit der Stiftung[23].

5. Die Auswirkungen des Zustandekommens einer Stiftung

Im Zusammenhang mit den Auswirkungen der Errichtung einer Stiftung behandeln die verschiedenen Rechtsschulen – je nachdem, wie sie *waqf* definiert haben – die Verbindlichkeit des *waqf* und die Frage des Besitzanspruchs über das gestiftete Vermögen.

Hier werden zwei Hauptmeinungen der Gelehrten zusammengefasst: Die Meinung von Abū Ḥanīfa – laut einer der Überlieferungen nach ihm – geht von der Unverbindlichkeit der Stiftung aus, d.h. der Stifter kann zu jeder Zeit sein gestiftetes Vermögen zurücknehmen und darüber beliebig verfügen, es sei denn, die Stiftung wurde durch einen Richter bzw. Verantwortlichen bestätigt oder in Form eines Testaments bestimmt.[24] Hingegen vertreten Mālikīten[25], Schāfi'īten[26], Ḥanbalīten[27] und die übrigen Ḥanafīten[28] die Meinung, dass *waqf* verbindlich ist und dadurch der Besitzanspruch des Stifters auf das gestiftete Vermögen

22 Vgl. Ibn 'Ābidīn, *Radd al-muhtār 'alā ad-durr al-muḫtār*, Bd. 4, Beirut 1992, S. 342; Al-Ḫirschī, *Šarḥ muḫtaṣar Ḫalīl*, Bd. 7, Beirut o.J., S. 92; Ibn 'Arafa ad-Dusūqī, *Ḥāšiyat ad-Dusūqī 'alā aš-šarḥ al-kabīr*, Bd. 4, Beirut o.J., S. 88.

23 Vgl. Aš-Šīrāzī, *Al-muhaḏḏab fī fiqh al-'imām Aš-Šāfi'ī*, Bd. 2, Beirut 1995, S. 325; Ibn Qudāma, *Al-muġnī*, Bd. 6, Kairo 1968, S. 5f.

24 Vgl. As-Saraḫsī, *Al-mabsūt*, Bd. 12, Beirut 1993, S. 27-30; Ibn al-Humām, *Fatḥ al-qadīr*, Bd. 6, Beirut o. J., S. 203.

25 Vgl. Al-Ḫiršī, *Šarḥ muḫtaṣar Ḫalīl*, Bd. 7, Beirut o.J., S. 97.

26 Vgl. An-Nawawī, *Rawḍat aṭ-ṭālibīn*, Beirut 1991, Bd. 5, S. 342.

27 Vgl. Ibn Qudāma, *Al-muġnī*, Bd. 6, Kairo 1968, S. 5.

28 Vgl. Al-Marġiyānī, *Al-hidāya fī šarḥ bidāyat al-mubtadī*, Bd. 3, Beirut o.J., S. 15.

erlischt. Jede Meinung wird durch Nachweise aus der Sunna und auch durch Vernunft gestützte Beweisführungen[29] untermauert.

Auch hinsichtlich der Frage des Besitzes sind zwei Hauptmeinungen unter den Gelehrten verzeichnen. Wenn die Stiftung gemäß der Mehrheit der Gelehrten der Schāfiʿīten[30], Ḥanbalīten[31], Ḥanafīten[32] und Abū Ḥanīfa[33] – im Falle der Bestätigung des Richters oder als Testament – verbindlich ist, geht der Besitzanspruch des Stifters an dem Stiftungsvermögen auf Allah bzw. – nach den Ḥanbalīten – den Begünstigten der Stiftung über. Hingegen sind die Mālikīten[34], Ibn al-Humām[35] von den Ḥanafīten und gemäß einer Überlieferung Aḥmad ibn Ḥanbal[36] der Meinung, dass das gestiftete Vermögen im Besitz des Stifters verbleibt.

6. Verknüpfung der Stiftung an eine Bedingung oder das Rücktrittsrecht

Ebenfalls verschiedene Meinungen vertreten die Gelehrten bezüglich der Gültigkeit einer Stiftung, die mit einer Bedingung bzw. einem Rücktrittsrecht verknüpft ist. Die Mehrheit der Schāfiʿīten, Asch-Schaibānī und Hilāl von den Ḥanafīten und die Ḥanbalīten betrachten die Stiftung in diesem Fall als nichtig.[37] Auf der anderen Seite unterstreichen die Mālikīten und Abū Yūsuf von den Ḥanafīten die Gültigkeit der Bedingung und der Stiftung.[38] Einen Mittelweg gingen Ibn Suraiǧ und al-Qaffāl von den Schāfiʿīten und Yūsuf ibn Ḫālid as-Samtī von den Ḥanafīten, indem sie die Stiftung als gültig, die damit verknüpfte Bedingung jedoch als ungültig ansahen.[39]

---

29 Für eine ausführliche Darstellung der verschiedenen Meinungen der Gelehrten in diesem Zusammenhang vgl. Al-Kubaisī, *Aḥkām al-waqf fī aš-šarīʿa al-ʾislāmiyya*, Bd. 1, Bagdad 1977, S. 198-211.

30 Vgl. Aš-Šīrāzī, *Al-muhaḏḏab fī fiqh al-ʾimām Aš-Šāfiʿī*, Bd. 2, Beirut 1995, S. 326.

31 Vgl. Ibn Qudāma, *Al-kāfī fī fiqh al-ʾimām Aḥmad*, Bd. 2, Beirut 1994, S. 254.

32 Vgl. Ibn al-Humām, *Fatḥ al-qadīr*, Bd. 6, Beirut o.J., S. 203.

33 Vgl. Al-Kasānī, *Badāiʿ aṣ-ṣanāiʿ fī tartīb aš-šarāiʿ*, Bd. 6, Beirut 1986, S. 218.

34 Vgl. ʿIlīsch, *Minaḥ al-ǧalīl šarḥ muḫtaṣar Ḫalīl*, Bd. 8, Beirut 1989, S. 108.

35 Vgl. Ibn al-Humām, *Fatḥ al-qadīr*, Bd. 6, Beirut o.J., S. 204.

36 Vgl. Ibn Qudāma, *Al-muġnī*, Bd. 6, Kairo 1968, S. 4f.

37 Vgl. An-Nawawī, *Rawḍat aṭ-ṭālibīn*, Bd. 5, Beirut 1991, S. 328f.; As-Saraḫsī, *Al-mabsūt*, Bd. 12, Beirut 1993, S. 41; Ibn Qudāma, *Al-muġnī*, Bd. 6, Kairo 1968, S. 9.

38 Vgl. Al-Ḫiršī, *Šarḥ muḫtaṣar Ḫalīl*, Bd. 7, Beirut o.J., S. 91; As-Saraḫsī, *Al-mabsūt*, Bd. 12,Beirut 1993, S. 41.

39 Vgl. An-Nawawī, *Rawḍat aṭ-ṭālibīn*, Bd. 5, Beirut 1991, S. 329; As-Saraḫsī, *Al-mabsūt*, Bd. 12, Beirut 1993, S. 42.

7. Abhängigkeit der Stiftung von einem Ereignis in der Zukunft, Stiftung als Gelöbnis und die Stiftung von Todes wegen

Die Mehrheit der Gelehrten – bis auf die Mālikīten – lehnt eine Stiftung ab, welche von einem Ereignis in der Zukunft abhängt, jedoch nehmen sie hiervon die Stiftung in Form eines Gelöbnisses aus.[40] Die Gelehrten betrachten die Stiftung von Todes wegen als zulässig und betonen die Verbindlichkeit der Stiftung mit dem Eintritt des Todes der Stifter.[41] Sie sind aber unterschiedlicher Auffassung darüber, ob die Stiftung hier als Stiftung oder als Testament im Rahmen eines Drittels des Nachlasses gilt. Im Falle einer Stiftung, die mit dem Tode des Stifters zur Geltung kommt, kann der Stifter im Vorfeld von seiner Stiftung zurücktreten.[42]

Die Willenserklärung einer Stiftung in der Zukunft wurde von den Ḥanafīten[43] und Mālikīten[44] als zulässig betrachtet, andererseits lehnen die Schāfiʿīten[45] und Ḥanbalīten[46] diese ab, weil sie für sie wie die Verknüpfung einer Stiftung mit einem Ereignis in der Zukunft gilt – mit Ausnahme der Freilassung von Sklaven und sichergestellter Ereignisse.

8. Befristung der Stiftung

Eine Stiftung darf gemäß der Ḥanafīten – mit Ausnahme von Abū Yūsuf –, den Schāfiʿīten und Ḥanbalīten nicht auf eine bestimmte Zeit befristet werden. Dabei sind die Gelehrten aber unterschiedlicher Überzeugungen darüber, ob die Stiftung im Falle der Befristung ungültig oder nur die Befristung bzw. das Rücktrittsrecht als ungültig anzusehen ist. Beide Ansichten wurden von den Ḥanafīten und Schāfiʿīten vertreten. Die Ḥanbalīten hingegen folgten einer strikten

---

40 Vgl. An-Nawawī, *Rawḍat aṭ-ṭālibīn*, Bd. 5, Beirut 1991, S. 328; Ibn ʿĀbidīn, *Radd al-muhtār ʿalā ad-durr al-muḫtār*, Bd. 4, Beirut 1992, S. 341; Ibn Qudāma, *Al-muġnī*, Bd. 6, Kairo 1968, S. 25.

41 Hier vertraten u.a. Abū Ḥanīfa und der Ḥanbalīt Al-Qāḍī Abū Yaʿlā die Nichtigkeit der Stiftung von Todes wegen, vgl. dazu Ibn Qudāma, *Al-muġnī*, Bd. 6, Kairo 1968, S. 25; (Ibn Nuǧaim) Ibn Muḥammad, *Al-baḥr ar-rāʾiq šarḥ kanz ad-daqāʾiq*, Bd. 5, Kairo o.J., S. 208.

42 Vgl. Aṭ-Ṭarābulsī, *Al-ʾisʿāf fī Aḥkām al-ʾawqāf*, Kairo 1902, S. 35f.; Al-Ḫaṭīb aš-Širbīnī, *Muġnī al-muḥtāǧ ilā maʿrifat alfāẓ al-minhāǧ*, Bd. 3, Beirut 1994, S. 523-532; (Ibn Nuǧaim) Ibn Muḥammad, *Al-baḥr ar-rāʾiq šarḥ kanz ad-daqāʾiq*, Bd. 5, Kairo o.J., S. 208; Al-Buhūtī, *Kaššāf al-qināʿ ʿan matn al-ʾiqnāʿ*, Bd. 4, Beirut 2003, S. 250.

43 Vgl. Ibn ʿĀbidīn, *Radd al-muhtār ʿalā ad-durr al-muḫtār*, Bd. 4, Beirut 1992, S. 341.

44 Vgl. Al-Ḫiršī, *Šarḥ muḫtaṣar Ḫalīl*, Bd. 7, Beirut o.J., S. 78.

45 Vgl. An-Nawawī, *Rawḍat aṭ-ṭālibīn*, Bd. 5, Beirut 1991, S. 328.

46 Vgl. Al-Buhūtī, *Kaššāf al-qināʿ ʿan matn al-ʾiqnāʿ*, Bd. 4, Beirut 2003, S. 250.

Ablehnung der Befristung der Stiftung.[47] Die Mālikīten und Ibn Suraiğ aus den Reihen der Schāfiʿīten vertreten die Zulässigkeit der Befristung der Stiftung. Dabei ist es gleich, ob die Frist kurz oder lang oder die Stiftung von der zeitlichen Existenz einer Sache abhängig gemacht wird.[48]

9. Bedingungen des Stifters

Der Stifter darf gemäß einhelliger Meinung der oben genannten Rechtsschulen jede Bedingung in das Stiftungsgeschäft aufnehmen, solange diese Bedingungen Schariatisch zulässig sind und keinen Schaden für die Stiftung darstellen. Innerhalb der jeweiligen Rechtsschulen unterscheiden sich die Gelehrten in der Frage, ob die Stiftung durch solche Bedingungen gültig ist oder nicht. Weiterhin sind die Gelehrten unterschiedlicher Ansicht über die ungültigen Bedingungen einer Stiftung – abhängig davon, ob sie die Befristung und das Rücktrittsrecht vertreten oder nicht.[49]

10. Voraussetzungen des Stifters und des Stiftungsvermögens[50]

Die Stiftung ist ein Verhältnis zwischen dem Stifter und den Begünstigten der Stiftung. Daher gibt es einige Voraussetzungen, die ein Stifter erfüllen muss, um stiften zu dürfen und außerdem einige zu erfüllende Vorgabe, damit seine Stiftung verbindlich wird. Da eine Stiftung eine Art Zuwendung ist, gelten daher für einen Stifter die gleichen Bedingungen wie bei Zuwendungen.

Der Stifter muss geschäftsfähig sein. Die Geschäftsfähigkeit erfordert fünf Eigenschaften: Vernunft, Geschlechtsreife, keine Entmündigung aufgrund von Verschwendungssucht oder Leichtgläubigkeit, Entscheidungsfreiheit und Freiheit. Folglich kann keine Stiftung von einem Geisteskranken, einem Tor, einem Ohnmächtigen, einem Schlafenden, einem Betrunkenen, einem Kind vor der Ge-

---

47 Vgl. Ibn ʿĀbidīn, *Radd al-muhtār ʿalā ad-durr al-muḫtār*, Bd. 4, Beirut 1992, S. 349; (Al-Ḫaṣṣāf) Aš-Šaibānī, *Aḥkām al-ʾawqāf*, Kairo 1904, S. 127; Aṭ-Ṭarābulsī, *Al-ʾisʿāf fī Aḥkām al-ʾawqāf*, Kairo 1902, S. 29; Ibn Muslim (Hilāl), *Aḥkām al-waqf*, Indien 1355 n.H., S. 85f.; An-Nawawī, *Rawḍat aṭ-ṭālibīn*, Bd. 5, Beirut 1991, S. 328f; Aš-Šīrāzī, *Al-muhaḏḏab fī fiqh al-ʾimām Aš-Šāfiʿī*, Bd. 2, Beirut 1995, S. 324; Ibn Qudāma, *Al-kāfī fī fiqh al-ʾimām Aḥmad*, Bd. 2, Beirut 1994, S. 251.

48 Vgl Al-Ḫiršī, *Šarḥ muḫtaṣar Ḫalīl*, Bd. 7, Beirut o.J., S. 91; Al-Māwardī, *Al-ḥāwī al-kabīr fī fiqh maḏhab al-ʾimām Aš-Šāfiʿī*, Bd. 17, Beirut 1999, S. 90.

49 Vgl. Ibn ʿĀbidīn, *Radd al-muhtār ʿalā ad-durr al-muḫtār*, Bd. 4, Beirut 1992, S. 341f.; Al-Ḫiršī, *Šarḥ muḫtaṣar Ḫalīl*, Bd. 7, Beirut o.J., S. 91; Al-Ḫaṭīb aš-Širbīnī, *Muġnī al-muḥtāğ ilā maʿrifat alfāẓ al-minhāğ*, Bd. 3, Beirut 1994, S. 540; Ibn Qudāma, *Al-muġnī*, Bd. 6, Kairo 1968, S. 8-10.

50 Für eine umfassende Darstellung der Ansichten der vier sunnitischen Rechtsschulen über die Voraussetzungen des Stifters und des Stiftungsvermögens, vgl. Al-Kubaisī, *Aḥkām al-waqf fī aš-šarīʿa al-ʾislāmiyya*, Bd. 1, Bagdad 1977, S. 312-393.

schlechtsreife, einem aufgrund seiner Verschwendungssucht oder seiner Leichtgläubigkeit Entmündigten oder einem unter Zwang Stehendem oder von einem Sklaven als gültig angesehen werden. Für die Verbindlichkeit der Stiftung darf der Stifter zur Zeit der Stiftungsgründung außerdem nicht aufgrund von Schulden entmündigt oder todkrank sein. Die Mālikīten betrachten die Stiftung eines Verschuldeten vor und nach der Entmündigung aufgrund von Schulden als nichtig bzw. machen die Stiftung von der Zustimmung der Gläubiger abhängig.[51]

Das Stiftungsvermögen muss ebenfalls einige Eigenschaften erfüllen. Es hat ein wirtschaftliches Gut zu sein, welches Schuldansprüche begründen kann. Außerdem muss dieses Vermögen definierbar sein und sich im tatsächlichen Besitz des Stifters befinden. Bei den Ḥanafīten sind grundsätzlich Immobilien und die dazu gehörenden beweglichen Gegenstände – die man inbegriffen als Immobilie bezeichnet – als Stiftungsvermögen geeignet. Bewegliche Gegenstände sind als Stiftungsvermögen zuzulassen, wenn sie zu einer Immobilie gehören oder durch eine Überlieferung oder durch das Gewohnheitsrecht als Stiftungsvermögen anerkannt sind.[52] Sowohl Immobilien als auch bewegliche Gegenstände und Nutzungsrechte dürfen bei den Mālikīten, Schāfiʿīten und Ḥanbalīten gestiftet werden. Bezüglich der Stiftung von Geldern und Verbrauchsgütern findet man unterschiedliche Ansichten innerhalb der Rechtsschulen, allerdings kann man von der Unzulässigkeit der Stiftung von Geldern und Verbrauchsgütern bei den Ḥanbalīten sprechen.[53]

11. Die Begünstigten der Stiftung

Unerlässliches Merkmal einer Stiftung bei den Ḥanafīten ist die damit verbundene Nähe Gottes. Mit der Stiftungsgründung muss die Nähe Gottes durch die Absicht des Stifters und die Bestimmung der Begünstigten beabsichtigt werden. Bei den Schāfiʿīten und Ḥanbalīten dürfen die Begünstigten der Stiftung nur Wohltätigkeitsstellen, bekannte Stellen oder Personen sein, die von der Scharia her –aufgrund ihrer Sündhaftigkeit – nicht ausgeschlossen sind. Die Stiftung eines Angehörigen der Schriftbesitzer für eine Moschee ist – im Gegensatz zu den Ḥanafīten – zulässig, aber für eine Kirche oder Synagoge nicht. Die Mālikīten setzten nicht voraus, dass die Begünstigten der Stiftung Wohltätigkeitsstellen sind oder dass nur damit die Nähe Allahs gesucht wird, sondern lediglich, dass damit keine Sündhaftigkeiten gefördert werden dürfen. Bis auf al-Qāḍī ʿIyāḍ

51 Vgl. Ibn ʿArafa ad-Dusūqī, *Ḥāšiyat ad-Dusūqī ʿalā aš-šarḥ al-kabīr*, Bd. 4, Beirut o. J., S. 81.

52 Vgl. Ibn al-Humām, *Fatḥ al-qadīr*, Bd. 6, Beirut o.J., S. 219f.

53 Vgl. Ibn ʿArafa ad-Dusūqī, *Ḥāšiyat ad-Dusūqī ʿalā aš-šarḥ al-kabīr*, Bd. 4, Beirut o.J., S. 77f.; Aš-Šīrāzī, *Al-muhaḏḏab fī fiqh al-ʾimām Aš-Šāfiʿī*, Bd. 2, Beirut 1995, S. 322f.; Ibn Qudāma, *Al-muġnī*, Bd. 6, Kairo 1968, S. 34f.

vertreten die Mālikīten zusammen mit den Ḥanafīten, Schāfi'īten und Ḥanbalīten die Unzulässigkeit der Stiftung eines Muslims oder Nichtmuslims für eine Kirche. Nach den Mālikīten, Schāfi'īten und Ḥanafīten dürfen auch Reiche allein als Begünstigte bestimmt werden.[54]

12. Verwaltung der Stiftung

Um die Aufgaben der Verwaltung einer islamischen Stiftung wahrnehmen zu dürfen, hat der Verwalter folgende Voraussetzungen zu erfüllen: Vernunft, Geschlechtsreife, Rechtschaffenheit, Fähigkeit zur Übernahme der Stiftungsaufgaben und muslimischen Glauben. Dabei waren die Rechtsschulen unterschiedlicher Meinungen über die Verbindlichkeit der eben genannten Voraussetzungen. Dass der Verwalter einer Stiftung im Besitz seiner geistigen Kräfte, geschlechtsreif und fähig zur Übernahme der Stiftungsaufgaben sein muss, darüber waren sich die Gelehrten der vier Rechtsschulen einig. Hingegen ist die Fähigkeit zur Übernahme der Stiftungsaufgaben bei den Ḥanafīten keine Voraussetzung für die Zulässigkeit der Verwaltung, sondern sie ist lediglich als Bevorzugungsmerkmal eines Verwalters anzusehen. Die Ḥanafīten sind außerdem die einzige Rechtsschule, die einen Nichtmuslim als Verwalter einer Stiftung zulässt. Bezüglich der Frage der Rechtschaffenheit des Verwalters der Stiftung ist hier zu unterscheiden, ob der Verwalter der Stifter selbst ist oder eine Person, die vom Stifter oder vom Richter ernannt wird. Die Schāfi'īten machen dabei keinen Unterschied und setzen die Rechtschaffenheit des Verwalters als eine unerlässliche Eigenschaft des Verwalters voraus. Bei den Ḥanafīten findet man bezüglich dieser Frage zwei Haltungen: Entweder ist die Rechtschaffenheit eine Voraussetzung für die Zulässigkeit der Verwaltung oder die Rechtschaffenheit ist lediglich ein Bevorzugungsmerkmal für den Verwalter. Die Ḥanbalīten unterscheiden zwischen dem Verwalter, der vom Stifter oder vom Richter ernannt wird und den Begünstigten als Verwalter der Stiftung. Wenn die Begünstigten als Verwalter agieren, ist ihre Rechtschaffenheit keine Voraussetzung bei den Ḥanbalīten. Dies gilt auch für den Verwalter, der vom Stifter selbst ernannt wird. Der Verwalter, der vom Richter ernannt wird, muss rechtschaffen sein. Die Mālikīten setzen auch die Rechtschaffenheit als eine wichtige Voraussetzung zur Übernahme der Verwaltungsaufgaben der Stiftung voraus, sind aber unterschiedlicher Ansicht über die Absetzung eines nicht rechtschaffenen Verwalters. Wenn der Verwalter vom Stifter selbst ernannt wird, darf er nicht abgesetzt werden, es

54 Vgl. Ibn 'Ābidīn, *Radd al-muhtār 'alā ad-durr al-muḫtār*, Bd. 4, Beirut 1992, S. 337f.; (Al-Ḫaṣṣāf) Aš-Šaibānī, *Aḥkām al-'awqāf*, Kairo 1904, S. 335-345; Ibn 'Arafa ad-Dusūqī, *Ḥāšiyat ad-Dusūqī 'alā aš-šarḥ al-kabīr*, Bd. 4, Beirut o.J., S. 78f.; Al-Ḫaṭīb aš-Širbīnī, *Muġnī al-muḥtāǧ ilā ma'rifat alfāẓ al-minhāǧ*, Bd. 3, Beirut 1994, S. 527-532; Ibn Qudāma, *Al-muġnī*, Bd. 6, Kairo 1968, S. 37-40.

sei denn, der Stifter selbst stimmt der Absetzung zu. Wenn der Verwalter aber vom Richter ernannt wird, hat der Richter ihn abzusetzen.[55]

II. AAOIFI Standards[56]

Nach der geschichtlichen Zuordnung islamischer Stiftungen gilt es nun die derzeitige Umsetzung zu verdeutlichen. Dies soll anhand der Standards der AAOIFI erfolgen, auf die häufig Bezug genommen bzw. verwiesen wird. Teil II bietet eine Übersetzung von Standard Nr. 33 der AAOIFI Standards ins Deutsche an. Dieser Standard versucht zu einem Konsens der verschiedenen Rechtsschulen zu gelangen, um so eine praktisch nutzbare Aufstellung der Arten und Bedingungen einer islamischen Stiftung anzubieten.

Standard Nr. 33[57]

1 Umfang des Standards:

Dieser Standard umfasst die Definition von *waqf*, seine Arten, Rechtsbestimmungen, Grundlagen und die Bedingungen jeder dieser Grundlagen; die Bedingungen des Stifters und der Stiftung; Verwendungszwecke der Stiftung; Ausbau und Vermehrungsmöglichkeiten des Stiftungsvermögens; Investitionsmöglichkeiten des Stiftungsvermögens; Rolle der islamischen Finanzinstitutionen bei dem Ausbau, Vermehrung und Investition des Stiftungsvermögens.

2 Definition von *waqf*, seine Bestimmungen, die Weisheit und Arten von *waqf*

2/1 Definition von *waqf*:

Waqf bedeutet im Sprachgebrauch etwa „einbehalten", im Schariatischen Sinne bedeutet *waqf* das Sichern eines Vermögens vor jeder Veräußerungsform und das Spenden bzw. Verwenden des entstehenden Ertrags an/für die in der Stiftung bestimmten Begünstigten.

55 Vgl. (Al-Ḥaṭṭāb Ar-Ruʿainī) Ibn ʿAbdel-Raḥmān, *Mawāhin al-ǧalīl fī šarḥ muḫtaṣar Ḫalīl*, Bd. 6, Beirut 1992, S. 37f.; Al-Buhūtī, *Kaššāf al-qināʿ ʿan matn al-ʾiqnāʿ*, Bd. 4, Beirut 2003, S. 265f.; Ibn Qudāma, *Al-muġnī*, Bd. 6, Kairo 1968, S. 40; Aṭ-Ṭarābulsī, *Al-ʾisʿāf fī Aḥkām al-ʾawqāf*, Kairo 1902, S. 49-53; (Ibn Nuǧaim) Ibn Muḥammad, *Al-baḥr ar-rāʾiq šarḥ kanz ad-daqāʾiq*, Bd. 5, Kairo o.J., S. 244-246; Ar-Ramlī, *Nihāyat al-muḥtāǧ ilā šarḥ al-minhāǧ*, Bd. 5, Beirut 1984, S. 397-399.

56 AAOIFI ist die Abkürzung der Accounting and Auditing Organisation for Islamic Financial Institutions.

57 Den arabischen Text des Standards findet man in: *"Standard 33 al-Waqf"*, in: *Al-Maʿāyīr aš-šarʿiyya*, hrsg. v. Haiʾat al-muḥāsaba wal-murāǧaʿa li-l-muʾassasāt al-ʾislāmiyya, Manama 2009, S. 441-454.

2/2 Die Rechtsnorm der Stiftung

Eine Stiftung ist zulässig, dies beweisen sowohl die Sunna als auch der Konsensus. Die Stiftung ist außerdem verbindlich, wodurch der Besitzanspruch des Stifters auf das gestiftete Vermögen erlischt.

2/3 Zulässige Stiftungsformen

Es gibt zahlreiche Stiftungsformen:
2/3/1 Wohltätige (gemeinnützige) Stiftung: Deren Ertrag wird für wohltätige Zwecke ausgegeben.
2/3/2 Familienstiftung: Deren Ertrag wird an Nachkommen oder Verwandte übergeben; nach deren Versterben geht der Ertrag an eine Wohltätigkeitseinrichtung.
2/3/3 Gemischte Stiftung: Diese Stiftung ist eine Mischung aus der gemeinnützigen und Familienstiftung, d.h. deren Ertrag geht sowohl an Verwandte als auch in die Wohltätigkeit.
2/3/4 Eigennützige Stiftung: Deren Ertrag geht an den Stifter selbst – solange er lebt – und nach seinem Tod an eine von ihm bestimmte Stelle.

3 Grundlagen der Stiftung

3/1 Die Willenserklärung (*ṣīġa*)

3/1/1 Die Willenserklärung ist die Erklärung des Stifters zur Gründung der Stiftung, dabei ist keine Annahme durch die Begünstigten erforderlich. Wenn der Begünstigte eine bestimmte rechtsfähige Person ist, die die Stiftung ablehnt, wird die Stiftung dadurch nicht nichtig, sondern durch die Ablehnung erlischt lediglich das Anrecht dieser Person auf der Stiftung. Hierbei wird ihr Anteil an eine Wohltätigkeitseinrichtung übergeben.
3/1/2 Die Willenserklärung erfolgt entweder schriftlich oder mündlich oder durch etwas dem Gewohnheitsrecht Entsprechendes.
3/1/3 Man kann eine zukünftige Stiftung bestimmen, indem man bspw. sagt: „Ich stifte jenes ab dem kommenden Jahr."
3/1/4 Ursprünglich ist eine Stiftung auf Dauer anzulegen, aber es kann auch über einen festgelegten Zeitraum ein Vermögen gestiftet werden, so dass das gestiftete Vermögen danach wieder in den Besitz des Stifters übergeht.

3/2 Stifter

3/2/1 Der Stifter darf eine natürliche oder juristische Person sein. Im Falle einer juristischen Person als Stifter hat der Beschluss zur Gründung der Stiftung auch von der Generalversammlung und nicht nur vom Vorstand zu erfolgen.
3/2/2 Der Stifter muss rechtsfähig sein, um über sein Vermögen zu verfügen.
3/2/3 Die Stiftung eines Entmündigten aufgrund einer Verschwendungssucht ist nichtig, es sei denn, es handelt sich um eine eigennützige Stiftung über die Le-

bensdauer des Stifters. Das Zustandekommen der Stiftung eines Entmündigten aufgrund von Schulden hängt von der Zustimmung der Gläubigen ab.

3/3 Begünstigte

3/3/1 Eine Schariatisch verbotene Stelle darf nicht als Begünstigte einer Stiftung bestimmt werden. Jedoch muss die Stelle bei der Gründung der Stiftung keine Wohlfahrtsstelle sein.
3/3/2 Die Bestimmung eines Nichtmuslims als Begünstigter ist – ausgenommen in sündhaften Handlungen – zulässig. Reiche Personen dürfen ebenfalls als Begünstigte bestimmt werden.
3/3/3 Die Begünstigten müssen zum Zeitpunkt der Stiftungsgründung nicht anwesend sein.
3/3/4 Wenn die Begünstigten nicht mehr vorhanden sind, geht der Ertrag der Stiftung an eine Wohltätigkeitsstelle.

3/4 Stiftungsvermögen

3/4/1 Die Voraussetzungen des Stiftungsvermögens:

1. Das Stiftungsvermögen muss ein Schariatisch zulässiges, im Besitz befindliches Vermögen sein.
2. Das Stiftungsvermögen muss bestimmt sein.
3. Es muss sich im uneingeschränkten Besitz des Stifters befinden.

3/4/2 Die Stiftung ist eine rechtsfähige juristische Person, die anders als die natürliche Person des Stiftungsverwalters ist.
3/4/3 Die Arten des Stiftungsvermögens
3/4/3/1 Immobilien und darin auf Dauer befindliche bewegliche Gegenstände dürfen zum Stiftungsvermögen bestimmt werden.
3/4/3/2 Die beweglichen Gegenstände dürfen unabhängig und in Zusammenhang mit einer Immobilie gestiftet werden.
3/4/3/3 Man darf das Geld stiften, soweit es so eingesetzt wird, dass man davon profitiert, es aber nicht aufbraucht, wie etwa durch dessen Verleihung in Form eines Schariakonformen Kredits oder dessen Schariakonformen Investition auf eine normalerweise sichere Weise, wie etwa bei der *muḍāraba* (ähnlich wie eine stille Gesellschaft), dabei wird der daraus resultierende Gewinn an die Begünstigten übergeben.
3/4/3/4 Die Aktien und Schariakonformen Anleihen (*ṣukūk*) dürfen gestiftet werden. Bei deren Auflösung gelten folgende Regelungen für die Ersetzung bzw. den Umtausch des Stiftungsvermögens: Der Anteil der Stiftung an dem Gewinn wird den Begünstigten gegeben. Hier sei auf Nr. 9 weiter unten verwiesen.

3/4/4 Stiftung eines gemeinsamen Eigentums

3/4/4/1 Ein gemeinsames Eigentum darf gestiftet werden, egal ob es teilbar ist oder nicht. Das gesamte gemeinsame Eigentum – ausgenommen Aktien und Schariakonforme Anleihen – darf verpachtet werden. Die Stiftung bekommt ihren Anteil am Pachtgeld; oder der gestiftete Anteil am gemeinsamen Eigentum wird verpachtet und die Nutzen daraus werden zeitlich oder räumlich aufgeteilt. Die Begünstigten bekommen daraus den Anteil der Stiftung.
3/4/4/2 Wenn der Stiftungsverwalter oder der Teilhaber am gemeinsamen Eigentum, das unteilbare gemeinsame Eigentum teilen will, wird es verkauft und der Verweigerer des Verkaufs dazu gezwungen. Der Anteil der Stiftung an der Verkaufssumme wird an Ähnliches gestiftet. Der Verweigerer der Teilung von teilbarem gemeinsamem Eigentum wird dazu gezwungen, wenn die Teilung vom Stiftungsverwalter oder Teilhaber am gemeinsamen Eigentum verlangt wird.

3/4/5 Stiftung eines Stockwerkes, der Dienstbarkeit oder der Bebauung eines höheren Stockwerkes in einem noch nicht bebauten Gebäude
Die Stiftung eines Stockwerkes, der Dienstbarkeit oder der Bebauung eines höheren Stockwerkes in einem noch nicht bebauten Gebäude ist zulässig. Wenn der Besitzer des unteren Stockwerkes sein Stockwerk noch nicht gebaut hat, wird dieses auf Kosten des Besitzers des höheren Stockwerkes gebaut und geleast, um die Kosten der Bebauung zu bekommen.

3/4/6 Stiftung der Nutzungsrechte

Die Stiftung der Nutzungsrechte ist vom Inhaber dieser Rechte durch Leasing zulässig. Diese Nutzungen werden durch ihn an einen Dritten weiter verleast, die Leasingrate wird als Ertrag der Stiftung angesehen. Die Stiftung ist auf Dauer des Leasingvertrags anzulegen. Danach geht das Nutzungsobjekt an den ursprünglichen Leasinggeber zurück. Vorausgesetzt, der ursprüngliche Leasinggeber gestattet es dem Stifter, diese Nutzungsrechte weiter zu leasen.

4 Die Bedingungen der Stiftung

4/1 Die Bedingungen im Zusammenhang mit dem Stiftungsvertrag

4/1/1 Dem Stifter steht es zu, jegliche Bedingungen für seine Stiftungen – soweit sie nicht im Widerspruch zur Scharia stehen – aufzustellen. Diese Bedingungen und auch die Schariatischen Bedingungen müssen Geltung finden. Das Gewohnheitsrecht im Umfeld des Stifters wird für das Verständnis seiner Bedingungen herangezogen. Beispiele für die Bedingungen des Stifters sind die Festlegung eines bestimmten Stiftungsverwalters und seines Entgeltes, egal ob der Stiftungsverwalter eine einzige Person, eine Gruppe oder eine Institution ist.

4/1/2 Der Stifter darf in der Willenserklärung der Stiftung die Begleichung der eigenen Schulden aus den Erträgen der Stiftung nach seinem Tod festlegen; oder dass die Nutzungen aus den Erträgen der Stiftung für sich lebenslang, danach für seine Nachkommen und nach deren Tod für Wohltätigkeit eingesetzt werden; oder dass ein Teil aus den Erträgen der wohltätigen gemeinnützigen Stiftung für seine verarmten Nachkommen und der andere Teil der Erträge weiterhin für die Wohltätigkeitszwecke ausgegeben wird.
4/1/3 Jede Bedingung, die ein Schariatisches Verbot enthält, ist nichtig. Ebenfalls jede Bedingung, die sich negativ auf die Zulässigkeit der Stiftung und ihr Fundament auswirkt, dabei gilt jedoch die Stiftung weiter. Ein Beispiel dafür ist, dass der Stifter eine Ersetzung bzw. einen Umtausch des Stiftungsvermögens in jedem Fall verbietet oder dass er die Absetzung des Stiftungsverwalters, egal aus welchem Grund, untersagt. Außerdem ist jede Bedingung nichtig, die den Vollzug des Interesses der Stiftung verhindert oder die Nutznießung der Stiftung beeinträchtigt, wie etwa die Festlegung, dass die Erträge der Stiftung immer zuerst an den Begünstigten gehen – auch wenn das Stiftungsvermögen eine Instandsetzung oder Renovierung nötig hat.
4/1/4 Wenn der Stifter als Bedingung aufgestellt hat, dass man das Stiftungsvermögen durch Wohnen nutzt, ist es dennoch zulässig, es durch Wohnen oder durch andern Nießbrauch und im Umkehrschluss zu nutzen.

5 Die Leitung und Verwaltung der Stiftung

5/1 Die Rahmenbedingung für die Leitung und Verwaltung der Stiftung

Die Leitung und Verwaltung der Stiftung unterliegen den Schariatischen Bestimmungen und dann den Bedingungen des Stifters, es sei denn, diese Bedingungen stehen im Widerspruch zu Schariatischen Bestimmungen oder zu den Interessen der Stiftung gemäß der Einschätzung des Gerichts.

5/2 Die Aufgaben der Stiftungsverwalter

a. Wiederaufbau, Instandsetzung und Verwaltung der Stiftung.
b. Leasing der Stiftungsgüter oder der gestifteten Nutzungsrechte durch ein Operate-Leasing[58] und die Verpachtung dessen Agrarlands.

58 Dies ist eine Form des Leasings, die der Miete weitgehend ähnlich ist, jedoch in vielen Fällen weitere mietuntypische Dienstleistungen einschließt. Wesentliche Merkmale sind: Keine feste Grundmietzeit und somit jederzeitiges Kündigungsrecht innerhalb der Kündigungsfrist oder sehr kurze Grundmietzeit, innerhalb der aber eine Vertragskündigung nicht gestattet ist. Der Leasinggeber trägt das volle Investitionsrisiko und aktiviert das Leasinggut (Abschreibung über Nutzungsdauer). Der Leasingnehmer verbucht die Leasingraten als Aufwand. Zusätzliche Dienstleistungen wie Instandsetzung und Reparatur trägt der Leasinggeber.

c. Vermehrung der Eigentümer der Stiftung entweder direkt durch zulässige Investitions- und Finanzierungsmöglichkeiten oder mittels der islamischen Finanzinstitute.
d. Vermehrung der gestifteten Gelder durch deren Investition anhand von *muḍāraba* und Ähnlichem.
e. Änderung der Merkmale der Stiftung auf eine Art und Weise, die den Interessen der Stiftung und denen der Begünstigten am besten dient, wie etwa die Umwandlung eines Wohnhauses in ein Kaufhaus oder die Umwandlung der Agrarländer zu Gebäuden, die man least. Letzteres, wenn festgestellt wurde, dass es eine größere Nachfrage nach Leasingobjekten gibt und der Ertrag aus dem Leasing höher als der Ertrag des Agrarlandes ist. Dies alles erfolgt nach der Zustimmung der zuständigen Behörden.
f. Bewahrung und Schutz der Rechte der Stiftung, Bezahlung der Anwaltskosten zur Vertretung der Stiftung vor Gericht. Entrichten der Beurkundungsgebühren der Stiftungseigentümer und -rechte.
g. Begleichung der Schulden der Stiftung.
h. Entrichten der Ansprüche der Begünstigten.
i. Ersetzung des Stiftungsvermögens durch Umtausch oder den Verkauf, um anderes Vermögen zu kaufen.
j. Pflege der bestehenden Stiftungsgüter und deren Schutz vor Usurpation oder unrechtmäßiger Aneignung.
k. Verwendung der *takāful*-Versicherung – soweit möglich – zum Schutz der Stiftung.
l. Erstellung von Buchführung und Bereitstellung der Berichte und Statistiken über die Stiftung für die zuständigen Stellen.

5/3 Der Verwalter der Stiftung darf nicht

5/3/1 gegen die Bedingungen des Stifters zuwiderhandeln.
5/3/2 die Stiftungsgüter an sich oder sein noch in seiner Obhut befindliches Kind verleasen, auch wenn die Leasingrate höher als die übliche Leasingrate ist, außer durch die Zustimmung des Gerichts. Außerdem darf er die Stiftungsgüter an diejenigen Verwandten, von denen keine Zeugenaussage gegen ihn angenommen wird (Vorfahren, Nachkommen und Ehepartner), verleasen, sofern sie die übliche Leasingrate zahlen und dabei wird auch eine leicht niedrigere Leasingrate nicht geduldet.
5/3/3 die Erträge der Stiftung zur Vermehrung der Stiftungsgüter außer durch die Zustimmung des Stifters verwenden.

5/3/4 die Stiftungsgüter als Pfand für die Schulden der Stiftung und der Begünstigten einsetzen. Außerdem darf er die Stiftungsgüter nicht verleihen, tut er dies trotzdem, hat der Ausleiher die übliche Leasingrate dafür zu bezahlen.
5/3/5 einen Kredit für die Stiftung aufnehmen, es sei denn, der Stifter hat dies als Bedingung in seiner Erklärung aufgenommen oder mit der Zustimmung des Richters durch das Vorhandensein einer Notwendigkeit. Bei der Kreditaufnahme ist Folgendes zu beachten:
5/3/5/1 Die Kreditaufnahme zu Schulden der Stiftung zwecks ihrer Instandsetzung oder Bebauung darf durch die Schariakonformen Kredite, Ratenkäufe oder jegliche Schariakonforme Finanzierung erfolgen. Dabei ist es unerlässlich, dass der Stifter dies als Bedingung in seiner Erklärung aufgenommen hat oder dass der Richter dem zustimmt, nachdem er das Vorhandensein einer Notwendigkeit zur Kreditaufnahme und die Tragfähigkeit der Stiftungserträge für die Finanzierungslasten sichergestellt hat.
Folgender Fall gehört nicht zu der oben genannten eingeschränkten Kreditaufnahme: Wenn der Stiftungsverwalter sein eigenes Geld für ein Interesse der Stiftung einsetzt, solange die Stiftungserträge für die Zurückzahlung dieses Geldes ausreichen.
5/3/5/2 Die Fälle, in denen die Kreditaufnahme zulässig ist, wenn der Stifter die Zulässigkeit der Kreditaufnahme in seiner Willenserklärung nicht aufgenommen hat:

a. Es besteht eine eilige Notwendigkeit für die Instandsetzung oder Bebauung der Stiftungsgüter im Falle des Fehlens ausreichender Erträge.
b. Die finanziellen Verpflichtungen der Stiftung müssen beglichen werden und es gibt keine ausreichenden Erträge dafür.
c. Die Gehälter der Verantwortlichen der Stiftung oder derjenigen, die ihre Interessen vertreten, können nicht bezahlt werden, wenn dadurch die Beeinträchtigung der Nutzung der Stiftung befürchtet wird.

5/3/5/3 Es darf kein Kredit aufgenommen werden, um die Ansprüche der Begünstigten aus den Erträgen der Stiftung zu begleichen.

5/4 Ausgeben des Überschusses aus den Erträgen der Stiftung der Moscheen

Die Erträge aus der Stiftung einer bestimmten Moschee sind in der Regel für die Verwirklichung der Interessen dieser Moschee auszugeben. Der danach übrigbleibende Überschuss darf für eine andere Moschee ausgegeben werden, wenn diese Moschee nicht über ausreichende Erträge für die Instandsetzung und Renovierung ihrer Gebäude verfügt.

5/5 Gerichtliche Aufsicht über die Verwaltung der Stiftung

Die Gerichte haben mittels der allgemeinen Souveränität die Aufsicht über die Leitung und Verwaltung der Stiftung sowie die Wahrung der Stiftungsgüter und deren Investitionen auszuüben. Außerdem übernehmen die Gerichte die Überprüfung der Angelegenheiten der Stiftung, die Entscheidung über Beschwerden gegen die Stiftungsverwalter oder andere sowie das zur-Rechenschaft-Ziehen der Stiftungsverwalter.

6 Leasing der Stiftungsgüter und ihre Rahmenbedingungen

6/1 In der Regel dürfen die Stiftungsgüter nicht für einen gemäß dem Gewohnheitsrecht langen Zeitraum geleast werden, es sei denn, es besteht ein Interesse daran und unter der Bedingung, dass eine Erhöhung der Leasingrate gemäß einem zuvor bestimmten Maßstab geregelt wird. In diesem Zusammenhang ist der Standard Nr. 9 bezüglich des Leasings und insbesondere die Regel über Mietkauf 5/2/3 zu beachten.

6/2 Die übliche Leasingrate ist eine Bedingung.

Das Leasing der Stiftungsgüter oder der gestifteten Nutzungsrechte darf nicht für weniger als die übliche Leasingrate erfolgen. Wenn aber ein Interesse dies bedingt, dann wird dies gemäß dem Ausmaß dieses Interesses angenommen. Die sehr niedrige Leasingrate muss angepasst werden. Wenn ein neuer Leasingnehmer gefunden wird, der die übliche Leasingrate zahlen wird, hat der Stiftungsverwalter den bestehenden Leasingvertrag zu kündigen, es sei denn, der erste Leasingnehmer wird auch die übliche Leasingrate zahlen. Wenn die übliche Leasingrate – infolge der Renovierung und Baumaßnahmen auf Kosten der Stiftung – erhöht wird, muss der Leasingnehmer die Erhöhung akzeptieren; wenn er jedoch die Kosten selbst getragen hat, muss er keine Erhöhung annehmen.

6/3 Schariakonforme Leasingmöglichkeiten der Stiftungsgüter

6/3/1 Einen Leasingvertrag mit der Absicht das gestiftete Land in den Händen der Leasingnehmer zu belassen, solange er die übliche – je nach Situationen abänderbare – Leasingrate zahlt, dies ist etwa wie ein Dauermietvertrag/Dauerleasingvertrag zu verstehen. Für die Zulässigkeit dieses Dauermietvertrags/Dauerleasingvertrags sind folgende Bedingungen unerlässlich:

1. Die Stiftung hat keinen Ertrag, der für deren Bebauung eingesetzt wird.
2. Es gibt keinen anderen interessierten Leasingnehmer, der die Leasingrate im Voraus zahlt, damit diese für die Bebauung der Stiftung eingesetzt wird.
3. Die Ersetzung der Stiftung ist nicht möglich.

6/3/2 Der Anspruch der Leasingnehmer auf das Leasingobjekt aufgrund der Ablöse, wenn er sie beim Abschluss des Leasingvertrags für die Bebauung der Stiftung und im Gegenzug weniger Leasingrate zahlt. Dies ist zulässig, wenn es notwendig ist und es keinen anderen Leasingnehmer gibt, der die übliche Leasingrate und eine Summe für die Bebauung der Stiftung zahlt.

7 Verwendung der Investitionsmöglichkeiten zur Vermehrung der Stiftungserträge und zum Ausbau der Stiftungsgüter

7/1 Die Investition der Stiftungserträge ist in folgenden Fällen – soweit dies deren Aufteilung auf die Begünstigten nicht beeinträchtigt – zulässig:

1. Der Stifter hat festgelegt, dass ein Teil der Erträge investiert wird.
2. Während der Wartezeit (bis zum Auffinden) der Begünstigten.
3. Vom übrigen Überschuss nach Abzug der jeweiligen Anteile der Begünstigten.

Im Falle der Investition der oben genannten Fälle muss diese Schariakonform sein, wie etwa *muḍāraba* (Beteiligungsfinanzierung ähnlich einer stillen Gesellschaft), *mušāraka* (Beteiligungsfinanzierung durch Beteiligung auf Zeit), *murābaḥa* (Handelsfinanzierung), Leasing und Salam (Terminkauf). Die Investition muss wie möglich geringe Risiken aufweisen.

7/2 Für den Ausbau der Stiftungsländer sind möglich:

7/2/1 Die Verwendung des Werkvertrags durch ein (B.O.T=Build Operate Transfer) Betreibermodell, hier sei auf den Standard Nr. 11 über den Werkvertrag und insbesondere den parallelen Werkvertrag 3/2/1 verwiesen.

7/2/2 Die Verwendung eines zeitlich-abnehmenden *mušāraka*-Vertrags (Beteiligungsfinanzierung durch Beteiligung auf Zeit) mittels einer gemeinsamen Finanzierung durch die Stiftung und das Finanzierungsinstitut zum Bau von gemeinsamen Gebäuden mit Ausschluss des Landes von der Teilhaberschaft. Danach geht der Besitz der Gebäude allmählich an die Stiftung über. Hier sei auf den Standard Nr. 12 über die Teilhaberschaft (*mušāraka*) und moderne Gesellschaften 5/8 verwiesen.

7/2/3 Die Verwendung des Mietkaufs zugunsten der Stiftung mittels des Leasings des Stiftungslandes an das Finanzierungsinstitut. Das Finanzierungsinstitut errichtet einige Gebäude darauf und danach übergibt sie es der Stiftung und damit fängt der Mietkaufvertrag an, der mit der Besitzübertragung an die Stiftung endet. Hier sei auf den Standard Nr. 9 über Leasing und insbesondere Mietkauf 3/5 verwiesen.

7/3 Alle möglichen Mittel zum Ausbau der Stiftungen müssen eingesetzt werden, dabei sind den Schariatischen Bestimmungen über die Stiftung und den Bedingungen der Stifter und Anforderungen der Zeit Rechnung zu tragen.

7/4 Islamische Finanzinstitute sind bei der Investition der Stiftung einzubeziehen.

8 Instandsetzung, Renovierung und Ersetzung der Stiftungsgüter

8/1 Instandsetzung und Renovierung der Stiftungsgüter und Herstellung einer Reserve zu diesem Zweck

8/1/1 Die Instandsetzung, Renovierung oder Wiederbebauung der verfallenen Stiftungsgüter haben Vorrang vor den Ansprüchen der Begünstigten an Erträge der Stiftung. Dabei sind die Termine der technischen Wartungen je nach Relevanz und Rhythmus zu beachten. Die Instandsetzung und Wiederbebauung der verfallenen Stiftungsgüter sind nicht von der Festlegung des Stifters abhängig.
8/1/2 Ein Teilbetrag aus den jährlichen Erträgen der Stiftung wird für die Instandsetzung und Renovierung einbehalten, auch wenn der Stifter dies nicht festgelegt hat. Dieser Betrag wird auf eine sichere Art investiert, die leicht aufgelöst werden kann. Der Gewinn aus der Investition wird dem Grundbetrag hinzugefügt. Die Begünstigten haben keinen Anspruch auf diesen Betrag, es sei denn, man kann auf einen Teil davon verzichten.
8/1/3 Falls es keine Beträge für die Instandsetzung und Renovierung der im Leasing befindlichen Stiftungsgüter gibt, darf der Stiftungsverwalter den Leasingnehmer damit beauftragen und als Gegenleistung darf der Leasingnehmer solange das Stiftungsvermögen leasen, bis die Stiftung die Schulden bei ihm begleicht.
8/1/4 Die *takāful*-Versicherung ist für die Zwecke der Instandsetzung und Renovierung der Stiftungsvermögen einzusetzen.

8/2 Zusammentragen von Beträgen zur Ersetzung der aufgebrauchten Stiftungsgüter

Es darf regelmäßig von den Erträgen der Stiftung – nach der Begleichung der Ansprüche der Begünstigten – ein angebrachter Betrag für die Ersetzung der verbrauchten Stiftungsgüter genommen werden.

9 Die Ersetzung der Stiftungsgüter

9/1 Die Ersetzung bzw. der Umtausch des Stiftungsvermögens erfolgt ausschließlich zur Erfüllung des Stiftungszwecks.
9/2 Die Ersetzung bzw. der Umtausch des Stiftungsvermögens darf nur erfolgen, wenn dies vom Stifter festgelegt wird oder wenn das Stiftungsvermögen zerstört ist – auch ohne vorherige Festlegung des Stifters. In diesen Fällen wird das Stiftungsvermögen verkauft und mit dem Preis ein neues Stiftungsvermögen gekauft. Die Ersetzung bzw. der Umtausch ist außerdem zulässig, wenn die Nutznießung des Stiftungsvermögens nicht mehr möglich ist, wie etwa wenn sich das Stiftungsvermögen an einem Ort befindet, wo es keine Menschen gibt oder aus Furcht vor den Usurpatoren.
9/3 Die Voraussetzungen der Ersetzung bzw. des Umtauschs sind:

1. Die Nutznießung des Stiftungsvermögens ist nicht mehr möglich und es ergibt sich kein Ertrag für die Aufrechterhaltung der Stiftung.
2. Durch den Verkauf des Stiftungsvermögens darf keine große Benachteiligung entstehen.
3. Durch die Ersetzung bzw. den Umtausch entsteht ein Nutzen für die Stiftung.
4. Die Ersetzung bzw. der Umtausch darf nur durch das Gericht beschlossen werden.
5. Eine Immobilie ist durch eine Immobilie zu ersetzen, es sei denn, der Missbrauch des Geldes ist ausgeschlossen, deswegen darf eine Immobilie gegen Geld umgetauscht bzw. verkauft werden, welches beim Gericht aufbewahrt wird, bis eine neue Immobilie als Ersatz gekauft wird.

III. Stiftung im deutschen Recht

Die gesetzlichen Regelungen zur Stiftung in Deutschland findet man auf der Bundesebene in Art 80-88 BGB. Die einzelnen Bundesländer haben ihre eigenen Stiftungsgesetze.[59]

Man findet weder im BGB noch in den Stiftungsgesetzen der Länder eine Definition für „Stiftung".

Eine Stiftung ist gemäß dem allgemeinen deutschen Wortgebrauch eine Schenkung, die an einen bestimmten Zweck gebunden ist, durch die etwas gegründet oder gefördert wird.[60] Allgemein kann festgehalten werden, dass eine Stiftung eine Einrichtung ist, die mit Hilfe eines Vermögens einen vom Stifter festgelegten Zweck verfolgt. In der Regel wird das Vermögen auf Dauer erhalten, und es werden nur die Erträge für den Zweck verwendet.

Das Stiftungsgeschäft ist der eigentliche Stiftungsakt. Es ist eine einseitige rechtlich verbindliche Erklärung, die schriftlich erfolgen muss. Dies geschieht durch die eigenhändige Unterschrift des Stifters oder durch notarielle Beurkundung. Das Stiftungsgeschäft muss die verbindliche Erklärung des Stifters enthalten, ein Vermögen zur Erfüllung eines von ihm/ihr vorgegebenen Zwecks zu widmen. Für ein gültiges Stiftungsgeschäft muss die Stiftung eine Satzung erhalten, die Regelungen über folgende Punkte enthält:

- den Namen der Stiftung,
- den Sitz der Stiftung,

---

59 Vgl. z.B. das Stiftungsgesetz Niedersachsen, URL: http://www.mi.niedersachsen.de/portal/live.php?navigation_id=14919&article_id=61235&_psmand=33 (letzter Zugriff: 13.10.2014).

60 Vgl. URL: http://www.duden.de/rechtschreibung/Stiftung (letzter Zugriff: 13.10.2014).

- den Zweck der Stiftung,
- das Vermögen der Stiftung,
- die Bildung des Vorstands der Stiftung.

Das Stiftungsgeschäft kann grundsätzlich nicht an Bedingungen geknüpft werden, die auf den Bestand der Stiftung Einfluss haben können. Endgültig entsteht die Stiftung (als selbständige und rechtsfähige juristische Person) allerdings erst mit der Anerkennung durch die Stiftungsbehörde.

Für ausführliche Informationen über die Gründung einer Stiftung und eine umfassende Übersicht über die Möglichkeiten und Formen der Stiftungen ist die Webseite des Bundesverbandes Deutscher Stiftungen zu empfehlen.[61]

VI. Fazit

Grundsätzlich ist die Errichtung einer Stiftung nach den Vorgaben des islamischen Rechts bei Anwendung deutschen Rechts durchaus möglich. Sowohl die Anforderungen der einzelnen sunnitischen Rechtsschulen als auch die Ausführungen in dem AAOFI-Standard verstoßen insgesamt nicht gegen hiesiges Recht. Da bislang keine islamischen Organisation den Status einer Körperschaft des öffentlichen Rechts bekommen hat, wird eine eventuelle muslimische Stiftung nicht der Regelungen der kirchlichen Stiftungen der einzelnen Bundesländer unterliegen. Das bedeutet, eine eventuelle muslimische Stiftung bedarf der Anerkennung der dafür zuständigen Behörde im jeweiligen Bundesland und sie unterliegt der Aufsicht dieser Behörde. Man kann für das Fehlen einer wirksamen islamischen Stiftung in Deutschland auf zwei Gründe anführen. Zum einen haben sich die Muslime in kleine Gruppen zersplittert und sich Namen wie Zentralrat oder Islamrat, Dachverband usw. gegeben, um jeweils die alleinige Vertretung der Muslime in Deutschland für sich zu beanspruchen. Daher sind die Ressourcen der Muslime auf kleine Gruppen verteilt, die sich gegenseitig nicht vertrauen. Und zum anderen würden durch die Gründung einer wirksamen Stiftung die Muslime in Deutschland in vielen Bereichen ihre Unabhängigkeit von jeglichem inländischen bzw. ausländischen Einfluss erlangen, daher wird die Gründung einer Stiftung von solchen Mächten nicht unterstützt.

Müllers Einschätzung zufolge sei das Fehlen islamischer Stiftungen auf wirtschaftliche Gründe zurückzuführen. „Es habe eben bislang keine Stifter gegeben, d.h. keine Muslime, denen ausreichend finanzielle Mittel für die Dotation

---

61 Unter URL: http://www.stiftungen.org/de/news-wissen/stiftungsgruendung.html (letzter Zugriff: 13.10.2014).

einer Stiftung zur Verfügung stehen. Eine bürgerliche Mittelschicht unter Muslimen entwickelte sich in Deutschland erst jetzt."[62]

Die Stiftung als eine Art fortlaufende Spende, die eine große Stellung im Islam hat, bleibt für deutsche Muslime ein Traum, der leicht realisierbar wäre, wenn eine Million Muslime – von über 4,6 Millionen Muslime in Deutschland – nur einmalig jeweils eine Euro spendeten.

Literatur

(Al-Ḫaṣṣāf) Aš-Šaibānī, Aḥmad ibn ʿAmr, *Aḥkām al-ʾawqāf*, Kairo 1904.

(Al-Ḥaṭṭāb Ar-Ruʿainī) Ibn ʿAbdel-Raḥmān, Muḥammad ibn Muḥammad, *Mawāhin al-ǧalīl fī šarḥ muḫtaṣar Ḫalīl*, Bd. 6, Beirut 1992.

Al-Buḫārī, Muḥammad ibn Ismāʿīl, *Ṣaḥīḥ al-Buḫārī*, Hadith-Nr. 2737, Bd. 3, Beirut 1422 n. H.

Al-Buhūtī, Manṣūr ibn Yūnus ibn Idrīs, *Kaššāf al-qināʿ ʿan matn al-ʾiqnāʿ*, Bd. 4, Beirut 2003.

Al-Ḫaṭīb aš-Širbīnī, Muḥammad ibn Aḥmad, *Muġnī al-muḥtāǧ ilā maʿrifat alfāẓ al-minhāǧ*, Bd. 3, Beirut 1994.

Al-Ḫiršī, Muḥammad ibn Abdullāh, *Šarḥ muḫtaṣar Ḫalīl*, Bd. 7, Beirut o.J.

Al-Kasānī, Abū Bakr ibn Masʿūd ibn Aḥmad, *Badāiʿ aṣ-ṣanāiʿ fī tartīb aš-šarāiʿ*, Bd. 6, Beirut 1986.

Al-Kindī, Muḥammad ibn Yūsuf, *Kitāb al-wulāh wal-quḍāh*, Beirut 2003.

Al-Kubaisī, Muḥammad ʿUbaid ʿAbdullāh, *Aḥkām al-waqf fī aš-šarīʿa al-ʾislāmiyya*, Bd. 1, Bagdad 1977.

Al-Maʿāyīr aš-šarʿiyya, hrsg. v. Haiʾat al-muḥāsaba wal-murāǧaʿa li-l-muʾassasāt al-ʾislāmiyya, Manama 2009.

Al-Marġiyānī, ʿAlī ibn Abī Bakr, *Al-hidāya fī šarḥ bidāyat al-mubtadī*, Bd. 3, Beirut o.J.

Al-Māwardī, ʿAlī ibn Muḥammad ibn Ḥabīb al-Baṣrī, *Al-ḥāwī al-kabīr fī fiqh maḏhab al-ʾimām Aš-Šāfiʿī*, Bd. 17, Beirut 1999.

Al-Mināwī, ʿAbd ar-Raʾūf, *Taysīr al-wuqūf ʿalā aḥkām al-wuqūf*, Bd. 1, bearb. v. Aḥmad Aš-Šuʿabī (Dissertation), Mekka 1990.

An-Nawawī, Yaḥiyā ibn Šaraf, *Rawḍat aṭ-ṭālibīn*, Bd. 5, Beirut 1991.

Ar-Ramlī, Muḥammad Ibn Abī al-ʿAbbās, *Nihāyat al-muḥtāǧ ilā šarḥ al-minhāǧ*, Bd. 5, Beirut 1984.

Aš-Šāfiʿī, Muḥammad ibn Idrīs, *Al-ʾumm*, Bd. 4, Beirut 1990.

Aš-Šīrāzī, Ibrāhīm ibn ʿAlī ibn Yūsuf, *Al-muhaḏḏab fī fiqh al-ʾimām Asch-Schāfiʿī*, Bd. 2, Beirut 1995.

As-Saraḫsī, Muḥammad ibn Aḥmad ibn Abī Sahl, *Al-mabsūt*, Bd. 12, Beirut 1993.

As-Syūṭī, Muṣṭafā ibn Saʿd ibn ʿAbduh, *Maṭālib ulī an-nuhā fī šarḥ ġāyat al-muntahā*, Bd. 4, Beirut 1994.

Aṭ-Ṭarābulsī, Ibrāhīm ibn Mūsā, *Al-ʾisʿāf fī Aḥkām al-ʾawqāf*, Kairo 1902.

Az-Zarqā, Muṣṭafā Aḥmad, *Aḥkām al-ʾawqāf*, Amman 1998.

62 Müller, Norbert, „*Rechtsprobleme muslimischer Stiftungen in Deutschland*", in: *Religiöse Stiftungen in Deutschland* - Beiträge und Diskussionen des Workshops in der Bucerius Law School am 9. Juni 2006, Köln 2006, S. 118

Ibn ʿĀbidīn, Muḥammad Amīn ibn ʿUmar ibn Abdelʿazīz, *Radd al-muḥtār ʿalā ad-durr al-muḫtār*, Bd. 4, Beirut 1992.

Ibn al-Humām, Kamāl ad-Dīn Muḥammad ibn ʿAbd al-Wāḥid, *Fatḥ al-qadīr*, Bd. 6, Beirut o. J.

Ibn ʿArafa ad-Dusūqī, Muḥammad ibn Aḥmad, *Ḥāšiyat ad-Dusūqī ʿalā aš-šarḥ al-kabīr*, Bd. 4, Beirut o.J.

Ibn Muslim, Hilāl ibn Yaḥyā, *Aḥkām al-waqf*, Hyderabad (Indien) 1355 n.H.

(Ibn Nuǧaim) Ibn Muḥammad, Zain ad-Dīn ibn Ibrāhīm, *Al-baḥr ar-rāʾiq šarḥ kanz ad-daqāʾiq*, Bd. 5, Kairo o.J.

Ibn Qudāma, ʿAbdullāh ibn Aḥmad ibn Muḥammad, *Al-kāfī fī fiqh al-ʾimām Aḥmad*, Beirut 1994, Bd. 2.

Ibn Qudāma, ʿAbdullāh ibn Aḥmad ibn Muḥammad, *Al-muġnī*, Bd. 6, Kairo 1968.

Ibn Wāqid, Muḥammad ibn ʿUmar, *Al-maġāzī*, Bd. 1, Beirut 1989.

ʿIlīš, Muḥammad ibn Aḥmad ibn Muḥammad, *Minaḥ al-ǧalīl šarḥ muḫtaṣar Ḫalīl*, Bd. 8, Beirut 1989.

Ṣaḥīḥ Muslim, Bd 1, Riad 2006.

Niedersächsisches Ministerium für Inneres und Sport, *„Niedersächsisches Stiftungsgesetz (NStiftG)"*, URL: http://www.mi.niedersachsen.de/portal/live.php?navigation_id=14919 &article_id=61235&_ psmand=33 (letzter Zugriff: 13.10.2014).

stiftungen.org, *„Wer kann eine Stiftung gründen?"*, URL: http://www.stiftungen.org/de/news-wissen/stiftungsgruendung.html (letzter Zugriff: 13.10.2014).

Sachwortverzeichnis

ʿain	Sache
amāna	Treugut
amīn	Treuhänder
arbun	Anzahlung mit Rücknahmerecht/Widerrufsrecht
ʿāriya	Leihgut
baiʿ al-ʿīna	Doppeltes Kaufgeschäft
bay salam	Kaufvertrag mit späterer Lieferung
dain	Schuld
diminishing musharaka	Gesellschaft mit abnehmendem Gesellschafteranteil
family takāful	Produktname einer Lebensversicherung
fatāwā	islamische Rechtsgutachten
fiqh	islamisches Recht
ġairu l-manẓūr	nicht-spekulativ
gharar	vertragliche Unsicherheit
ğizya	Steuer
ḥawāla	Schuldanweisung
hibat aṯ-ṯawāb	Geschenk mit Gegenleistung
ḥīla	Rechtskniff
hisāb	Fond, Konto
ḥisba	Marktaufsicht
ʿibādāt	Gottesdienstliche Handlung
iğtihād	Rechtsfindungsprozess
iḥtikār	Monopol
ijara, iğāra	Miete, Leasing
iğma'	Konsens
iğāra wa-iqtinā'	Finanzierungsleasing

Istiṣnāʿ	Werkvertrag
ʿiwaḍ	Gegenleistung
kafāla	Bürgschaft
maisir, maysir	Glücksspiel, Geschäfte mit Glücksspielcharakter
manfaʿa	Nutzen
muḍāraba	islamkonforme stille Beteiligung
muḍārib	Gerent, Unternehmer
mušāraka	Partnerschaft
mušāraka mutanāqiṣa	Gesellschaft mit sinkendem Gesellschafteranteil
mušārik	Gesellschafter
mustaġill	Ausbeuterisch
muštarikūn	Gesellschafter, Genossen
niyya	Absicht
nuṣūṣ	Quellentexte
qarḍ	Darlehen
qarḍ ḥasan	zinsloses Darlehen
qimār	Glücksspiel
qirāḍ	s. *muḍāraba*
qiyās	Analogie
rabb al-māl	Geldgeber
rahn	Pfand
re-takāful	islamische Rückversicherung
ribā	Geldzins
rizq	Versorgung
ṣadaqa	Spende
salam	Terminkauf

ṣandūq	Fonds
šarika bi-l-māl	Kapitalgesellschaft
šarikāt tauẓīf al-amwāl	Kapitalanlagegesellschaft
ṣīġa	Willenserklärung
ṣukūk al-iǧāra	islamkonforme Anleihe
tabarruʿ	Spende
takāful	islamkonforme Versicherung
tawakkul	Vertrauen, Gottvertrauen
tawarruq	Instrument zur Liquiditätsbeschaffung
tiǧārī	kommerziell
ʿurf, ʿādāt	Gewohnheitsrecht
waʿd	Versprechen
waʿd bi-l-baiʿ	Absichtserklärung zum Verkauf
wadīʿa	Verwahrung
waqf	Stiftung
wakāla	Vertretung, Agentur
wakīl	Agent
wilāʾ	Garantie, Verwahrung

Personenverzeichnis

Professor Dr. iur, Dipl.-Ök. Matthias Casper ist Inhaber des Lehrstuhls für Bürgerliches Recht, Gesellschafts-, Bank- und Kapitalmarkrecht und Direktor des Instituts für Unternehmens- und Kapitalmarktrecht an der Universität Münster. Er ist zudem Mitherausgeber der Zeitschrift für Bankrecht und Bankwirtschaft (ZBB) sowie des German Law Journal.

Dr. Kilian Bälz, LLM ist Partner der Amereller Kanzleien (Berlin, Dubai, Kairo) mit den Tätigkeitsschwerpunkten: Wirtschaftsrecht des Nahen und Mittleren Ostens, M&A, Projekte, Finanzrecht (auch Islamic Finance), erneuerbare Energien und Klimawandel, Schiedsverfahren. Er hat zahlreiche Publikationen zum Thema Islamic Finance mit dem Schwerpunkt Sharia Compiance / Sharia Risiko verfasst. Er ist Lehrbeauftragter an der Frankfurt School of Business and Finance und der Kairo Universität.

Professor Dr. iur. habil. Hans-Georg Ebert (Universität Leipzig) ist Universitätsprofessor für Islamisches Recht am Orientalischen Institut der Universität Leipzig mit den Arbeitsgebieten: Islamisches Recht, Personalstatut, islamische Staats- und Rechtskonzeptionen, Recht arabischer Länder und Islamwissenschaft. Er ist 1. Vorsitzender der Gesellschaft für Arabisches und Islamisches Recht (GAIR) e.V. Er ist Autor eines der Standardwerke zum Thema Islamic Finance und Herausgeber der Schriftenreihe „Leipziger Beiträge zur Orientforschung".

Dr. Johannes Engels ist nunmehr seit 2001 Senior Policy Officer in der Bundesanstalt für Finanzdienstleistungsaufsicht in Frankfurt/M; seit 2012 Lehrbeauftragter an der Hochschule für angewandte Wissenschaften in Mainz und seit 2014 Mitglied des Lenkungsausschusses in der Europäischen Aufsichtsbildungsinitiative.

Ali Aslan Gümüşay (Universität Oxford) ist Doktorand an der Said Business School der University of Oxford und Dozent am Magdalen College (Universität Oxford). Er forscht u.a. zu Themen der Institutionentheorie, Strategischem Management, Innovation, (Social) Entrepreneurship und Leadership. Gümüşay ist assoziiertes Mitglied im Think Tank 30 des Club of Rome, Research Fellow bei LEAD, Mitbegründer und Beiratsvorsitzender des Zahnräder Netzwerk e.V.

Dr. Martin Heckel war von 2002 bis 2014 an den Universitäten Freiburg im Breisgau und Leipzig beschäftigt. 2005 promovierte er in Freiburg mit einer Arbeit über das Fiskuserbrecht im Internationalen Privatrecht zum Doktor juris. 2013 wurde seine Studie zur Mudaraba des islamischen Rechts von der Leipziger Juristenfakultät als Habilitationsschrift anerkannt. 2014 wechselte Dr. Heckel zur Bremer Kanzlei Schütte, Richter & Partner mbB, einer vornehmlich steuerrechtlich ausgerichteten Sozietät. Hier ist er seitdem als Rechtsanwalt tätig.

Professor Dr. Abdurrahim Kozali ist Professor für Islamische Rechtswissenschaft und Glaubenspraxis am Institut für Islamische Theologie der Universität Osnabrück.

Dr. Rüdiger Litten, LLM (Norton Rose Frankfurt, Partner) ist Partner im Frankfurter Büro der internationalen Rechtsanwaltssozietät Norton Rose Fulbright. Herr Litten ist Autor zahlreicher kapitalmarktrechtlicher Veröffentlichungen und Lehrbeauftragter an der Universität Frankfurt am Main.

Professor Dr. Volker Nienhaus war Professor für Volkswirtschaftslehre an der Ruhr-Universität Bochum und von 2004 bis 2010 Präsident der Philipps-Universität Marburg. Derzeit ist er unter anderem Gastprofessor an der University of Reading in England und außerordentlicher Professor am International Centre for Education in Islamic Finance (INCEIF) in Kuala Lumpur, Malaysia. Seit den 1980er Jahren hat er zahlreiche Bücher und Aufsätze zum islamischen Finanzwesen veröffentlicht.

Dr. Ibrahim Salama (IIT, Universität Osnabrück / al-Azhar Universität Kairo) ist Postdoktorand am Institut für Islamische Theologie der Universität Osnabrück mit den Forschungsschwerpunkten: Islamische Normenlehre und deren Methodologie, Recht der muslimischen Minderheiten, Recht arabischer Länder, Wandelbarkeit der Scharia in der Moderne, Rechtliche Probleme der Integration der Muslime in Deutschland. Islamisches Wirtschaftsrecht ist Teil seiner Lehre an der Universität Osnabrück.

Dr. Osman Saçarçelik, M.A. (Universität Münster) ist Associate im Frankfurter Büro der internationalen Rechtsanwaltssozietät Norton Rose Fulbright und Islamwissenschaftler. Projektmitarbeiter und Doktorand an der Westfälischen Wilhelms Universität Münster am Institut für Arbeits-, Sozial- und Wirtschaftsrecht mit den Forschungsschwerpunkten: Gesellschafts-, Bank- und Kapitalmarktrecht, Islamic Banking und Finance und Rechtsvergleichung.

Dipl. Vwl. Ugurlu Soylu gehört zum Management der KT Bank AG. Er ist Initiator der Gründung der ersten islamischen Bank in Deutschland und war maßgeblich an der Gestaltung von Lösungsansätzen zu den wesentlichen regulatorischen und rechtlichen Hürden Islamic Banking beteiligt. Herr Soylu gilt als einer der Pioniere auf dem Gebiet des Islamic Banking in Deutschland. Er hat zahlreiche Lehraufträge an diversen Hochschulen inne gehabt und ist regelmäßiger Sprecher auf internationalen Konferenzen.

Ludwig Stiftl studierte Versicherungswirtschaft sowie orientalische Sprachen in München und promovierte daraufhin an der Freien Universität Berlin bei Prof. Gudrun Krämer im Fach Islamwissenschaft. Er ist seit langen Jahren als Diplom-Kaufmann in Produktentwicklung und Vertrieb von Rückversicherung für arabische und andere islamische Länder tätig, seit 2007 speziell im Retakaful, u.a. als Niederlassungsleiter und als Mitglied in beratenden Verbandsgremien. Neben zahlreichen Artikeln in versicherungswirtschaftlichen Magazinen und Vorträgen auf Versicherungskonferenzen beschäftigt er sich seit 2014 auch wissenschaftlich mit dem Thema Takaful, mit dem erklärten Ziel, versicherungstechnische Fragen stärker in den islamrechtlichen Diskussionen zu Takaful zu verankern.

Souheil Thabti war am Lehrstuhl für islamisches Recht und Glaubenspraxis (Prof. Dr. Kozali) am Institut für islamische Theologie der Universität Osnabrück als wissenschaftlicher Mitarbeiter im Bereich islamisches Wirtschaftsrecht und Intentionen der Scharia tätig und ist seit 2014 Mitglied des internen Ethikrats der KT Bank. Er ist AAOIFI-zertifizierter Sharia Auditor und Advisor und promoviert am genannten Institut zum Thema Intentionen der Scharia im Islamic Banking.

Reihe für Osnabrücker Islamstudien

Herausgegeben von Bülent Ucar und Rauf Ceylan

Band 1 Bülent Ucar / Ismail H. Yavuzcan (Hrsg.): Die islamischen Wissenschaften aus Sicht muslimischer Theologen. Quellen, ihre Erfassung und neue Zugänge im Kontext kultureller Differenzen. 2010.

Band 2 Bülent Ucar (Hrsg.): Die Rolle der Religion im Integrationsprozess. Die deutsche Islamdebatte. 2010.

Band 3 Bülent Ucar (Hrsg.): Islamische Religionspädagogik zwischen authentischer Selbstverortung und dialogischer Öffnung. Perspektiven aus der Wissenschaft und dem Schulalltag der Lehrkräfte. 2011.

Band 4 Christiane Paulus (Hrsg.): Amīn al-Ḫūlī: Die Verbindung des Islam mit der christlichen Reformation. Übersetzung und Kommentar. 2011.

Band 5 Amir Dziri: Al-Ǧuwaynīs Position im Disput zwischen Traditionalisten und Rationalisten. 2011.

Band 6 Wolfgang Johann Bauer: Aishas Grundlagen der Islamrechtsgründung und Textinterpretation. Vergleichende Untersuchungen. 2012.

Band 7 Ali Türkmenoglu: Das Strafrecht des klassischen islamischen Rechts. Mit einem Vergleich zwischen der islamischen und der modernen deutschen Strafrechtslehre. 2013.

Band 8 Rauf Ceylan (Hrsg.): Islam und Diaspora. Analysen zum muslimischen Leben in Deutschland aus historischer, rechtlicher sowie migrations- und religionssoziologischer Perspektive. 2012.

Band 9 Bülent Ucar (Hrsg.): Islam im europäischen Kontext. Selbstwahrnehmungen und Außenansichten. 2013.

Band 10 Wolfgang Johann Bauer: Bausteine des Fiqh. Kernbereiche der *ʿUṣūl al-Fiqh*. Quellen und Methodik der Ergründung islamischer Beurteilungen. 2013.

Band 11 Lahbib El Mallouki: Zweckrationales Denken in der islamischen Literatur. Al-maqāṣid als systemhermeneutisches Denkparadigma. 2013.

Band 12 Bülent Ucar / Martina Blasberg-Kuhnke (Hrsg.): Islamische Seelsorge zwischen Herkunft und Zukunft. Von der theologischen Grundlegung zur Praxis in Deutschland. 2013.

Band 13 Kathrin Klausing: Geschlechterrollenvorstellungen im Tafsīr. 2014.

Band 14 Mohammed Hashim Kamali / Saffet Köse: Menschenrechte aus zwei islamtheologischen Perspektiven. 2013.

Band 15 Ṭāha Ǧābir Fayyāḍ Al-^{c}Alwānī: Verhaltensethik einer innerislamischen Streitkultur. Übersetzt und mit einer Einführung versehen von Bacem Dziri. 2013.

Band 16 Assem Hefny: Herrschaft und Islam. Religiös-politische Termini im Verständnis ägyptischer Autoren. 2014.

Band 17 Rauf Ceylan/Benjamin Jokisch (Hrsg.): Salafismus in Deutschland. Entstehung, Radikalisierung und Prävention. 2014.

Band 18 Kathrin Klausing / Erna Zonne (Hrsg.): Religiöse Früherziehung in Judentum, Islam und Christentum. 2014.

Band 19 Abdurrahim Kozali / Ibrahim Salama / Souheil Thabti (Hrsg.): Das islamische Wirtschaftsrecht. 2016.

www.peterlang.com

www.ingramcontent.com/pod-product-compliance
Ingram Content Group UK Ltd.
Pitfield, Milton Keynes, MK11 3LW, UK
UKHW041923210426
5322IPUK00002B/20

9 783631 651360